诉讼视角下
死亡鉴定的规制研究

宋方明 著

SUSONG SHIJIAO XIA
SIWANG JIANDING DE GUIZHI YANJIU

中国检察出版社

图书在版编目（CIP）数据

诉讼视角下死亡鉴定的规制研究／宋方明著. —北京：中国检察出版社，2019.7

ISBN 978－7－5102－2325－9

Ⅰ.①诉… Ⅱ.①宋… Ⅲ.①死亡鉴定－研究 Ⅳ.①D919.4

中国版本图书馆 CIP 数据核字(2019)第 194567 号

诉讼视角下死亡鉴定的规制研究
宋方明 著

出版发行：	中国检察出版社
社　　址：	北京市石景山区香山南路 109 号（100144）
网　　址：	中国检察出版社（www.zgjccbs.com）
编辑电话：	(010)86423707
发行电话：	(010)86423726　86423727　86423728
	(010)86423730　68650016
经　　销：	新华书店
印　　刷：	北京宝昌彩色印刷有限公司
开　　本：	710mm×960mm　16 开
印　　张：	14.75
字　　数：	267 千字
版　　次：	2019 年 7 月第一版　2019 年 7 月第一次印刷
书　　号：	ISBN 978－7－5102－2325－9
定　　价：	48.00 元

检察版图书，版权所有，侵权必究
如遇图书印装质量问题本社负责调换

序 言

死亡鉴定，这是一个艰难而又带有争议的研究主题。作为一名在法医实践工作一线的多年从业者，我们更加熟知的是法医鉴定，甚至是法医病理鉴定，法医学已经形成一个庞大而繁杂的体系。但是，我们又不得不看到，死亡鉴定一词不仅散见于法律条文之中，更是根植于社会生活与百姓头脑之中。显然，死者为大，为死者计，而后生法医学，追本溯源，法医学与死伤也是分不开的。不得不承认，整个法医学体系中最为核心的部分就是关于死亡学的内容，整个法医类鉴定中最为重要也最令人瞩目的就是死亡鉴定部分。从司法实务需求来看，死亡鉴定与三大诉讼都密不可分，死亡鉴定既要为揭露刑事犯罪（如杀人、伤害致死等）提供科学证据，还要为划分民事责任及赔偿（如医疗纠纷、交通事故等）阐明死亡真相，同时还有可能为行政执法、灾害事故、卫生防疫、民政抚恤、保险核付等提供依据。死亡鉴定工作是如此的重要，需要进行严格的把关，才能保证最终鉴定意见的质量，可是对死亡鉴定规制的系统研究却几乎是空白。

近几年，社会上一些热点死亡事件闹得沸沸扬扬，社会各方都致力于通过司法鉴定来查明死亡真相，重复鉴定、多次鉴定、久鉴不决，这都更加凸显了对死亡鉴定进行严格规制的重要性。所幸，终于有人关注了这个研究领域，而这个人竟然是我的学生——宋方明博士。遥想当年，已是省级检察院法医负责人和检察官的他，带着多年工作中的困惑，毅然决然地报考中国政法大学证据法专业的博士，至今仍令人记忆深刻。在他投石问路的自荐信中，除了介绍自己的专业背景、学术研究之外，他还着重介绍了自己所办过的一些重大案件。那都是一些引人瞩目的非正常死亡案件，但显然他还处理得不错，并没有造成事态的恶化，从这一点来说，他很是注重舆情化解和程序公正。他从实务一线中来，求学目的在于解决实务中的困惑，这种带着问题来读博士的，显然注意力更为集中，博士求学之路当然也就更为顺畅。方明博士论文的主题是关于"死亡调查"的研究，显然这是一个比"死亡鉴定"更为宽泛的主题，他完成得很出色，其毕业论文还曾获得中国政法大学"年度十大博士论文"的荣誉。显然，本书并不是他的博士论文改造而来，事实是，长期的实务经验和扎实的求学经历，都早早奠定了本书写作的源泉。他也一直在抱怨自己的博士论文还不够完美，还需要一定的理论和经验的支撑，显然，这本关于死亡鉴定的研究著作，为其后续死亡调查研究的完善打下了基础。

  令人欣慰的是，宋方明博士克服了一系列的困难，紧密结合当前健全统一司法鉴定管理体制改革发展的需要，围绕顶层设计提出的"完善公民非正常死亡法医鉴定管理制度"的目标要求，大胆铺开了自己的研究思路，并从工作实践出发，提出了许多绕开当下改革顽石、选准改革突破点"以点带面"以及严格程序化规制的亮点建议。也许这些大胆创设还不够成熟，也许一些稚嫩观点还容易招致批评，但都能看出作者历经艰辛、尽心竭力为我们呈现一部小众研究著作的良苦用心。也正是其法医学和法学的交叉学科背景，以及十年的检察工作实务经验，才能艰难地完成这个主题研究。瑕不掩瑜，作者对于"死亡鉴定"这个主题驾驭还算比较得当，章节布局、结构逻辑很是讲究，论点阐述深入浅出，博引析理发人深思，这种科研探索的精神很是值得鼓励。

  作为他的博士生导师，我很乐意接受他的邀请为本书作序，值此机会也为大家做个推荐。欣闻宋方明博士已经调入山西财经大学法学院工作，我也衷心祝愿他在今后的教学科研中取得更大的进步！

  是为序。

2019 年 6 月 21 日于武汉

目 录

序 言 ………………………………………………………………… 1

导 论 ………………………………………………………………… 1

第一章 死亡鉴定概述 ………………………………………………… 5
  第一节 死亡鉴定的概念 …………………………………………… 5
    一、死亡鉴定的界定 …………………………………………… 5
    二、死亡鉴定与相关概念的辨析 ……………………………… 8
    三、死亡鉴定与相关法律 ……………………………………… 11
  第二节 死亡鉴定的内容 …………………………………………… 17
    一、确认死亡发生 ……………………………………………… 17
    二、确定死亡原因 ……………………………………………… 19
    三、判断死亡方式 ……………………………………………… 21
    四、推断死亡时间 ……………………………………………… 23
    五、分析死亡机制 ……………………………………………… 24
    六、进行死亡识别 ……………………………………………… 24
  第三节 死亡鉴定的实施 …………………………………………… 25
    一、死亡鉴定的适用范围 ……………………………………… 25
    二、死亡鉴定的实施原则 ……………………………………… 27
    三、诉讼视角下死亡鉴定的实施程序 ………………………… 29
    四、法医专业视角下死亡鉴定的具体实施 …………………… 32

第四节 死亡鉴定的应用 …… 36
一、死亡鉴定的证据属性 …… 36
二、死亡鉴定的诉讼功能 …… 40
三、死亡鉴定的应用限制 …… 42

第二章 我国死亡鉴定的现状与存在的问题 …… 46
第一节 我国死亡鉴定的运行现状 …… 46
一、诉讼法律相关规定 …… 46
二、死亡鉴定主体情况 …… 50
三、司法实践应用概况 …… 53
第二节 我国死亡鉴定存在的问题 …… 55
一、公安自侦自鉴中立不足 …… 55
二、鉴定材料失真隐患不小 …… 57
三、鉴定启动遭受各方质疑 …… 59
四、实施过程权利保障不足 …… 60
五、鉴定意见缺乏有效质证 …… 62
第三节 鉴定使用与管理之间的衔接问题 …… 63
一、健全司法鉴定管理与使用衔接机制的法治背景和现实情况 …… 63
二、当前司法鉴定管理与使用脱节的原因 …… 66
三、当前司法鉴定管理与使用脱节导致的现实问题 …… 68

第三章 域外死亡鉴定运行机制考察 …… 71
第一节 两大法系死亡调查体系概述 …… 71
一、英美法系的验尸官制和法医师制 …… 71
二、大陆法系的预审法官制和检察官制 …… 79
三、日本兼采两大法系之法医制度 …… 83
第二节 两大法系死亡鉴定主体比较 …… 84
一、英美法系死亡鉴定机构概述 …… 85
二、大陆法系死亡鉴定机构概述 …… 87
三、两大法系死亡鉴定人的比较考察 …… 89

第三节　两大法系死亡鉴定启动机制考察 …… 93
一、英美法系死亡鉴定启动机制 …… 93
二、大陆法系死亡鉴定启动机制 …… 94

第四节　两大法系死亡鉴定实施程序规制考察 …… 97
一、英格兰：验尸官可决定强制解剖及陪审团参与 …… 97
二、美国俄州：尸体解剖留待48小时异议期间 …… 97
三、法国：预审法官对鉴定的指挥和监督 …… 98
四、俄罗斯：送交鉴定材料的程序规制 …… 99
五、德国：验尸规制上升到刑诉法的重视 …… 100

第五节　域外死亡鉴定运行机制评析 …… 100
一、域外鉴定机构的设置特点 …… 100
二、域外鉴定人制度的比较与借鉴 …… 101
三、英美法系死亡鉴定规制的特点 …… 102
四、大陆法系死亡鉴定规制的特点 …… 104
五、两大法系死亡鉴定制度优缺点评析 …… 105

第四章　死亡鉴定的影响因素及规制意义 …… 107

第一节　死亡鉴定的影响因素 …… 107
一、司法鉴定的中立性 …… 107
二、鉴定主体的独立性 …… 109
三、鉴定能力的适格性 …… 110
四、鉴定程序的规范性 …… 111
五、鉴定收费的公益性 …… 112
六、鉴定意见的意见性 …… 112

第二节　死亡鉴定规制的必要性 …… 113
一、诉讼制度改革对鉴定证据要求的提高 …… 113
二、合理规避死亡鉴定意见主观性的需要 …… 114
三、司法实务对规范死亡鉴定活动的呼吁 …… 115
四、持续提高死亡鉴定工作质量的紧迫性 …… 116
五、完善死亡鉴定质量控制理论的重要性 …… 117

第五章　死亡鉴定内部管理控制的完善 …………………… 118

第一节　健全统一司法鉴定管理体制 …………………………… 118
一、我国司法鉴定管理体制嬗变历程及统一路径 ………… 118
二、建立健全司法鉴定管理与使用衔接机制的思考 ……… 121
三、死亡鉴定管理体制统一的先行一步 …………………… 125

第二节　保障死亡鉴定机构的中立性 …………………………… 129
一、法医鉴定机构中立性的建构 …………………………… 129
二、社会鉴定机构逐利性的控制 …………………………… 131
三、非正常死亡鉴定机构的遴选和推荐 …………………… 133
四、未来死亡鉴定机构的国有化与专门化 ………………… 134

第三节　严格死亡鉴定人的资质控制 …………………………… 137
一、鉴定人资质控制的重要性 ……………………………… 137
二、严格鉴定人的准入机制 ………………………………… 139
三、确立动态考核评价机制 ………………………………… 141
四、完善鉴定人的退出机制 ………………………………… 143

第四节　完善死亡鉴定的规范操作 ……………………………… 146
一、尸体检验存在的常见问题 ……………………………… 146
二、完善尸体检验的规范操作 ……………………………… 148
三、死因分析的混乱及重塑 ………………………………… 150
四、伤病关系分析的完善与规范 …………………………… 153
五、因果关系及推理的科学建构 …………………………… 155

第六章　死亡鉴定外部规制机制的健全 …………………… 159

第一节　确立公民非正常死亡鉴定制度 ………………………… 159
一、确立死亡鉴定制度的必要性 …………………………… 159
二、明确强制死亡鉴定的范围 ……………………………… 162
三、死亡鉴定启动过程的规制 ……………………………… 163
四、死亡鉴定实施过程的规制 ……………………………… 166
五、死亡鉴定听证制度的构建 ……………………………… 168

第二节　死亡鉴定工作的质量监控 …………………………… 172
　一、司法鉴定的标准化管理 ………………………………… 172
　二、死亡鉴定机构的认证认可 ……………………………… 176
　三、死亡鉴定的能力验证 …………………………………… 180
　四、死亡鉴定的外部监督 …………………………………… 183
第三节　死亡鉴定材料保真的规范 …………………………… 185
　一、鉴定材料保真的必要性 ………………………………… 185
　二、鉴定材料保真审查的范畴 ……………………………… 189
　三、鉴定材料保真的规则建构 ……………………………… 192
　四、鉴定材料辨认和鉴真的程序规制 ……………………… 195
第四节　死亡鉴定意见审查判断的完善 ……………………… 198
　一、死亡鉴定意见的相对性 ………………………………… 198
　二、死亡鉴定意见审查采信规范化 ………………………… 202
　三、死亡鉴定意见庭审质证程序的完善 …………………… 206
　四、死亡鉴定意见审查认证的保障措施 …………………… 209

参考文献 ……………………………………………………… 217

后　记 ………………………………………………………… 221

导　论

　　近年来，由于互联网和自媒体的高速发展，公共事件演化发展历程逐渐呈现出从线下转移到线上、从个案发展到公案两大趋势，这其中，颇为引人注目的就是公民非正常死亡事件，这些不明死亡事件尤其是执法中、羁押中的死亡事件不断发酵扩散，可谓触目惊心。

　　1. 辽宁鞍山"连丽丽猝死案"：2000年6月，辽宁省鞍山市年仅22岁的女孩连丽丽衣衫不整地猝死于大酒店。案发后法医鉴定死因系"急性胰腺炎"，在三级公安鉴定一致、涉案嫌犯三抓三放情况下，连母踏上坎坷艰难的上访之路。历经六年六次鉴定，一个母亲的不懈苦诉终于将强奸并杀害女儿的真凶推上了审判台。

　　2. 湖南湘潭"黄静裸死案"：2003年2月，湖南省湘潭市教师黄静被发现裸死在宿舍床上，全身赤裸，且有多处伤痕。尸检报告称其为处女，但其男友姜某的精液在现场被发现，姜某被作为犯罪嫌疑人而逮捕。随后历经六次鉴定，鉴定结果相互矛盾。最后，姜某被宣判无罪，但其因特殊方式进行的性活动促发黄静死亡，须对黄静死亡承担50%的民事责任。

　　3. 浙江余姚"幼童方一栋死亡案"：2004年2月，浙江省余姚市三岁幼童方一栋不明死在幼儿园，历经3次解剖、5次鉴定，死因仍然成谜。在最终排除他杀嫌疑后，公安作不予立案处理。后经民事诉讼，在无法查清死因情况下，基于公平原则对原告损失作了"三七开"，幼儿园承担70%赔偿责任。这种"回避死亡真相""两头不讨好"的判决，引起原被告双方均提起上诉。

　　4. "瓮安群体性事件"：2008年6月，贵州省瓮安县初二女生李树芬被发现死于河中，家属不能接受警方作出的"溺水死亡"的鉴定结果，邀约百余人打着横幅在瓮安县城游行，随后当地群众陆续加入，游行队伍先后冲击多家政府机关，整个过程持续近七个小时，形成了一起严重的"打砸抢烧"群体性突发事件。

　　5. 陕西丹凤"徐梗荣死亡事件"：2009年2月，陕西省丹凤县一名高二女学生在丹江边遇害，当地警方展开拉网式调查，身为死者同学的徐梗荣被列为重点怀疑对象。2009年3月，19岁的高中生徐梗荣在公安局内接受审讯时猝死，家长怀疑孩子被刑讯逼供打死。

6. 云南晋宁"躲猫猫死亡事件"：2009年2月，24岁男青年李荞明在云南省晋宁县看守所内突发意外昏迷，经抢救无效后死亡。警方随后公布调查结果，称其是与监友玩"躲猫猫"游戏时头部撞到墙壁受重伤而死亡。该结果一经公布，立即引起家属质疑和媒体热议，并在网络持续发酵。

7. "看守所系列离奇死亡事件"：继"躲猫猫死"之后，2009年至2010年间被媒体曝光出来的一系列看守所非正常死亡事件，纷纷被网友戏谑称为"洗澡死""床上摔下死""噩梦死""睡姿不对死""发狂死""抠粉刺死""激动死""喝水死""摔跤死""上厕所死""证据不足死""洗脸死"等。

8. "石首群体性事件"：2009年6月，湖北省石首市厨师涂远高从酒店坠落身亡，警方初步认定为自杀，而死者家属不认同，拒绝警方接管尸体，双方对峙引来众多围观群众。随后，现场照片、视频发布到网络上，各种流言越传越烈，大批群众来到事发地点聚集甚至与警方对抗，造成群体性事件。

9. "浙江钱云会事件"：2010年12月，浙江省乐清市发生一起交通事故，一辆工程车将行人钱云会撞倒并导致其当场死亡。因死者生前多次举报当地一些工程违法，于是其死亡事件随后在网络上演变成一场"谋杀"，许多媒体介入报道该死亡事件中的众多疑点。"谋杀说"让这起死亡事件引发全国关注，但最终司法机关认定这就是一起普通的交通事故。

10. "利川群体性事件"：2011年6月，原湖北省利川市都亭办事处党委书记、主任冉建新涉嫌受贿，在异地受审期间猝死于巴东县人民检察院。在天涯等知名网站，有人爆料称其被"活活打死"。由此利川市政府办公楼前出现聚集人群，最多时超过1500人，现场交通完全中断并造成冲突，形成群体性事件。

11. "11刀自杀事件"：2011年8月，湖北省公安县纪委官员谢业新死于办公室，死者家属质疑警方的"自杀"鉴定结果，称死者身上共有"11处致命刀伤"，有悖常理。此事件一经传出，迅速引发社会舆情关注，各大媒体纷纷对"自杀说"表示质疑。

12. "复旦大学投毒案"：2013年4月，上海复旦大学研究生林森浩被指毒杀舍友，本案二审中死因鉴定争议引来各方关注，由于被害人最终死于急性肝功能衰竭及继发多器官衰竭，控方认为其符合二甲基亚硝胺中毒致急性肝坏死，而辩方认为系爆发性乙型病毒性肝炎导致急性肝坏死。鉴定人和专家辅助人相继出庭质证，成为本案最大亮点。

13. 山西太原"女工周秀云死亡事件"：2014年12月，山西省太原市公安局小店分局龙城派出所民警在处置某工地纠纷期间，与阻拦的女工周秀云有肢体冲突,后周倒地而警察脚踩女工头发,此照片一经流出,瞬间点燃网络舆情,女工周秀云死因问题一时之间备受关注。

14. "北京雷洋死亡事件":事件源于网络上一篇题为《刚为人父的人大硕士,为何一小时内离奇死亡?》的帖子,称人大硕士雷洋在2016年5月7日晚前往首都机场接机过程中离奇死亡。后警方通报称,在查处足疗店过程中,"涉嫌嫖娼"的雷洋突然身体不适经抢救无效身亡。①

众多社会关注的、有争议的死亡案件的发生,使得各界都将目光聚焦于"死亡鉴定"这一活动的开展。重任在肩,不堪重负,死亡鉴定连带司法鉴定都被拖入一个被不断质疑的时代。死亡鉴定质量保障已经成为学界热论的焦点,死亡鉴定意见作为案件处理的关键证据,围绕其产出的全过程应当加强程序性的规制,而这方面的研究目前还很欠缺。现实中,死亡鉴定工作还存在很多问题。

1. 死亡鉴定主体的管理制度还不完善。我国司法鉴定行业明为司法行政机关统一管理,但实为公安、检察、国安、司法等"多头管理"仍存,不同机关之间鉴定管理的规章制度缺乏统一性。这造成目前鉴定机构大量低水平重复设置、鉴定人准入门槛过低、仪器设备简单落后等直接导致鉴定质量堪忧,并且在考核评价、能力培训、退出机制等方面的规定还不完善。

2. 死亡鉴定程序难以适应现实所需。针对司法鉴定,我国制定了大量法律法规对其鉴定程序问题进行了明确,但具体到死亡鉴定方面,还不能完全满足现实所需,在死亡鉴定的申请、决定、委托、受理、实施、鉴定意见的出具等程序问题上还存在欠妥之处。侦查机关对死亡调查的垄断,其内设鉴定机构对死亡鉴定的垄断,导致诉前鉴定就惹起争议不断,这都需要从程序上对死亡鉴定加以规制和完善。

3. 死亡鉴定的规范操作欠缺统一。死亡鉴定往往事出紧急,对规范操作要求很高,很多情况下二次检验难度很大。死亡鉴定必须进行系统、全面的尸体剖验,同时结合案情和检验所见进行缜密的死因分析,同时还经常会涉及伤病关系分析和因果关系推理。当事人对死亡鉴定工作不满,对鉴定结果不接受,往往是欠缺规范性的操作和论证,因此,需要加强完善死亡鉴定的规范操作。

4. 鉴定意见审查判断机制不完善。任何证据都不具有预设的证明力,鉴定意见尤其是死亡鉴定意见还往往具有不确定性,对其进行审查采信应当注意

---

① 以上大部分内容来自百度百科的相关词条及媒体报道,部分内容本人已经先行发表,参见宋方明:《浅析涉鉴舆情事件的应对和规制》,载《行政与法》2014年第3期。

规范化，完善其庭审质证程序，同时要建立审查认证的相关保障机制。当前，鉴定人出庭率低、专家辅助机制不健全、鉴定意见质证缺乏实质性，这都需要从程序上加强鉴定意见的审查与运用，同时反向促进死亡鉴定工作质量的提高和改进。

5. 死亡鉴定工作质量监控不健全。鉴定质量是死亡鉴定工作的根基所在，实践中死亡鉴定意见公信力不足的关键原因，在于没有重视以鉴定质量监控来突出鉴定意见的科学性。健全死亡鉴定工作的质量监控，需要多层次的工作：首先，鉴定材料的质和量干系重大，需先确保鉴定材料的不失真；其次，主要通过标准化、认证认可、能力验证实现对死亡鉴定质量的管理和控制；最后，要重点加强鉴定主体的能力建设。以内外程序化的规制，加强对死亡鉴定工作的质量监控。

综上，司法实践的迫切需求以及现实中存在的众多问题，使得我们需要更加关注诉讼视角下对死亡鉴定的规制研究。也许这一领域研究过于小众，也许是限于相关专业背景、欠缺实务工作经验等原因导致，死亡鉴定规制这一主题在我国学界竟然少有人涉足。本人不才，但有匹夫之勇，一直希望借助法医学、法学的双重专业背景，依赖近十年相关实务工作经验，展开对此问题的艰难研究。本书也紧紧围绕死亡鉴定规制这一核心问题，展开分析和研究，主要分为下面几章的写作。

第一章是死亡鉴定概述，主要围绕死亡鉴定的一些基本问题展开解读，主要涉及死亡鉴定的概念、内容、实施及应用。

第二章是我国死亡鉴定的现状与存在的问题，主要从死亡鉴定现状、问题以及鉴定管理与使用之间的衔接问题展开研究。

第三章是域外死亡鉴定运行机制考察，主要是对域外两大法系国家死亡鉴定运行机制的比较考察，以及综合研判。

第四章是死亡鉴定的影响因素及规制意义，主要是系统分析死亡鉴定的影响因素，进而明晰死亡鉴定规制的必要性。

第五章是死亡鉴定内部管理控制的完善，主要从统一死亡鉴定管理体制、保障鉴定机构中立性、严格把控鉴定人的鉴定资质、完善死亡鉴定的规范操作四个方面展开研究。

第六章是死亡鉴定外部规制机制的健全，主要从确立公民非正常死亡鉴定制度、死亡鉴定工作的质量监控、死亡鉴定材料的保真规范、死亡鉴定意见审查判断的完善四个方面展开研究。

第一章
死亡鉴定概述

对很多人而言，死亡鉴定是如此的陌生，什么是死亡鉴定，它主要用来干什么，它又是如何实施和应用的，这些基础性问题都影响着对其进行规制研究的展开。因此，需要先围绕死亡鉴定作一系列基本解读，进而来审视这一特殊活动的特质，并在此基础上展开诉讼视角下的规制研究。

第一节 死亡鉴定的概念

死亡鉴定并不是一个严格意义上的学术概念，但其却存在于众多法律条文之中，亦存在于社会生活和百姓头脑之中，那么如何对死亡鉴定的概念进行界定，死亡鉴定与相关概念如何区分，以及法律条文对此如何规定，围绕于此展开研究就显得非常重要了。

一、死亡鉴定的界定

死亡鉴定最早见诸我国法律规范之中，是在1979年9月10日卫生部重新发布并实施至今的《解剖尸体规则》（〔1979〕卫教字第1329号），其第3条规定："解剖尸体必须经过医师进行死亡鉴定，签署死亡证明后，方可进行。"其后，死亡鉴定散见于国务院颁布的行政法规以及公安部、司法部等颁布的诸多部门规章中，且多已失效。[①] 法条后续描述多为"由公安机关组织法医或者

[①] 其他含有"死亡鉴定"字眼的法律规范中，失效的有1982年公安部发布并国务院转发的《劳动教养试行办法》、1987年公安部发布的《公安机关办理刑事案件程序规定》、1992年司法部发布的《劳动教养管理工作执法细则》和《劳动教养管理工作若干制度》、1995年国务院发布的《强制戒毒办法》、2000年公安部发布的《强制戒毒所管理办法》等，现行有效的有1990年公安部发布的《治安拘留所管理办法》、1993年国务院发布后经2011年修改的《卖淫嫖娼人员收容教育办法》、2000年公安部发布的《收容教育所管理办法》等。

指定医生作出死亡鉴定"。随着我国司法鉴定的专业化发展，死亡鉴定作为司法鉴定的重要分支，也必将专属于鉴定主体来实施，法医鉴定人员出具的死亡鉴定书必将与医生出具的死亡医学证明区分开来。那么，究竟什么是死亡鉴定呢？下文，我们将考察"死亡鉴定"一词的基本概念。

概念是我们认识事物的工具和理论研究的先导。[①] 死亡鉴定在人们日常生活中的使用频率颇高，人们一听到这个词就会下意识地联想到案件、纠纷、诉讼等法律事务。从汉语的字词结构来看，死亡鉴定就是关于死亡的司法鉴定，这是对死亡鉴定一词最简洁、最直接的解释，也是人们在日常生活中普遍接受的死亡鉴定的基本含义。继续深入探究，就需要理解"死亡"和"鉴定"两个元概念的基本内涵。

"死亡"是个体的整体生命功能和新陈代谢的永久终止，是生命个体自然演化的必然结果。生老病死，是生命个体无法抗拒的自然规律，通常情况下，死亡都是按照人的生命规律自然进行的。但是，不排除一些其他因素（如自杀、他杀或意外事故等）的介入，从而导致出现非自然死亡（又称为非正常死亡）的情况。这就需要进行死亡鉴定，不过，很可惜，我国并没有将自然死亡的法医鉴定纳入法治轨道。[②] 长期以来，包括中国在内的许多国家都将心搏和呼吸的停止作为确定死亡的标准。但是，自从现代医学发展了器官移植技术，发明了人工呼吸机、人工心脏、心脏起搏器等生命器官辅助或替代仪器，除人脑外，几乎所有的器官均可成功地移植或被仪器替代。心脏搏动和呼吸的停止不再意味着生命个体的死亡，于是 1968 年美国哈佛大学医学院首先提出了"脑死亡"的概念，即"脑的严重外伤或疾病，使脑的全部功能不可逆地停止而导致的人体死亡"。截至目前，我国虽有较多关于死亡标准的重新考量的讨论，但法律上尚未确认脑死亡的标准。需要指出的是，脑死亡作为个体死亡的诊断，不是取代传统心肺死亡诊断，而是对传统死亡诊断标准的补充。临床实践中，对于多数非原发性脑损害者，仍保留传统心肺死亡标准；只有在全脑或脑干发生直接致命性损伤或原发性疾病时，心肺等器官功能可长期医疗维持情况下，才适用脑死亡的诊断标准。[③]

"鉴定"一词中，"鉴"是审视察验，"定"是认定判定。关于鉴定的概

[①] 参见樊崇义主编：《诉讼原理》，法律出版社 2003 年版，第 29 页。

[②] 在我国，一般的正常死亡，除公安司法机关外，医疗机构、卫生部门、居（村）委会等都可以出具死亡证明，很多即便是非正常死亡的自杀死者也没有经过专业的法医鉴定，这就导致很多死亡是枉死、很多犯罪被掩盖，针对这点，后文会详述。

[③] 参见刘敏主编：《法医学》（第四版），四川大学出版社 2013 年版，第 16 页。

念，争议很多，但争议多是围绕鉴定的适用范围，有学者认为鉴定活动仅限于诉讼中，有学者认为鉴定适用于诉讼和非诉，包括所有司法或准司法活动中为裁判权行使提供鉴定服务的活动，这就涵盖了仲裁、行政执法等涉及的鉴定。① 但是，在鉴定的行动方式上，大家认识基本趋于一致，即以专门的知识、技术、经验所作出的鉴别、判断活动。② 至 2005 年全国人大常委会《关于司法鉴定管理问题的决定》的出台，司法鉴定的概念才基本得以明确，该文件开门见山地在第 1 条规定："司法鉴定是指在诉讼活动中鉴定人运用科学技术或者专门知识对诉讼涉及的专门性问题进行鉴别和判断并提供鉴定意见的活动。"但是，在我国实体法和程序法的条文中却并没有"司法鉴定"一词，所涉及的只是"鉴定"。我国的刑事诉讼法将"鉴定"与"讯问犯罪嫌疑人""询问证人""勘验检查""搜查""查封扣押""技术侦查""通缉"等并列于"侦查"一章之下，将"鉴定"作为侦查行为的内容之一；民事诉讼法中"鉴定"集中出现于"证据"一章，规定由"具备资格的鉴定人"来进行鉴定；行政诉讼法中只是以"鉴定意见"和"鉴定人"的形式寥寥无几地出现于"证据"章节。可见，鉴定不应突出其受"司法"一词的限定和前置，其根本在于有"专门性问题"需要运用"鉴定人的专门知识"来解决，而并非取决于其存在的空间。鉴定活动可以发生于任何一种法律活动中，鉴定的结果并不会因进入诉讼或非讼程序而改变，鉴定意见既可运用于诉讼活动中，也可运用于仲裁、行政执法等活动中。正是因为鉴定以其"专门知识"进行"专门活动"的内在属性不会改变，故而在针对鉴定的专门法律规范、法律活动

---

① 关于鉴定或司法鉴定的概念，过去多有争议。有人认为指"在诉讼过程中，对于案件中的专门性问题，按诉讼法的规定，经当事人申请，司法机关主动决定，指派、聘请具有专门知识的鉴定人，运用科学技术手段，对专门性问题作出判断结论的一种核实证据的活动"；也有人认为是"司法鉴定人接受司法机关、仲裁机构或当事人的委托，依照法律规定的条件和程序，运用专门知识或技能对诉讼、仲裁等活动中所涉及的某些专门性问题进行鉴别和判定的活动"；还有人指出"是司法鉴定人依照法律规定的条件和程序，运用专门知识或经验对诉讼或非讼案件中所涉及专门性事实问题进行检验、鉴别和判断的一种证明活动"；还有人定义为"在司法诉讼或准司法活动中，为裁判机关、公证机关行使裁判权或国家证明权服务，对需要鉴别确定的专门技术性问题，按照法律规定，由具有鉴定权的鉴定机构或个人进行检验和评判活动"。参见邹明理主编：《司法鉴定》，法律出版社 2000 年版，第 1 页；曹诗权：《司法鉴定模式的现状与改革》，载《律师世界》2001 年第 1 期；何家弘主编：《证据学论坛》（第四卷），中国检察出版社 2002 年版，第 343 页；孙业群：《司法鉴定制度改革研究》，法律出版社 2002 年版，第 37 页。

② 参见王素芳：《诉讼视角下的司法鉴定制度研究》，上海大学出版社 2012 年版，第 15 页。

中，可以不加任何限制性定语，而只是称为"鉴定"，具体的鉴定活动则按学科或对象来命名即可，如物证鉴定、法医学鉴定乃至死亡鉴定等。①

综上所述，死亡鉴定就是鉴定人运用科学技术或者专门知识对关乎死亡的专门性问题进行鉴别和判断并提供鉴定意见的活动。因为死亡的特殊性以及"无疑惑、不鉴定"的特殊启动背景，死亡鉴定多产生于纠纷、争议之中，多见于诉讼之中，亦多见于诉前鉴定②活动中，其必将受到各种各样的规制，本书正是以此作为研究契机。

二、死亡鉴定与相关概念的辨析

死亡鉴定的概念在目前的学术著述中还不多见，而且它与几个相关概念还存在交叉与重叠的关系，弄清楚其相互之间的区别和联系，有助于加深对死亡鉴定概念的理解。

（一）死亡鉴定与司法鉴定

司法鉴定是最顶层的概念，司法鉴定之下是其重要分支——法医学鉴定，而死亡鉴定又是法医学鉴定的下位概念。"司法鉴定"一词在我国使用已有几十年的历史，社会各界对此已经相当熟知，这也是 2005 年全国人大常委会立法时弃"法庭科学"而选"司法鉴定"之原因。司法鉴定最初仅指法院依职权或依申请启动的鉴定，但随着司法实践的发展和依法治国的进步，其内涵和外延也在不断发展变化中，不能再退回去从狭义上进行理解。司法鉴定并非"司法"与"鉴定"的简单相加，"司法"也并非意指鉴定的纯司法职能，仅仅表明鉴定活动涉及司法而已，鉴定是为司法服务的。"司法"二字只是彰显了鉴定的法定性，使得鉴定既不是纯粹的科学技术活动，也不是仅仅为某一司法职能服务，而是具有法律意义的活动，其操作受法律约束和规范，其意见一经采信即具有法律效力。

2005 年 2 月 28 日通过的全国人大常委会《关于司法鉴定管理问题的决定》为司法鉴定给出了法定解释，前文已述，此处不再赘述。从其内涵来看，鉴定是对诉讼涉及的专门性问题进行的鉴别和判断活动，也就是说，凡涉及诉

---

① 参见郭金霞：《鉴定结论适用中的问题与对策研究》，中国政法大学出版社 2009 年版，第 3 页。

② 诉前鉴定，指案件尚未进入诉讼程序时，由相关机关或办案部门委托鉴定机构及其鉴定人进行的鉴定，其主要目的也是为诉讼作准备或方便追究责任。

讼而又有争议的专门性问题需要解决的都应当进行司法鉴定，而这里所指的涉及诉讼应当包括诉前、诉中及诉后的执行阶段，不能仅仅把司法鉴定局限于案件正式提起诉讼后的中间阶段。关于司法鉴定的定位，应当将其看作一种诉讼过程中的证据调查活动，其既不能局限于"侦查行为说"①，又不可固守于"核实证据说"②，它不但是诉讼中一项重要的调查取证活动，从某种意义上讲更是一种"制造证据的活动"。③

（二）死亡鉴定与法医学鉴定

法医学是一门"桥梁学科"，意在沟通"法学"与"医学"两个学科门类，其诞生之目的就在于应用医学知识为法律实践服务。究其定义，法医学是应用医学、生物学及其他自然学科的理论与技术，研究并解决法律实践中有关医学问题的一门法学边缘学科，属于技术法学的范畴。法医学属于边缘法学，而司法鉴定学是法学的新兴学科，二者都是法学与相关学科相互作用、相互影响的结果。司法鉴定是法医学为法律服务的"桥梁"，法医学通过司法鉴定建立的通道或途径为法律实践提供服务。边缘法学是法学学科中的独立门类，它与理论法学、比较法学等学科并行，属于上位法学，而司法鉴定学是法学体系中部门法学的子学科，它从属于原来的部门法学——诉讼法学，属于下位法学。④

法医学与司法鉴定二者的结合点，正好是法医学鉴定，这是我国立法中"三大类鉴定"⑤中的重要一类。法医学鉴定是鉴定人应用法医学和医学的知识和技能对诉讼案件涉及的活体或尸体及其组织、体液、分泌物等进行检验并作出专门意见。⑥死亡鉴定是法医学鉴定的下位概念，是以尸体为主要研究对

---

① "侦查行为说"曾多见于刑事诉讼法学领域，认为鉴定是侦查机关"了解案情"或"查明案情"的手段，视为侦查行为中的"科学鉴别活动"。参见陈光中主编：《刑事诉讼法学》（新编），中国政法大学出版社1996年版，第303页；樊崇义主编：《刑事诉讼法学》，中国政法大学出版社1996年版，第282页。

② "核实证据说"认为司法鉴定是"对专门性问题作出判断结论的一种核实证据的活动"。参见邹明理主编：《司法鉴定》，法律出版社2000年版，第1页；邹明理主编：《我国现行司法鉴定制度研究》，法律出版社2001年版，第1~2页。

③ 参见霍宪丹主编：《司法鉴定管理概论》，法律出版社2014年版，第7页。

④ 参见常林主编：《法医法学》（第三版），人民卫生出版社2016年版，第6页。

⑤ "三大类鉴定"指根据2005年全国人大常委会《关于司法鉴定管理问题的决定》第2条所列出的三种常见的司法鉴定事项，即法医类鉴定、物证类鉴定和声像资料类鉴定。

⑥ 参见刘敏主编：《法医学》（第四版），四川大学出版社2013年版，第11页。

象，研究各种涉及法律的死亡案件的专门性问题，主要包括死亡的确定、死因分析、死亡机制、死亡过程、死亡性质、死亡方式、死亡证明等方面的问题。法医学鉴定所要解决的专业性问题复杂多样，所用的专业知识也涉及多种学科，按其学科主要分为法医病理学、法医临床学、法医物证学、法医毒理学、法医毒物分析、法医精神病学和法医人类学等。死亡鉴定主要涉及的学科是法医病理学，主要以死亡或尸体作为研究对象，但是死亡鉴定又不同于常说的法医病理学鉴定，毕竟法医病理学作为一种学科的存在，还有很大一部分内容是损伤病理学。同时，死亡鉴定又涉及许多其他学科，比如利用法医物证学分析血迹分布、检验 DNA，利用法医毒理学和法医毒物分析学来查验中毒死亡、分析其死亡机制，利用法医人类学分析残尸、碎尸、骸骨等。

（三）死亡鉴定与死因鉴定

引起死亡的原因很多，有疾病，有损伤，还有体内外的各种不利因素如延误救治、医院误诊、年老体弱等。世界卫生组织（WHO）发布的《国际疾病分类》（International Classification of Diseases，ICD）给出了"死亡原因"的概念，即"所有直接导致或间接促进死亡的疾病、病态情况或损伤，以及造成任何这类损伤的事故或暴力的情况"。死亡原因是法律实践中最常涉及的内容，它为刑事侦查提供线索或方向，为定罪量刑、民事赔偿等提供重要依据。

在涉及法律的死亡案件中，死亡大多是一种以上疾病或损伤及其引起的一系列并发症，或者体内外各种不利因素的介入而综合作用导致。因此，综合分析案情、病史、尸体检验和实验室检验等资料，辨别各种疾病、损伤或其他因素之间的关联及其与死亡的关系，是死因鉴定的主要内容。辨别分析与死亡相关的各种因素的作用关系和因果关系的过程，就是死因鉴定。而死亡原因只是死亡鉴定的重要内容之一，死因鉴定可以说是死亡鉴定的下位概念，其与死亡方式鉴定等均是死亡鉴定的重要分支。法律实务中，经常把死亡鉴定与死因鉴定混同一谈，或者干脆不作区分、等同适用，这是不妥的。本书认为死亡鉴定的概念涵盖死因鉴定在内，尽管在很多情况下，死亡鉴定都仅仅是围绕死亡原因作出鉴定。

（四）死亡鉴定与尸体检验

简单说，尸体检验就是对涉及法律问题的死后尸体所进行的检查和化验，但死亡鉴定与尸体检验的概念不太好区分，很多情况下难分上下、互相涵盖。在司法实践中，如果"检验"一词用来表示一类技术手段或技术门类时，其内涵大于"鉴定"，鉴定只是实现检验的任务之一。这里所指说的检验手段或技术门类中，就包括鉴定活动。可以说，从古至今，我国一直非常注重尸体检验的重要性，南宋的宋慈在其著作《洗冤集录》中就有"狱事莫重于大辟，大辟莫重于初情，初情莫重于检验"之说，借以突出尸体检验的重要性。尸体检验又分为尸表检验、解剖检验和实验室检验，其所出具的"检验报告"，与"鉴定意见"都是法定的证据形式，是具有同等效力的法律文书。

可是，当前司法实践中，更多的是把"检验"一词当成鉴定步骤或鉴定方法使用，"检验"也就成了"鉴定"的下位概念。通常，我们可以将鉴定人的工作分成两部分：第一部分是较为复杂的检验工作，如解剖尸体、毒化分析等，这种检验目的就在于把一定的事实以证据的形式固定下来；第二部分就是分析说明所确定的事实，从而提炼出隐藏的"证据信息"。所以鉴定活动不仅仅包括"鉴别"和"判断"，还包括"验真"的检验活动，从这个角度讲，"检验"应当属于鉴定活动的一个内容，其内涵也就小于"鉴定"了。在本书中，取"检验"狭义之解释，将"尸体检验"看作"死亡鉴定"的工作内容之一。

三、死亡鉴定与相关法律

死亡鉴定是命案之中不可或缺的查明真相的途径，是法医鉴定人的重要职责之一，是刑事、民事、行政三大诉讼中的关键一环，由于案件性质的不同，死亡鉴定可能涉及刑事法律、民事法律与行政法律。我们有必要梳理下法律的相关规定，以便更加明确死亡鉴定的内容和应用等。

（一）死亡鉴定与刑事法律

侵犯公民人身权利罪是刑法中一类犯罪的总称，是指故意或过失地侵犯公民的人身权利如生命权、健康权、性自由权、人身自由权、人格权等，依法应当受到刑罚的行为。[1] 与死亡鉴定有关的主要是侵犯生命权和健康权的犯罪行为，比如故意杀人罪、过失致人死亡罪等。死亡鉴定常见应用于下列罪行：

首先，在死亡鉴定中，最多见的是谋杀死（故意杀人），这是一种常见的他杀死，是指具有行为能力的人，预见到自己的行为会剥夺他人的生命，并希望达到杀人目的而杀人的。依照我国《刑法》第232条的规定，故意杀人的，处死刑、无期徒刑或者十年以上有期徒刑；情节较轻的，处三年以上十年以下有期徒刑。其中"情节较轻"的认定，一般是指实践中义愤杀人、防卫过当

---

[1] 参见高铭暄、马克昌主编：《刑法学》（第六版），北京大学出版社2014年版，第452页。

杀人、因受长期迫害而杀人、帮助自杀、受嘱托杀人等情况。

其次，伤害死大多是一时冲动实施的伤害行为，并非预谋或故意致人死亡，客观上造成的死亡后果与最初主观动机显著不一致。家庭邻里纠纷斗殴、虐待儿童或老人，以及对拘押、监禁中的人采取违法乱纪行为导致的死亡等，绝大多数属于伤害死。行为人主观上有损害他人身体健康的故意，且明知自己行为会给他人造成伤害，仍旧希望或者放任伤害结果的发生，但是由于伤势过重在客观上造成了被害人的死亡，是故意伤害（致死）罪，刑法分则有其他专门独立罪名的除外。故意伤害致人死亡，必须是故意实施轻伤以上的犯罪行为。依照我国《刑法》第234条的规定，故意伤害他人身体，致人死亡的，处十年以上有期徒刑、无期徒刑或者死刑，本法另有规定的，依照规定。另外，根据2011年《刑法修正案（八）》第37条第2款规定，未经本人同意摘取其器官，或者摘取不满18周岁的人的器官，或者强迫、欺骗他人捐献器官的，造成死亡的，依照故意伤害（致死）罪或故意杀人罪的规定定罪处罚。

最后，如果没有伤害他人的故意，只是由于自己的过失，导致了他人死亡结果的发生，就应定过失致人死亡罪。所谓犯罪过失，是指行为人应当预见自己的行为可能发生危害社会的结果，因为疏忽大意而没有预见，或者已经预见而轻信能够避免的一种心理态度，因此，过失致人死亡就分为疏忽大意的过失致人死亡与过于自信的过失致人死亡。根据我国《刑法》第233条的规定，过失致人死亡的，处三年以上七年以下有期徒刑；情节较轻的，处三年以下有期徒刑。本法另有规定的，依照规定。所谓"本法另有规定的"，是指对其他因过失致人死亡的情况，如刑法分则作了专门的规定，有独立的罪名与法定刑（如失火致人死亡、交通肇事致人死亡、重大责任事故致人死亡等），直接按照上述各条的规定定罪处刑，不再以本罪论处。

当然，除上述独立、明确的和死亡有关的罪名之外，我国刑事法律中还规定了许多结果加重犯，即实施基本犯罪构成要件的行为，却导致了基本犯罪构成要件以外的加重结果，比如致人死亡，典型如虐待致人死亡、交通肇事致人死亡、强奸致人死亡、绑架致人死亡、运送他人偷越国（边）境致人死亡等。我国刑法对这种致人死亡的结果加重犯规定了比基本犯罪较重的法定刑，所以对结果加重犯一般只是依照刑法的规定，在较重的法定刑幅度内量刑，而不实行数罪并罚。① 实务中，很多情况下，需要死亡鉴定来区分此罪与彼罪，比如

---

① 参见高铭暄、马克昌主编：《刑法学》（第六版），北京大学出版社2014年版，第188页。

"药家鑫故意杀人案",究竟是交通肇事致人死亡案,还是故意杀人案?经过法医鉴定,死者胸部被捅刺8刀,系胸部锐器刺创致主动脉、上腔静脉破裂大出血而死亡,于是年纪轻轻的大学生药家鑫被以故意杀人罪定罪,并被执行死刑。

损伤导致重伤抑或死亡,有时从损伤程度的角度很难界定,法医学上有"致命伤"的概念,简单而论,凡可导致死亡的损伤均为致命伤。致命伤又可分为绝对致命伤和条件致命伤两类,前者指任何情况下对所有人均足以致死的损伤;后者系在某种条件下才能导致死亡的损伤,有外部因素如延误救治、医院误诊等,也有自身因素如疾病、年老体弱等。① 损伤致死的死亡鉴定中离不开对"致命伤"的检验,这是死亡鉴定的主要内容。

(二) 死亡鉴定与民事法律

人身损害赔偿,是指民事主体的生命权、健康权、身体权受到不法侵害,造成致伤、致残、致死的后果以及其他损害,要求侵权人以财产赔偿等方法进行救济和保护的侵权法律制度。人身损害赔偿还包括因生命权、健康权、身体权受到侵害时的精神损害赔偿。我国早在1987年实施的《民法通则》,其第119条规定了人身损害赔偿法律制度的基本内容,但仅仅一个条文,比较简单和笼统,无法满足复杂的司法实践之需要。后续出台的相关民事法律还有《产品质量法》《消费者权益保护法》《国家赔偿法》《侵权责任法》等,还有一个极为重要的司法解释——最高人民法院《关于审理人身损害赔偿案件适用法律若干问题的解释》。正是由于长期以来人身损害赔偿制度的混乱,加之单行法律的局限性,以及人身损害赔偿的司法解释在赔偿种类、范围上的更加明确,使得该司法解释远远超出其应有的职能范围。

关于人身损害赔偿及死亡赔偿的民事法律规定有许多,比如2018年修正的《产品质量法》第44条规定:"因产品存在缺陷造成受害人人身伤害的,侵害人应当赔偿医疗费、治疗期间的护理费、因误工减少的收入等费用;造成残疾的,还应当支付残疾者生活自助具费、生活补助费、残疾赔偿金以及由其扶养的人所必需的生活费等费用;造成受害人死亡的,并应当支付丧葬费、死亡赔偿金以及由死者生前扶养的人所必需的生活费等费用。"2013年修正的《消费者权益保护法》第49条规定:"经营者提供商品或者服务,造成消费者或者其他受害人人身伤害的,应当赔偿医疗费、护理费、交通费等为治疗和康复支出的合理费用,以及因误工减少的收入。造成残疾的,还应当赔偿残疾生

---

① 参见常林主编:《法医法学》(第三版),人民卫生出版社2016年版,第195页。

活辅助具费和残疾赔偿金。造成死亡的，还应当赔偿丧葬费和死亡赔偿金。"2012年修正的《国家赔偿法》第34条规定："侵犯公民生命健康权的，赔偿金按照下列规定计算：……（三）造成死亡的，应当支付死亡赔偿金、丧葬费，总额为国家上年度职工年平均工资的二十倍。对死者生前扶养的无劳动能力的人，还应当支付生活费。"2010年实施的《侵权责任法》第16条规定："侵害他人造成人身损害的，应当赔偿医疗费、护理费、交通费等为治疗和康复支出的合理费用，以及因误工减少的收入。造成残疾的，还应当赔偿残疾生活辅助具费和残疾赔偿金。造成死亡的，还应当赔偿丧葬费和死亡赔偿金。"其第17条还规定："因同一侵权行为造成多人死亡的，可以以相同数额确定死亡赔偿金。"2004年实施的最高人民法院《关于审理人身损害赔偿案件适用法律若干问题的解释》第17条规定："受害人遭受人身损害，因就医治疗支出的各项费用以及因误工减少的收入，包括医疗费、误工费、护理费、交通费、住宿费、住院伙食补助费、必要的营养费，赔偿义务人应当予以赔偿。受害人因伤致残的，其因增加生活上需要所支出的必要费用以及因丧失劳动能力导致的收入损失，包括残疾赔偿金、残疾辅助器具费、被扶养人生活费，以及因康复护理、继续治疗实际发生的必要的康复费、护理费、后续治疗费，赔偿义务人也应当予以赔偿。受害人死亡的，赔偿义务人除应当根据抢救治疗情况赔偿本条第一款规定的相关费用外，还应当赔偿丧葬费、被扶养人生活费、死亡补偿费以及受害人亲属办理丧葬事宜支出的交通费、住宿费和误工损失等其他合理费用。"这些损害乃至死亡的赔偿，都是以死亡鉴定为前提的，民事赔偿乃至民事诉讼中，也都离不开死亡鉴定的辅助。

在死亡鉴定中，最常见的就是意外死，因此引来民事赔偿及纠纷。意外死是指意料之外、非故意的行为所造成的死亡，在法律上行为人存在过失（疏忽或懈怠），其对自己的行为的结果应当预见或者能够预见而没有预见，或者是行为人对自己行为的结果虽然预见了却轻信可以避免。有时，行为人主观上是为了紧急避险，但行为过度造成死亡的后果，还有因不可抗拒的原因如遭受自然灾害等情况。这种意料之外的和非故意的行为，所造成的死亡受害者可能是他人，也可能是行为者本人，包括事故死和灾害死。自伤自残者或出于某种目的自己对自己造成伤害，却意外地超过了限度而发生的死亡，由于其并不是以故意结束自己的生命为目的，所以也是一种意外死。① 这些意外死亡，尽管有时轰动一时，甚至造成命案嫌疑，但是其归根结底是不触犯刑事犯罪的，有时仅仅是民事赔偿以及民事纠纷，这其中更是彰显死亡鉴定的重要性，死亡鉴

---

① 参见常林主编：《法医法学》（第三版），人民卫生出版社2016年版，第195页。

定一旦出现偏差或错误，就会造成不可估量的损害后果。

关于死亡赔偿的费用，根据最高人民法院《关于审理人身损害赔偿案件适用法律若干问题的解释》的相关规定，侵权行为造成受害人死亡的，应当赔偿受害人死亡时的丧葬费、死亡赔偿金和被扶养人生活费。丧葬费按照受诉法院所在地上一年度职工月平均工资标准，以6个月总额计算。死亡赔偿金按照受诉法院所在地上一年度城镇居民人均可支配收入或者农村居民人均纯收入标准，按20年计算，但60周岁以上的，年龄每增加一岁减少一年；75周岁以上的，按5年计算。被扶养人生活费根据扶养人丧失劳动能力程度，按照受诉法院所在地上一年度城镇居民人均消费性支出和农村居民人均年生活消费支出标准计算。被扶养人为未成年人的，计算至18周岁；被扶养人无劳动能力又无其他生活来源的，计算20年。但60周岁以上的，年龄每增加一岁减少一年；75周岁以上的，按5年计算。被扶养人是指受害人依法应当承担扶养义务的未成年人或者丧失劳动能力又无其他生活来源的成年近亲属。被扶养人还有其他扶养人的，赔偿义务人只赔偿受害人依法应当负担的部分。被扶养人有数人的，年赔偿总额累计不超过上一年度城镇居民人均消费性支出额或者农村居民人均年生活消费支出额。

（三）死亡鉴定与行政法律

关于人身损害乃至死亡的赔偿问题，在1987年民法通则及其1988年的司法解释中，并没有很好地得到解决，反而是在之后1992年实施的《道路交通事故处理办法》中进行了具有积极意义的努力。这是一部行政法规，主要是为保护当事人的合法权益，正确处理违反道路交通法规而过失造成人身伤亡或者财产损失的道路交通事故，教育和惩处道路交通事故责任者。这部行政法规对解决人身损害赔偿的问题提出了较好的办法，第一次全面规定了人身损害赔偿中的各项赔偿项目，且规定了具体的计算方法；第一次规定对于造成死亡的应赔偿死亡补偿费，这在我国人身损害赔偿的发展历史上是一次重大突破。[1]在这一部行政法规中，它对人身损害赔偿的医疗费、误工费、住院伙食补助费、护理费、残疾者生活补助费、残疾用具费、丧葬费、死亡补偿费、被扶养人生活补助费、交通费、住宿费等11项赔偿项目，均详细地规定了具体的赔偿计算标准。这部行政法规一直到2004年《道路交通安全法》及其《实施条例》的实行，才告终结，在相当长一段时期内起到非常积极的作用。2017年

---

[1] 参见杨立新：《人身损害赔偿问题研究》（上），载《河南省政法管理干部学院学报》2002年第1期。

修订的《道路交通事故处理程序规定》，对死亡事故采取了更谨慎的处理态度，且规定：对一次死亡三人以上的重大事故应当开展深度调查，应当进行现场摄像，必要时可以聘请具有专门知识的人参加现场勘验、检查；尸体检验应当在死亡之日起三日内委托；尸体检验不得在公众场合进行；为了确定死因需要解剖尸体的，应当征得死者家属同意；死者家属不同意解剖尸体的，经县级以上公安机关或者上一级公安机关交通管理部门负责人批准，可以解剖尸体，并且通知死者家属到场，由其在解剖尸体通知书上签名；死者家属无正当理由拒不到场或者拒绝签名的，交通警察应当在解剖尸体通知书上注明；对身份不明的尸体，无法通知死者家属的，应当记录在案。

反观与民法通则几乎同步颁发的行政法规——1987年《医疗事故处理办法》①，却存在许多违背民法通则关于人身损害赔偿原则的规定。根据其第18条的规定，确定为医疗事故的，可给予一次性经济补偿，具体标准由省级人民政府规定。而在各省指定的标准中，最高8000元，最低3000元，这就是医疗事故造成人身损害乃至造成死亡的全部赔偿，至于其他的赔偿项目，医疗事故处理办法均不予承认，这是对公民身体权、健康权乃至生命权的轻视。直至2002年《医疗事故处理条例》出台，这一现象才得以改观。根据《医疗事故处理条例》第50条的规定，医疗事故赔偿项目有医疗费、误工费、住院伙食补助费、陪护费、残疾生活补助费、残疾用具费、丧葬费、被扶养人生活费、交通费、住宿费、精神损害抚慰金共计11项，并规定了计算标准。其第18条规定："患者死亡，医患双方当事人不能确定死因或者对死因有异议的，应当在患者死亡后48小时内进行尸检；具备尸体冻存条件的，可以延长至7日。尸检应当经死者近亲属同意并签字。尸检应当由按照国家有关规定取得相应资格的机构和病理解剖专业技术人员进行。承担尸检任务的机构和病理解剖专业技术人员有进行尸检的义务。医疗事故争议双方当事人可以请法医病理学人员参加尸检，也可以委派代表观察尸检过程。拒绝或者拖延尸检，超过规定时间，影响对死因判定的，由拒绝或者拖延的一方承担责任。"

2003年公布、2010年修订的《工伤保险条例》在其第39条规定，职工因工死亡，其近亲属可按规定从工伤保险基金领取丧葬补助金、供养亲属抚恤金和一次性工亡补助金。2019年修正的《机动车交通事故责任强制保险条例》第24条规定，国家设立道路交通事故社会救助基金，特殊情形下的道路交通事故中受害人人身伤亡的丧葬费用、部分或者全部抢救费用，由救助基金先行垫付，救助基金管理机构有权向道路交通事故责任人追偿。而保险待遇的核

---

① 已失效。

付，也是离不开死亡鉴定的，死亡鉴定在实践中的应用，也多见于各级保险机构的委托而进行，确认死亡后给付保险金。

原卫生部1957年制定、1979年重新发布的《解剖尸体规则》中，划分尸体解剖为三类：普通解剖、病理解剖和法医解剖，鉴于法医尸检工作在刑事侦查、司法审判、民事医疗纠纷的处理以及提高医疗质量等方面的重要作用，同时有感于我国在死亡管理方面的缺陷与不足，有学者建议应加强死亡管理和法医尸检工作的立法。① 随后，我国陆续加强死亡管理方面的立法，规范人口死亡医学证明和信息登记管理工作，规范死亡人员户口注销工作，以及规范死亡待遇、死亡抚恤金发放等工作，且陆续颁布了《外国人在华死亡后的处理程序》《看守所在押人员死亡处理规定》《监狱罪犯死亡处理规定》等规定。可见，死亡鉴定工作与死亡的行政管理也是分不开的。

第二节　死亡鉴定的内容

一般来说，凡涉及刑事案件的尸体（含无名尸体和尸骨）、急死或突然死亡死因可疑、有他杀或自杀嫌疑、重大事故及涉及法律的一般事故死亡、工农业中毒或剧烈性传染病死亡及其他死因不明的，都需经法医鉴定人进行死亡鉴定。死亡鉴定的主要内容，包括死亡确认、死因分析、判断死亡方式、分析死亡机制、死亡识别等。准确、全面的死亡鉴定，首先要确定死亡的发生，了解死者相关信息如时间、地点等，继而查明致死的死亡机制，进而分析其死亡原因，要分析各种致命因素的先后、主次、相互关系，分清根本死因、直接死因、辅助死因、死亡诱因、联合死因等，最后要明确死亡方式，特殊情况下，还要进行死亡识别。

一、确认死亡发生

死亡需要专业人员来确认。一旦确认死亡发生，则意味着可以停止医疗抢救，可以进行尸体解剖进一步查明死因，可以进行遗体捐献或器官移植，可以注销户口进行安葬或火化。自然人随着死亡的发生，其个体所应承担的民事责任或刑事责任也就随之消灭，其遗产也就可以被继承。死亡确认的根据是死亡

---

① 参见刘良、黄光照：《积极开展法医解剖，加强立法改革，完善我国的死亡管理制度》，载《中国社会医学》1993年第6期。

征象已经出现并被确诊,比如心跳呼吸永久停止或全脑功能不可逆地丧失等。这里就又涉及死亡鉴定标准的问题,是采用传统的心肺死亡鉴定标准,还是采用现代的脑死亡鉴定标准,这在我国确实是一个争议问题。以何种标准来确认死亡,这在法律上具有重要的意义。比如,当一个人的脑干受到广泛而不可恢复的损伤,现代医学技术仍旧可以借助人工呼吸机、心脏起搏器、特殊药物等来维持他的呼吸、心跳和血压等生理功能,但医疗辅助一旦撤除,他将必然停止心跳和呼吸,那么他的死亡从什么时候确认?是继续一味地浪费医疗资源,还是拔管撤药导致涉嫌谋杀?再如,现代器官移植、人工器官技术的发展,使得即便某人的心跳停止了,他仍能够移植别人的心脏或者使用人工心脏,那么他算是死人吗?提供心脏的人,早已死亡,但其心脏却还在别人的体内跳动着,那么他算是活人吗?更多的人工心脏案例的出现,一再表明,心死并不意味着人死。①

为了呼应医疗和司法实践中对死亡确认的需求,美国于1978年制定了《脑死亡统一法案》(*Uniform Brain Death Act*,UBDA),进而明确了死亡的法律标准,即包括脑干在内的大脑功能不可逆转的消失,传统的心肺死亡标准不再使用。同时,法案考虑到医学水平的不断提升,并未限制、固定明确的诊断标准,只是强调脑死亡必须符合客观的医学标准。②然而,废止传统的心肺死亡标准在实践中造成很多不必要的麻烦,因此,两年后美国又出台了《统一死亡判定法案》(*Determination of Death Act*,UDDA),新法案在原有基础上增加了心肺死亡标准,二元死亡标准并存,皆可作为死亡的诊断标准。③确立脑死亡的鉴定标准,不仅可以对脑死亡患者减少或者免除不必要的医疗救治措

---

① 参见关宝瑞、朱勇喆:《确立脑死亡鉴定标准的伦理学意义探究》,载《南京医科大学学报(社会科学版)》2008年第1期。

② 目前脑死亡的医学标准很多,典型的有三种,分别是哈佛标准、美国协作组标准、英联邦皇家学院标准。其中美国哈佛医学院制定的世界第一个脑死亡诊断标准(哈佛标准)影响最为深远,其内容包括脑昏迷不可逆转、无自主呼吸、无反射和平直脑电图,且需要24小时后重复检测,并排除低温、中枢抑制等情况。其后的美国协作组标准是美国组织9家医院联合提出,对哈佛标准进行了改进,取消了24小后的重复试验,并指出无反射是无脑反射,不需要观察脊髓反射。之后的英联邦皇家学院标准更是指出,仅需临床检查即可,无需脑电图和脑血管造影。

③ 死亡不仅仅是医学和法律问题,还往往牵涉社会、宗教等规范。为保障少量特殊信仰的公民的权利,美国一些州有专门立法,比如新泽西州的死亡判定法案规定,当脑死亡标准违背了患者的宗教信仰时,则采用心肺死亡标准。脑死亡标准得到美国政府、社会以及医学界、法学界、宗教界的普遍认同,几乎美国所有的州也都以立法、判例的形式支持了《统一死亡判定法案》。

施，减少家属负担，节约医疗资源，还可以明确死亡的具体时间，继而用于明确采供器官移植的开始时间，用于尸体解剖检验等法律手段的开展，用于解决继承、婚姻等其他法律纠纷。相比较国外许多国家以立法的形式承认脑死亡标准不同，我国迄今尚未立法确立脑死亡标准，我国实践中更加倾向采取"二元死亡标准"，即脑死亡和心肺死亡并行的标准，给死者家属一定选择权。

关于死亡的确认，另外一个突出的问题就是，由谁来进行确认死亡。根据2013年国家卫计委、公安部和民政部联合下发的《关于进一步规范人口死亡医学证明和信息登记管理工作的通知》可知，发生在医院的死亡一般都是由诊治医生来确认死亡和填发死亡证明，而未经救治的非正常死亡证明由公安司法部门按照现行规定及程序办理。那么问题来了，未经医院救治的"正常死亡"的证明由谁来出具呢？实践中，还有大量的未经医院救治的"非正常死亡"掩盖为"正常死亡"的现象，如果系由非专业人员来进行确认，岂不是造成死亡确认工作的失控，造成大量违法犯罪被放纵？现实中，毕竟有大量在家、在外自然老死的情况，为了便利居民办理死亡后续工作，很多地方针对《关于进一步规范人口死亡医学证明和信息登记管理工作的通知》的不完善，采取了便民措施——让居（村）委会来出具死亡证明，这更造就了实践中的混乱。[①] 对脑死亡的确认要求更加严格，一般需要由两个与器官移植无关的医生参加，其中一个是神经科医生，有的国家则规定应有法医参加脑死亡的确认。[②] 在死亡确认过程中，一旦发现死因不明，尤其是怀疑隐藏刑事犯罪的时候，一般都要求法医参加死亡确认。我国当前法律对未经临床医疗诊治而死亡的人，由谁来确认死亡、填发证明，尚无明确规定。并且，由于法律规定的不完善，我国目前很多地方的死亡证明，即便是有公安民警来到死亡现场，也往往是未经专业训练的普通民警而非专业法医，这也往往导致很多法律上的疏忽。

二、确定死亡原因

死亡鉴定的首要任务就是确定死亡原因。死亡原因常指直接或间接促进死亡的疾病、损伤（暴力）或衰老等因素。死亡鉴定确定死因的一个重要方面，就是区分死亡是否属于暴力性死亡。暴力性死亡又称非正常死亡，指蓄意、过

[①] 参见凤凰资讯《由居委会开具正常死亡确认书不可取》，载http：//news.ifeng.com/a/20160610/48949881_0.shtml，访问时间：2019年1月12日。

[②] 参见丛斌主编：《法医病理学》（第五版），人民卫生出版社2016年版，第34页。

失或者意外等各种非自然因素作用导致的死亡，例如各种伤害案件、中毒案件、医疗事故、交通事故、工伤事故和严重环境污染公害等，均涉及刑事、民事和行政等相关法律的事件或情况。因此，这类非正常的或可疑的暴力方式致死的尸体，都必须进行死亡鉴定，查明死亡原因，追究相关责任者的法律责任。暴力性死亡是由某种或几种外来的作用力强的因素导致的死亡，这些外来因素可分为物理性、化学性和生物性三类。在众多的暴力性死亡中，以物理性和化学性因素所引起的死亡为主，尤其是机械性损伤、机械性窒息以及毒物中毒引起的死亡最为多见。但是，我们也不能忽视生物或生物活性物质所导致的暴力性死亡，如毒蛇咬人死亡以及注射肾上腺素或胰岛素故意致死的案例也时有发生。另外，电击死、放射性物质致死也应给予重视。

死亡原因有时候很明确，浅显易见，有时候又很复杂，扑朔迷离，所以要进行详细的死亡鉴定，并加以综合分析，分清死亡原因的主次及其相互关系。死因分析是死亡鉴定的核心工作，关系到死者或嫌疑人的名誉，甚至罪与非罪，必须在认真检查、掌握大量资料的基础上，分析论证，得出正确的死因分析结果，为相关民事案件的调处、刑事案件的侦查和审理提供科学证据。死因分析的过程中，需要注意避免把死亡原因和死亡机制弄混淆，比如我们不能把心肺等重要器官的衰竭当作死亡原因，这是死亡机制。风湿性心脏病、先天性心脏病、冠心病、心脏刺创引起心包填塞等不同原因最后都可导致心力衰竭而死，心力衰竭应属于死亡机制而不是死亡原因。分析疾病或损伤致死的机制，对认识伤、病的危害以及挽救生命都有重要意义，但不能将死亡机制与死亡原因相混淆。

一个具体的死亡案例中，导致死亡的因素可能只有一个，也可能有好几个，必须具体分析，死因分析需要分清根本死因、直接死因、辅助死因、死亡诱因、联合死因等。(1)"根本死因"就是引起死亡的初始原因，凡是引起死亡的一系列病理过程的最初的疾病或损伤，或者造成这些损伤的事故或暴力情况均称为根本死因。比如扼颈可立即因窒息而死亡，也可当时不死而引起喉头水肿或继发性水肿、肺炎而死，这里的根本死因都是扼颈这项暴力。(2)"直接死因"是直接导致死亡的疾病或损伤，其不包括症状、体征和临死情况，也就是说，直接死因是指某一具体的疾病或损伤及其并发症，以及造成这些疾病或损伤的事件，而不是疾病或损伤的临床表现（症状或体征）以及引起的病理综合征。如果根本死因不经过中间环节直接引起死亡，则此死因既是根本死因，也是直接死因；如果根本死因没有立即导致死亡，而是它的继发症或合并症导致死亡，则后者是直接死因。根本死因和直接死因之间可以间隔很长时间，比如车辆撞击导致多发性骨折，骨科手术后静养过程中血栓脱落导致肺动脉栓塞而死，这里车辆撞击是根本死因，肺动脉栓塞是直接死因。(3)"中介死因"是发生于根本死因与直接死因之间的并发症或外部介入的不利因素，比如某人腹部被刺中数刀，合并胃肠破裂、腹腔内大出血导致休克，经急诊剖腹手术救治复苏，然而数日后继发肠瘘、化脓性腹膜炎、深部真菌感染，20多天后因感染性休克而死亡。在此案例中，外伤事件及其腹部刺创、胃肠破裂、失血性休克应为根本死因，肠瘘、化脓性腹膜炎、深部真菌感染以及救治过程中存在的医疗过失均可归为中介死因，感染性休克为直接死因，导致根本死因情况的一方应负主要责任。(4)"辅助死因"是主要死因之外的疾病或损伤，其本身不会致死，但在死亡过程中起到辅助作用。比如，一名慢性支气管炎合并肺气肿患者，胸部遭受创伤导致血气胸，终因呼吸衰竭而死亡，这里的创伤事件及其血气胸应为根本死因，而慢性支气管炎合并肺气肿病是辅助死因，因其在一定程度上降低了肺和呼吸道的代偿能力而加速呼吸衰竭。(5)"死亡诱因"是诱发身体原有潜在疾病恶化的死亡因素，其并不能单独导致死亡或导致严重损害，只是司法实践的需要将其归为死亡诱因。比如"耳光死"，一巴掌扇后致原发性脑血管畸形破裂、病理性蛛网膜下腔出血，这里的原发性脑血管畸形应为根本死因，病理性蛛网膜下腔出血为直接死因，扇耳光只是死亡诱因。实践中，常见的情绪波动、劳累过度、轻微外伤、吸烟、酗酒、饱食、性交、饥饿、寒冷等因素均有可能诱发疾病恶化而诱发死亡。(6)"联合死因"是两种或两种以上难分主次的死亡因素联合作用导致死亡，其中任一因素足以单独致死。联合死因的出现，仅仅是死亡时间上的耦合，各死因在相互关系和因果关系上相互独立。这其中，几种疾病联合致死一般不会引发法律争议，疾病与暴力联合致死最容易导致法律争端，伤病关系及其分析也一直是死亡鉴定中的难点。①

三、判断死亡方式

在确定死亡原因之后，需要进一步判断其死亡方式。死亡方式是死亡鉴定的一项重要内容，又是刑侦启动、司法审理、医疗下判、保险认定等活动确定案件性质的主要依据。死亡方式是对死亡原因、案件情节的归类性概括，具体可分为以下五大类：

---

① 参见刘敏主编：《法医学》（第四版），四川大学出版社2013年版，第19~21页；赵子琴主编：《法医病理学》（第三版），人民卫生出版社2004年版，第30~31页。

（一）疾病或衰老死亡

疾病死亡又称为病理性死亡，而衰老死亡又称为生理性死亡。真正"无疾而终"的衰老死亡是不存在的，多数情况是衰老机体在某种轻微疾病作用下导致的死亡，日常习惯中的"老死"多数是症状或体征不明显的病死。法医进行死亡鉴定时，一般无须刻意区分疾病死亡还是衰老死亡，而是统称为自然死亡（正常死亡）。疾病死亡的判断需要在病因学、病理学及相应临床表现和诊疗方面都符合该疾病的发生、发展规律和诊疗常规，如果亡者生前有相应的病史、症状、体征和诊治经过的病历记载，一般没有什么争议。但也有少数疾病死亡，见于外貌似乎很健康的人，出人意料地发生急速死亡，即所谓的"猝死"，这种病死常被怀疑为暴力性死亡而需要进行死亡鉴定。还有一些疾病死亡，因医患纠纷或其他原因的存在，也需要进行死亡鉴定。

（二）自杀死亡

暴力性死亡中的暴力因素，可能是别人施加的，可能是某种意外导致，也可能来源于自己。自杀是指自己对自己蓄意施加暴力而结束自己生命的事件。自杀现象已经越来越成为不容忽视的社会问题。鉴别死亡方式属于自杀还是他杀，在司法实践中非常重要，尤其是在侦查启动前后，侦查人员很需要专业人员给出专业的意见，以区分是否涉嫌刑事犯罪、是否需要追究刑事责任。

（三）他杀死亡

他杀是指采用暴力手段剥夺他人生命的事件。理论上，他杀可以分为非法他杀死和合法他杀死如执行死刑、枪毙歹徒、安乐死等，但这种区分在死亡鉴定工作中没有意义。真正具有法律意义的他杀分类，是指根据不同的司法裁量可以进一步将他杀分为三种：故意杀人、过失杀人和正当防卫致死。

（四）意外死亡

意外死亡是指出乎意料的、非故意为之的暴力因素造成人体死亡的事件。意外死亡又可进一步细分为自然灾害死亡和意外事故死亡两种。其中，自然灾害死亡是指地震、洪水、火山、风暴、泥石流等自然灾害所造成的死亡；意外事故死亡是指由社会或人为因素比如交通事故、医疗事故、工伤事故等造成的死亡。

（五）死亡方式不确定的死亡

根据所掌握的相关材料不能判定死亡方式的死亡，就是死亡方式不确定的死亡。究其原因，可能是尸体遭受严重毁坏，比如高度腐败、白骨化、尸体火化等，导致不能确定死亡原因；也可能是案情不明确，或者现场遭到破坏，多种死亡方式均有可能存在，比如高坠死、溺死等；还有可能是现代医学尚不能合理解释的新病种、新毒物等导致的死亡。这些情况下，应充分收集有关的死亡线索和证据，系统全面地进行尸体检验，排除可能的已知暴力情况。

进行死亡鉴定时，除了需要根据尸体检验所见的疾病或损伤情况外，需要额外注意一些具有判断价值的特殊征象，比如试切创（试探伤）、防卫伤（抵抗伤）、创伤部位和枪击距离等，还需要结合案情和现场资料，综合分析案情或病史，以及其他辅助检查、实验室检验等的结果后，才能最终确定死亡方式。

四、推断死亡时间

死亡时间是指人体死亡的具体时间，很多情况下都标志着案件的发生时间，但在死亡鉴定工作中，更具意义的是推断自人体死亡至尸体检验所经过的时间，后者又称为死后经过时间，继而可知其死亡时间。一般情况下，根据现场勘验和尸体检验情况，法医应提出死亡时间的推断性意见，这对于具体分析案情、划定侦查范围、确定作案时间乃至某些财产继承或保险理赔开始的认定等都有重要作用。法医学往往根据死后尸体变化发生的规律来推断死亡时间，尽管长期以来国内外都对死亡时间的推断投入大量的研究精力，但死亡时间的推断仍旧是法医学领域尚未完全解决的难题之一，仍需要进一步地深入研究。根据尸体变化发生的先后及司法实践的需要，死亡时间的推断又可分为死后早期死亡时间推断、腐败尸体死亡时间推断和白骨化尸体死亡时间推断三个阶段。由于尸体受到内外环境等众多因素的影响，准确判定死亡时间难度很大，使用单一的方法或工具进行推断，误差很大，故而需要根据尸体检验的多项指标进行综合分析，进而得出较为准确的死亡时间。常用的推断死亡时间的指标有超生反应（如骨骼肌反应、瞳孔反应等）、尸体现象（如尸斑、尸僵、尸冷等）、胃肠内容物消化程度、蝇蛆生长发育情况等。

死亡时间推断中还包括损伤时间的推断，而更具意义的是判断该损伤是生前伤还是死后伤，比如法律实践中常见的区分生前溺死还是死后抛尸入水，区分生前烧死还是死后焚尸，区分是上吊自杀死还是伪装上吊死等。

五、分析死亡机制

分析死亡机制，其实就是在推导或演绎死亡过程。死亡发生的快慢除了和死亡原因有关外，还和死亡机制有关。死亡机制是指由损伤或疾病引起的、最终导致死亡的病理生理过程，是各种不同死因通向死亡终点的共同通道。常见的死亡机制有心脏停搏、心室纤颤、心脏抑制、酸碱中毒、呼吸麻痹、心肺衰竭、肝肾衰竭、延髓麻痹等，所有这些机制都会导致心、肺、脑活动停止而死亡。如前所述，不能将死亡机制代替死亡原因来进行分析，如果那样，必将产生千篇一律的后果，这无助于死亡案件的鉴定。

分析死亡机制中，更为重要的任务是推断和认定致伤物，这不仅能为侦查提供线索，有助于判断死亡方式，还可为司法机关提供科学证据。特别是在多人使用数种致伤物参与下的死亡案件中，因为鉴别不同凶器的损伤程度，涉及法律定罪量刑的重大问题。在许多案件中，致伤物的推断很是具有难度，因为同一种致伤物可造成不同形态的损伤，而不同的致伤物也可能造成形态酷似的损伤，所以推断致伤物既要根据案情、现场勘验和损伤形态学的特征，还需结合衣着与其损伤的检验和验证等综合判断，以求得客观可靠的结果。

分析死亡机制在医疗纠纷的鉴定也尤为重要，尤其是患者死因不明的案例，其焦点在于分析死亡与诊疗措施可能存在的差错是否有关。因此，解决医疗纠纷的关键在于，分析死亡机制，确定死亡原因，查明医务人员是否违反诊疗常规。对因患者死亡所引起的医疗纠纷，必须全面系统地进行尸体解剖和辅助检验，再结合临床资料和相关证据进行综合分析，进而确定死因、分摊责任。

六、进行死亡识别

在实践中遇到无名尸体或碎尸时，侦查机关需要查明死者尸源，这时法医鉴定人需要解决的问题是查明死者的年龄、种族、性别和姓名，进而了解其死前行踪及其社会关系等。法医鉴定人根据尸体的身长、性别、容貌、性格特征、先天或后天获得的异常体征（如色素斑、痣、畸形、纹身、整形、疤痕等）以及体表附着物、衣着及其内存物和附着物等特点，进行死亡识别。对一些头面部严重毁损，或高度变形腐败的尸体，还需要邀请法医人类学或法医齿科学专家对死者骨骼、牙齿进行检查、认定。有时候，还需要对死者的血型、DNA和毛发等物证进行检验或鉴定，提供个人识别的依据。

第三节　死亡鉴定的实施

死亡鉴定有着严格的适用范围和实施原则，从法律上和从专业上也都有着严格的实施程序，唯有如此，才能保障死亡鉴定工作的有序运行和健康发展。

一、死亡鉴定的适用范围

并不是所有的死亡，都需要进行死亡鉴定。死亡鉴定往往出现在有争议的死亡之中，也许是对死亡的原因有争议，也许是对死亡责任承担有争议，也许是对死后待遇有争议，也许是出于某种政策考量，也许是关乎公权力的威严，总之，死亡鉴定的适用，有其严格的范围限制。

（一）非正常死亡（非自然死亡）

死亡从死亡性质进行区分，分为正常死亡（自然死亡）与非正常死亡（非自然死亡）。我国法律条文中，并没有专门对"非正常死亡"下过严格定义，却在各种法律规范中经常有所提及。对于"非正常死亡"的规定，最早在 1962 年 4 月 11 日公安部十一局《关于如何划分正常死亡与非正常死亡界限问题的答复》中提到，"应当根据死亡原因，逐个作具体分析，例如：自杀、逃跑击毙、工伤致死、自然灾害致死、医疗事故致死、虐待折磨致死、患浮肿、干瘦病致死，以及由于不顾体力消耗与体力恢复的平衡，强制过度劳动，甚至强迫病号出工，以致发生成批死亡等等，都应视作非正常死亡。"这是公认的对"正常死亡"和"非正常死亡"进行区分的最早的规范性文件。但是，这种列举式的答复，并没有对"正常死亡"与"非正常死亡"的概念进行界定，也没有对二者的区别加以说明，并且，该答复当时主要适用于劳动改造的监管场所，其适用范围被严格限缩。1995 年，六部门联合出台的《关于处理涉外案件若干问题的规定》之附件一《外国人在华死亡之后的处理程序》中，也明确规定："死亡分正常死亡和非正常死亡。因健康原因自然死亡的，谓正常死亡；因意外事故或突发事件死亡的，谓非正常死亡。"显然，这样的规定过于笼统，并且列举有重大缺陷，并未突出两种死亡之间的本质区别，并不适合在司法实践中推广适用。

本书认为，应当对正常死亡与非正常死亡进行类型化区分，找出其本质的区别，便于在司法实践中应用。如前文所述，疾病死亡和衰老死亡都是自然死亡（正常死亡），司法实践中一般不作区分，特殊的是，在涉及医疗纠纷的案件中，其死亡鉴定经常会涉及死亡病因与医疗措施是否得当的辨析。不管是疾病死亡，还是衰老死亡，其死亡都是缘起自身内因，所以说，自然死亡（正常死亡）都是由机体内在的健康原因导致的死亡。除老死、病死之外的非自然死亡，司法实践中一般称作非正常死亡，是死亡鉴定的主要对象，通常认为，非正常死亡是指由于外部因素作用于机体从而导致的死亡。综上，正常死亡与非正常死亡的区分，主要看死亡原因（前文所述的根本死因）产生于机体内部还是外部，简单说，内因导致死亡的为正常死亡，外因导致的死亡为非正常死亡。

非正常死亡按照死亡方式划分，可分为他杀死、自杀死和意外死三种。死亡鉴定主要适用于他杀死的案件，因为涉及要明确刑事责任，他杀死的案件死亡鉴定任务比较重，鉴定内容比较多，需要确定死亡原因、判断死亡方式、推断死亡时间和致伤（死）物、分析死亡机制。死亡鉴定也经常适用于自杀死或意外死的案件，但一般主要任务是确认死亡和判断死亡方式，一旦死亡方式（自杀或意外）不涉嫌刑事犯罪的，死亡鉴定任务即告结束。少数情况下，自杀死需要进一步鉴定死亡原因，比如服毒自杀需要鉴明毒物种类、剂量。还有特殊情况，比如在一些大型灾害事故（如空难、海啸等）中，死亡鉴定主要任务是进行死亡识别。

（二）不明死亡

司法实践中，一些死因不明的死亡会先被列为非正常死亡，确定死因之后再根据情况进行划分。对怀疑非正常死亡的案件，死亡鉴定是重中之重，一般都需要尸体解剖检验以查明死因。死者家属对检验鉴定的结果存有疑义的，还可以要求复检或重新鉴定，以便"让人死得明白"。死亡鉴定在下列情况中可能会被适用，下列的死亡情形也许会有交叉。

1. 疑似他杀。许多他杀案件伪装成自杀假象，比如上吊死、高坠死、溺死、虐待死等，这些案件需要判断死亡方式，明确其死亡性质。

2. 有争议的猝死。这一般涉及特定的场合和身份，需要明确责任分担，这些突发的死亡也许会产生工伤纠纷、保险纠纷等。

3. 医疗纠纷中的患者死亡。不管是医疗事故，还是医疗侵权，正确处理涉及患者死亡的医疗纠纷，其首要任务就是明确死亡原因、分清医疗责任，这依赖于系统规范的死亡鉴定。

4. 职业病死亡。根据相关规定，职业病都按工伤处理。① 实践中，很多案例都是职工退休或离职后的不明死亡，因为职业病的潜伏期、持续期都较长，需要明确死亡是否和职业病有关，这会牵扯到工伤纠纷。

5. 疑似灾害致死。居民的不明死亡，怀疑和周围的环境损害、工业事故等灾害有关，尤其有毒废弃物的排放、化学物质泄漏、土壤/水源污染等，都是长期缓慢地作用于人体导致死亡，这都需要死亡鉴定以明确赔偿责任。

6. 监管期内死亡。涉嫌违法犯罪的人，会被剥夺一定的人身自由，如治安拘留、刑事拘留、监狱服刑等，自由一旦交付公权力机关，任何机关都有责任保证其生命的安全。监管期内的死亡鉴定，关系到监管机关、监管干警和其他被关押者的责任分担，包括刑事追究和民事赔偿。

7. 无名尸体或白骨化尸体。首先需要进行死亡识别，查明尸源，其次需要判断是否涉嫌犯罪，一旦怀疑有犯罪的发生，就需要展开刑事侦查，这都离不开细致的死亡鉴定。

8. 传染病死亡。我国建立了传染病疫情报告制度，以期加强防治、控制传染，从而降低死亡发生。实践中，也有疑似传染病死亡，如接触过疫病人群或疫区物体而后死亡，极易引发争议，需要死亡鉴定。

9. 危害公共健康的疾病所致的死亡。国家实行疾病监测，以评价疾病对公共健康的危害程度，如有不明疾病死亡，也许会产生各种诉讼争议，需要鉴定以及时明确死因，并加以控制。

10. 其他涉及法律问题的死亡。

二、死亡鉴定的实施原则

为了保证死亡鉴定的准确、科学，使死亡鉴定意见符合证据的合法性、关联性和客观性，在死亡鉴定过程中不但要注重其符合技术性要求，还要符合法律性的要求。也就是说，死亡鉴定过程中，应当严格遵守一定的原则，这是保

---

① 根据《工伤保险条例》第14条规定，"职工有下列情形之一的，应当认定为工伤：……（四）患职业病的……"且根据人社部《关于执行〈工伤保险条例〉若干问题的意见》（人社部发〔2013〕34号）第8条规定："曾经从事接触职业病危害作业、当时没有发现罹患职业病、离开工作岗位后被诊断或鉴定为职业病的符合下列条件的人员，可以自诊断、鉴定为职业病之日起一年内申请工伤认定，社会保险行政部门应当受理：（一）办理退休手续后，未再从事接触职业病危害作业的退休人员；（二）劳动或聘用合同期满后或者本人提出而解除劳动或聘用合同后，未再从事接触职业病危害作业的人员。"可见，不管职工是否在职，只要其死亡和职业病密切相关，都可申请认定工伤。

障死亡鉴定工作高效有序、保质保量进行的前提。鉴定实施过程中，应当坚守以下工作原则。

（一）合法公正原则

死亡鉴定的实施，必须符合法律、法规的规定，严格委托和受理程序、鉴定实施程序、意见出具程序等，程序正当。鉴定主体更要具备合法性，鉴定机构要具备相应的鉴定资质，比如法医病理鉴定资质、法医毒物鉴定资质、法医DNA鉴定资质等，鉴定人要具有相应类别的执业资格和鉴定能力，鉴定人和相关人员依法接受回避制度的约束。鉴定过程应当合法正当，鉴定材料来源要保证合法性，鉴定实施手段要保证正当性。鉴定实施中鉴定人应当实事求是，不偏不倚，以科学为依据，客观、公正、中立地进行鉴定。最终的鉴定文书应当具备形式上的法定性。

（二）系统规范原则

检验鉴定过程要务求全面、细致。首先应详细了解案情，准确把握案件特点，然后有针对性地提取鉴定检材。尸体解剖检验应当全面系统，尸体检查务求详尽无遗漏。对尸体进行肉眼检查、组织学观察和实验室检验过程中，应特别关注各种阳性发现和阴性结果，尽可能全面提取组织、体液、毛发、指甲等生物检材备检。提取检材要正确，必须按照专业要求的规范操作提取。尸检过程要实时记录在案，剖验记录要翔实，有备可查。鉴定检材也应妥善保存、备检。死因排查要系统规范，伤病并存要分析全面，因果关系要梳理得当、逻辑性强。

（三）相互印证原则

犯罪现场、尸体周边、尸体解剖现场应当全程清晰地录像、照相。尸体剖验完后，应当认真采用各种辅助检验进行相互验证。现场的伤病判断应当准确，要善于借助各种仪器和工具。尸体检验应综合现场勘验、尸表检验、尸体解剖过程中所见情况，进行分析判断后，再与所提取的生物检材进行实验室检验后的结果进行比对验证，进而审视、校验整个检验鉴定过程，避免盲目、片面地出具不可靠的鉴定意见。

（四）综合判断原则

死亡鉴定需要依据尸体检验的客观所见，结合调查案情（包括死亡过程、客观病史等）、现场勘验信息和实验室检验结果，分析主要原因与次要原因、整体与局部的关系、一般与特殊的关系、形态变化与功能变化的关系、内因与外因的关系后进行综合判断。死亡鉴定意见应具备实质性要求，针对委托事项作出客观、公正、科学的结果，力求还原死亡当时的情境，同时语言避免专业晦涩而求简明易懂，分析说明要有充分的依据和论证，所有意见要建立在实事求是基础上，不能主观臆断，不能避重就轻。

三、诉讼视角下死亡鉴定的实施程序

诉讼视角下的死亡鉴定实施程序，会更加突出其法律性，法律会为了追求程序正义而进行严密的设计，这从一方面来说，是为死亡鉴定提供了程序化的保障，从另一方面讲，则是出于"防弊限权"的考虑。

（一）鉴定材料的获取

鉴定材料，是指鉴定过程中直接用于检验的一切资料的总称，通常包括检材和样本。最终鉴定意见的准确与可靠，与鉴定材料自身的质和量有很大干系。死亡鉴定中，主要的鉴定材料就是与死亡有关的实物证据，比如尸体、尸块、血迹、毛发、内容物等，以及命案现场的凶器、文书、衣物、散落物、呕吐物等。鉴定材料的来源必须真实可靠，要确切证实鉴定材料来源自何人、何物、何地、何部分。在诉讼程序中，一般要求必须由公权力机关来亲自收集、提取鉴定材料，同时需要对亲自收取的鉴定材料进行登记和备案，鉴定材料流传过程中每一环节都需要相关责任人的签名。鉴定材料的真实性和合法性须由送检机关及其人员负责，如果由鉴定人自行提取的，则由鉴定人负责。一般情况下，鉴定人所作出的鉴定意见，只限于对所提供的鉴定材料能够揭示的事实进行认定。如果提供的鉴定材料不真实而导致鉴定结果错误的，与鉴定人无关，应依法追究提供鉴定材料的机关和人员的法律责任。鉴定材料除要保证来源真实可靠外，还要及时提取、及时送检，防止检材灭失或变化，防止检材过期变质，必要情况下，要做好鉴定材料的固定与保全，采取相应的措施防止检材腐败、变质等。另外，要保障检材和样本的质与量要符合鉴定所需，能够满足鉴定要求。

（二）死亡鉴定的启动程序

死亡鉴定的启动程序，是死亡鉴定的开始，它包含鉴定申请、鉴定决定与委托、鉴定受理三个程序。（1）死亡鉴定的申请程序，并不是死亡鉴定的必经程序，诉讼当事人提出的鉴定申请，也并不能肯定导致死亡鉴定活动的开

始。在我国，鉴定申请实行和举证责任相一致的原则，凡是有举证责任的诉讼当事人和公安司法机关均有鉴定申请权。不同诉讼类别、不同诉讼阶段，鉴定申请主体有一定差异。在刑事诉讼的侦查立案前后，主要由被害人及其亲属行使鉴定申请权；在刑事诉讼的侦查中后期及起诉、审判阶段，主要是犯罪嫌疑人、被告人提出申请；在民事诉讼、行政诉讼中，鉴定申请权由诉讼双方当事人享有。(2) 死亡鉴定的决定程序，是与死亡鉴定的申请程序相对应的程序，是对鉴定申请作出是否同意的答复。在我国，鉴定的决定权与委托权均属于司法权，只能由公安司法机关行使。死亡鉴定的委托程序，是死亡鉴定的必经程序，是委托机关向鉴定实施主体提出的进行死亡鉴定的要求。依照法律规定，公检法三机关均有鉴定委托权，但死亡发生后，出于侦查的需要，一般都是由侦查机关指派或聘请进行初次死亡鉴定，后续检察院和法院有重新鉴定的委托权，民事诉讼中只有法院能委托鉴定。鉴定委托程序中，选择鉴定机构和选任鉴定人是重要环节，另外，鉴定材料的准备、委托事项及要求也很重要。(3) 死亡鉴定的受理程序，是鉴定主体通过对鉴定委托事项进行审查，从而对符合条件的鉴定委托予以接受的程序。鉴定机构和鉴定人必须具备法定的鉴定资质，取得鉴定资格的鉴定人必须在鉴定机构中执业，只能以鉴定机构的名义受理案件，鉴定人不能独立受理鉴定业务。鉴定机构不能超越其业务范围进行受理，鉴定人不得跨专业受理和实施鉴定。鉴定机构之间无隶属关系，相互之间处于平等、独立地位，受理鉴定不受地区限制和部门限制。对于超出业务范围、超出能力范围、不符合法定条件、不具备技术条件等的鉴定委托，鉴定机构可以拒绝受理。对于公安司法机关尚未受理、立案的案件，还可能存在诉前鉴定的问题，一般由当事人一方单方委托鉴定，这在一定范围内是允许的，但其鉴定意见的证据能力受到严格限制。

(三) 死亡鉴定的实施程序

死亡鉴定的实施程序，是指鉴定人依法运用专门知识对鉴定材料进行观察、检验和评判后作出鉴定意见的活动。只有鉴定机构和鉴定人才享有鉴定的实施权，具体实施程序如下：(1) 拟订检验鉴定方案。在全面、仔细审查送检材料的基础上，根据鉴定要求，首先要妥善拟订解决问题的检验鉴定方案，确定合适的鉴定人选，明确技术手段、仪器设备、检验顺序等。(2) 准备检验鉴定器材。鉴定除直接观察外，还需要借助科学仪器、特殊试剂等，采用各种理化检验手段进行检验。检验前，按照拟订的检验鉴定方案，准备好各种检测仪器、化学试剂、检验设备等，必要时要检查校正，并对已知样本进行测试以保证检验结果的可靠性。(3) 实施检验鉴定。根据检验对象和鉴定要求，采取相应的方法和步骤实施。检验和判断要从案件及其证据实际出发，要根据科学的原理，坚持实事求是，避免主观臆断。必须严格遵守各项检验技术要求和操作规程，认真做好检验过程中的记录工作，妥善保管送检的鉴定材料，需要消耗检材的，应注意节约使用。检验鉴定的实施过程中，必须注意保守所知悉的案件信息及相关秘密。（4）作出鉴定意见。鉴定实施的最终结果，是要出具书面的鉴定意见，这是专门的一类诉讼证据。鉴定意见是鉴定人运用专门知识所作出的分析判断意见，而非对直接感知或间接了解的案件事实问题所作的客观陈述。鉴定意见具有内容的科学性与形式的法律性，是客观详细的说明与明确的意见的统一，其客观性较强，只能回答专门的技术性问题，而不能回答法律问题。[①]

（四）补充鉴定与重新鉴定

补充鉴定和重新鉴定都是在进行了初次鉴定之后再次启动的司法鉴定，两者在适用情形、委托对象选择、鉴定意见前后之间的关系等方面存在明显区别。（1）补充鉴定是在初次鉴定基础上，对其中个别问题进行复查、修正、补充或解释，以使原鉴定意见更加完备而进行的鉴定。我国法律规定，诉讼当事人有提出补充鉴定申请的权利，公安司法机关可以根据此申请来决定是否启动补充鉴定。补充鉴定的申请并不是补充鉴定决定和委托的必经程序，公安司法机关可以根据案件办理的需要而直接启动补充鉴定。补充鉴定是原委托鉴定的组成部分，一般应当由原鉴定机构和原鉴定人进行。（2）重新鉴定是指委托人对初次鉴定的鉴定意见审查后，认为原鉴定意见不可靠而就同一个专门性问题重新委托进行的再次鉴定。一般情况下，重新鉴定要委托原鉴定机构和原鉴定人以外的其他鉴定机构和其他鉴定人进行，接受重新鉴定委托的鉴定机构的资质条件应当不低于原鉴定机构，进行重新鉴定的鉴定人中应当至少有一名具有相关专业高级专业技术职称。诉讼当事人有权提出重新鉴定的申请，重新鉴定的决定权和委托权都在公安司法机关，具体依据案件所处的诉讼程序而定。[②]

（五）鉴定意见的质证与认证

鉴定意见的质证，是指在庭审过程中，由诉讼当事人就法庭上出示的鉴定

---

① 参见贾治辉主编：《司法鉴定学》，法律出版社2015年版，第69~79页。
② 参见杜志淳主编：《司法鉴定概论》（第三版），法律出版社2018年版，第128~129页。

意见进行的对质、核实,以确定鉴定意见的证据能力和证明力的活动。鉴定意见表达的是鉴定人个人的观点和意见,质证是实现鉴定意见诉讼功能的必然要求,未经质证的鉴定意见不得作为证据使用。鉴定意见的质证权是法律赋予诉讼双方当事人的一种重要的诉讼权利,对鉴定意见进行质证既是程序公正的要求,也是辅助法官准确认定事实的要求。正是因为鉴定意见的专业性,才引申出鉴定人出庭制度和专家辅助人制度,其最终目的是通过质证,让法庭更多地对鉴定意见的可信度作出评判,进而对其进行认证。鉴定意见的认证,是指法官在审理案件过程中,为了证实案件事实和情节,通过鉴定意见的举证、质证等一系列活动,就鉴定意见的客观性、关联性和合法性进行的全面的、最终的审查认定,以确认其有无证据能力和证明力大小的一种职权行为。法官认证的过程,是一种自由心证的过程。在庭审中,双方当事人对鉴定意见质证之后,能够当庭认证的,法官应当在法庭上当即进行认证,不能当即认证的,应当在法庭辩论结束后,由合议庭评议认证。①

四、法医专业视角下死亡鉴定的具体实施

从专业上来讲,死亡鉴定就是法医鉴定工作的主要内容,法医人员也需要依法依规来开展工作。以法医专业的视角来审视死亡鉴定的具体实施,会更加彰显死亡鉴定的规范化和精细化,而这种专业化的实施当然也离不开法律的规制。

(一) 现场尸体勘验

现场尸体勘验一般是在侦查人员的主持下进行,主要目的是了解案件发生经过,观察陈尸现场情况,分析尸体与周围环境的关系,收集死亡有关的物证,进行尸体外表检查和记录,并根据现场勘验所见提出初步意见,为后续侦查、检验等工作提供线索。现场尸体勘验时,法医鉴定人员应当与参加勘验的其他专业人员明确分工、密切配合。现场尸体勘验的主要步骤和职责如下:

1. 确认死亡。确认死亡的发生,是所有勘验、检验、鉴定工作的开始。
2. 案情调查。从相关人员处获取与死亡有关的所有案情材料,详加了解。鉴定人应记录案情材料提供者、死者的相关信息,尽量记录案发目击者叙述的经过,详细了解并记录死者临终表现、死后发现经过、尸体有无移动等情况。
3. 大体观察。以尸体为中心进行观察,观察尸体姿势、方位与所处环境,

---

① 参见贾治辉主编:《司法鉴定学》,法律出版社2015年版,第84~87页。

分析与周围物体关系以判断有无移尸迹象，检查尸体衣着服饰情况，注意表面血痕、毛发、呕吐物及其他附着物的形态、流向、气味和干涸程度等，做到边观察边记录、绘图并拍照，必要时录音录像。

4. 提取法医物证检材。检查尸体和现场中的血痕、毛发等生物学物证的分布和特征，并收集法医物证检材备检。

5. 提取法医毒化检材。检查尸体和现场中的呕吐物分布和特征，检查尸体所处环境中遗留毒物及包装物情况，并收集法医毒物分析检材备检。

6. 尸表初步检查。对尸体体表进行初步检查，结合现场勘验情况初步判断死因、死亡方式、致伤物等。

7. 从尸体现象推断死亡时间。检查尸体现象，推断死亡时间。推断死亡时间时，均需记录周围环境温度，除尸体已经高度腐败或者白骨化外，均需测量尸体直肠深部温度，并通过尸体温度、尸斑、尸僵等情况结合其他发现综合判断。

8. 注意尸体保护。防止尸体在搬运和储存过程中的损伤和破坏。

（二）尸表检验

尸表检验一般应由法医鉴定人员负责进行，可在案发现场或现场附近适当地方进行，也可到太平间、解剖室等场所进行。尸表检验一般分为衣着及附着物检查和尸体体表检查两大内容。

1. 检查衣着及其附着物。仔细查验死者每一层衣着，注意有无附着物。检查衣物、纽扣及饰物的式样、材料、花色、商标、尺码；检查衣物口袋内的物品；检查衣物的附着物，如纤维、橡胶、火药、毛发、油漆、油脂、血迹或人体分泌物等并分别提取；检查衣物上破损的部位、形态、大小，并与尸体上对应部位的损伤进行比对，查找致伤物作用痕迹。

2. 尸体体表检查。详细检查衣着及其附着物之后方可移除尸体衣着。尸体体表以及与外部相通的孔道内留有血迹、污渍、附着物等情况时，在拍照、记录后应擦拭、清洗并再次细致检查；检查并记录尸长、体型、发长、发色、口腔（牙齿）等体表个体特征；检查并记录尸体现象；检查眼睑、眼球、角膜及瞳孔变化；检查并记录体表损伤的形态特征，按头颅、胸肋骨、脊柱、四肢长骨等部位检查骨折情况；进行胸、腹（盆）腔穿刺检查积血（液）情况；提取皮肤损伤部位检材进行组织学检验。

（三）尸体解剖检验

尸体解剖检验应系统全面，尤其是首次解剖要额外重视，系统解剖应要求剖开三腔（颅腔、胸腔、腹盆腔），必要时要进行脊髓腔检验。肉眼检查要认真仔细，切勿遗漏以免误导鉴定方向。尸体解剖检验过程主要分为以下三方面工作：

1. 尸体解剖前准备。尸体解剖前应做足充分准备，应熟悉案情及现场勘验情况，了解死者一般情况、生前病史、案发经过、损伤或死亡过程、尸体发现经过和剖验要解决的问题等。如果死者近期曾在医院就诊，应当同时提取留存的血样、病历、影像学资料及其他医学记录。尸体解剖应尽量在具备一定条件和设备的尸体解剖室进行，解剖室应设置尸体解剖台，并设有充足的照明设施和必要的记录设备；在条件允许时可在解剖前进行 X 线、CT 或其他辅助检查。若必要，提取死者指纹，并剪取尸体双手指甲以备检。记录检验时间和地点，记录尸体检验人员、助手和其他在场人的姓名、身份及各自在尸体检验中所承担的工作。

2. 尸体解剖注意事项。根据尸体条件不同，尸体解剖进行过程也许不尽相同，但尸体颅腔、胸腔、腹盆腔为常规检查项目。此外，根据检验需要可对颜面部、脊髓腔、关节腔、四肢、背臀部及会阴部进行局部解剖。由于解剖和取样所造成的人为破坏痕迹应当逐一做好记录。根据衣着、体表的血迹分布形状及体内出血情况，估计出血量。凡疑有颈部机械性损伤者，应先行胸、腹与颅腔的解剖与检验后，在无血液污染的情况下对颈部进行检验。体腔的检查应包括：体腔壁软组织及骨性结构有无损伤及疾病等变化，体腔积液的性质及积液量，器官原始位置及毗邻关系，器官表面有无黏附物、有无损伤或渗出等情况。提取并逐一检验各器官。记录主要器官的重量、大小，所有器官均需检查表面、切面的色泽、结构纹理、病理改变及损伤情况。所有器官的检查和切开必须遵循已建立的病理学解剖规则，包括：打开所有相关血管，如颅内动脉、血窦、颈动脉、冠状动脉、肺动脉、肺静脉、主动脉、腹腔器官血管、股动脉、下肢静脉；相关器官的管腔必须分离，如气管和支气管，胆道和输尿管。所有空腔器官必须打开，并描述记录其内容物的颜色、性质、黏稠度、数量（如果必要，需取样保存）。如果有损伤，解剖操作必须和普通的解剖步骤和方法有所区别，并进行描述和记录。对疑似因机械性损伤而死亡的案例，必要时可对尸体背部、四肢等包括软组织和肌肉在内的所有结构进行充分解剖显露和检查。为显示特定损伤，允许对常规的解剖方法进行调整，但应当进行特别记录并说明。四肢存在骨折时，可切开相应的肢体检查局部创伤及骨折或医疗情况；有条件者，可于解剖前行 X 线或 CT 等辅助检查。在有怀疑或已明确的性侵犯案例中，性器官应当和外阴、直肠、肛门一起在解剖之前全部分离提取；相关的阴道和肛门拭子均应当在解剖工作之前完成。

尸体解剖过程中应注意检材的提取。在清洗尸体前，提取外来生物学物质，包括体表残留的毛发、分泌物和指甲缝内存留物，必要时提取口腔、阴道和肛门拭子，以备 DNA 检验。所有的尸体解剖均需提取主要器官及存在可疑损伤、病变部位的组织检材，经甲醛溶液充分固定后再行组织取材并制片。常规提取外周血（不建议使用心血）、尿液和胃内容物等以备毒（药）物分析和遗传学鉴定；对于死亡原因不确定的案件或毒物药物检验需要，可以选择玻璃体液、脑脊液、胆汁、毛发、脑、肝、肾和其他相关组织；上述检材提取之前不得用水冲洗。必要时提取指纹、掌纹、唇纹。如尸体条件较差无法获取上述检材时，可提取肌肉组织（腰大肌或大腿肌肉）。若尸体高度腐败出现蝇蛆等现象，可提取不同时期、不同类别昆虫进行法医昆虫学检验。如果需要对某些骨折特征进行三维重建，需留取骨和其他骨结构。如需确定死者身源或个人识别，除相关检材外，还可留取骨骼、肌肉及软组织。检材和样本应当采取合适的方法提取、固定、包装并尽快送检，暂不能立即送检的应妥善保存。对于水中溺死尸体，应当在无污染的情况下提取胃内容物、胸腔积液、肺、肝和可能发现硅藻的器官和组织进行硅藻检验；同时，应当提取溺死处水域的水样进行硅藻检验。

3. 尸体解剖后工作。尸体解剖结束后，应将不需要提取的器官组织放回体腔内后缝合解剖切口，尽可能保持尸体外观完整及洁净。

（四）实验室检验

对于死亡案件真相具有证明作用的物质、痕迹等，可以辅以实验室检验，通过物理、化学、血清学、免疫学、分子生物学等科学方法对提取的检材进行检查，确定其性质、种属及特征等。按照常见实验室分工的不同，可以分为法医病理实验室、法医毒物分析实验室、法医物证实验室等。法医病理实验室功能在于，对于疑难死因、伤病并存等案件，尸体剖验将肉眼怀疑的病变组织取材后，以福尔马林溶液固定和石蜡包埋制成切片，或将脱落细胞制成涂片，或者直接冰冻切片，然后经不同方法染色后用光学显微镜观察，经过分析和综合进行疾病、死因的病理学诊断。法医毒物分析实验室功能在于，针对尸检提供的检验材料，进行有关毒物分析鉴定，判明有无毒物、何种毒物、多少毒物，同时分析毒物与案件的关系，为确定当事人的法律责任提供依据，为涉及中毒案件提供侦破线索和证据。法医物证实验室功能在于，通过对血液、尿液、毛发、指甲等生物学检材的生物成分及特性进行检验，发现它们与案件事实的联系，进而来推断案发真相。比如在谋杀案、碎尸案等的犯罪现场或可疑凶器上遗留有血痕或可疑血痕的，需鉴定是否人血，是被害人还是凶犯所留；强奸杀人案现场遗留的混合斑，需鉴定其中的精液是否是犯罪嫌疑人所遗留；交通肇事致死案中，需鉴定嫌疑车辆上的血痕、毛发或组织碎片是否来自死者；灾害事故、空难事件等尸体离断的，需鉴定是否同属于一个人；纵火杀人、焚尸灭迹、火灾遇难或集体屠杀的，还需进行尸源认定；涉及死亡继承、遗腹子等纠纷的，还需要进行亲子鉴定。

（五）综合分析鉴定

死亡鉴定报告应当完整、详细、易懂、客观。分析过程和鉴定意见应尽量使医学和非医学人员均可理解，鉴定行文应符合逻辑、结构合理，采用推论短文形式，分门别类，使得各部分内容易于查阅。应当描述检验过程，检验内容常规应包括死者详细信息、委托方提供信息和鉴定目的、尸体勘验和检验过程、物证检验或辅助检查等。然后，综合所有检验所见，进行分析说明，这其中需要对死亡原因、致伤物、死亡时间等委托事项进行全面解释说明。最后，根据检验结果，进行综合分析判断，出具鉴定意见。如果存在多个致死因素（如损伤、疾病、中毒、医疗问题等），均应当逐条列出；如果可能，应分析相关因素间的因果关系及各自参与死亡原因的作用力程度。鉴定意见是要作为证据提交的，应经得起推敲或辩论，其最终结果应简明扼要地分条列出，尽可能作出明确的判断，给出肯定或否定的答复，或者至少作出倾向性意见，而不能模棱两可。

第四节　死亡鉴定的应用

死亡鉴定是鉴定人对死亡案件中专门性问题的认识与判断，司法中对死亡案件的高度关切与专业壁垒，都决定了死亡鉴定的不可或缺。死亡鉴定的产生根源及应用现状，都彰显了它是一种辅助司法人员查清死亡案件真相的专门性活动，旨在为事实认定提供科学依据。死亡鉴定在死亡案件中的应用至关重要，这是与死亡鉴定的证据属性和诉讼功能分不开的，同时作为一种特殊的、专门的证据调查活动，其在诉讼视角下的应用理应受到一定的限制。

一、死亡鉴定的证据属性

死亡鉴定用来解决关乎死亡的专门性问题，是用来辅助司法认知的，其鉴定意见要成为"呈堂证供"——法庭证据，必须具备诉讼证据的内在属性。

当今的中国司法实践，一般以证据的"三性"作为证据的衡量标准，即证据的客观性、关联性和合法性，但很显然，死亡鉴定意见还具有很多自己独有的特性。

（一）瑕不掩瑜，死亡鉴定意见的主观性不能掩盖其科学性本质

与单纯的法医 DNA 检验、法医毒物分析不同，死亡鉴定更多的属于"经验分析型"鉴定，死亡鉴定的内容如死亡原因的确定、死亡方式的判断、死亡机制的分析等均属于应用科学[①]的范畴，这使其更依赖于鉴定主体的主观认识活动。死亡鉴定是人的活动，鉴定意见是鉴定人分析、判断之后得出的意见，其"意见性"本身也彰显了主观性的存在，其必然受到鉴定人主观价值等各方面的影响。尽管如此，鉴定意见的主观性并不意味着鉴定主体可以任意臆断或盲目地出具意见，鉴定主体必须对死亡事实进行客观描述和详细记录，依据客观事实和规律，充分发挥自己专业探究的能力，展开客观分析和合理判断。

司法鉴定的客观性，是客观规律、客观事实和科学定理对司法鉴定工作提出的基本要求，突出表现为其具有科学性，司法鉴定是科学认识证据的重要方法和手段，是以科学技术为生命的，其实施过程就是一个科学认识的过程。[②]正是因为所要解决的死亡案件中的专门性问题，必须利用相应的专业知识，鉴定人以其所专有的科学认知为基础，采用科学的技术和方法，运用科学仪器和设备，对死亡事实以科学原理、自然规律为根据作出判断性意见，其鲜明的特点就是鉴定意见的科学性。鉴定活动始于鉴定材料，终于鉴定意见，中间以科学事实为节点，划分前后两个阶段：第一个阶段从鉴定材料到科学事实，这需要综合运用各种科学手段实现对鉴定材料的技术性认知，把其内在蕴含的信息用科学方法固定出来，形成能够反映其本质属性的规律性表征；第二个阶段从科学事实到鉴定意见，更注重"归纳——演绎"的逻辑推理，这是对鉴定材料科学认知基础上的证据生成性描述，尽管鉴定经验发挥重要作用，但也并非随意主观臆测，也是建立在充分的数据、现象等科学事实的基础上，有着确实

---

① 死亡鉴定更多取决于自然科学发展，虽然后者相对社会科学更讲究精确性和可靠性，但死亡鉴定为司法服务的本质决定其应划归应用科学范畴，这不像化学、物理等纯粹的实验科学，应用科学不可避免地带有专家主观解释的成分。参见刘晓丹：《论科学证据》，中国检察出版社 2010 年版，第 17 页。

② 参见张军主编：《中国司法鉴定制度改革与完善研究》，中国政法大学出版社 2008 年版，第 29 页。

可靠的科学原理支持。① 与其他证据形式相比，鉴定意见具有更高的客观性，具有相对合理性和更高的可靠性，这决定了其在证据体系中的特殊地位。由于鉴定意见具有较高科学性和确定性，直接影响对案件事实的认定，因而往往成为公安司法机关借以查明案件事实、认定案件性质的关键证据。死亡鉴定是司法鉴定中的特殊存在，其对鉴定主体、鉴定方法、鉴定设备等提出了更高的要求，司法实践中这类鉴定也更是重中之重，更应该保障其科学性的实现。针对死亡鉴定意见，还存在科学解读与科学检验的关键性，比如 DNA 的概率分析、高坠死亡的模拟重现、损伤致死的参与度等，这都要求死亡鉴定必须有效整合优异的鉴定资源，遵循正当的鉴定制度、合理的鉴定程序、标准的鉴定方法，切实提高死亡鉴定质量，真正体现其在死亡案件中的证据价值和地位。

（二）唇齿相依，死亡鉴定意见与死亡案件具备密切相关性

可疑死亡或莫名死亡的发生，均离不开死亡鉴定，这是由死亡案件的特殊性决定的。死亡鉴定意见来源于死亡案件事实，用于鉴定的尸体及其他鉴定材料均来源于死亡案件，这是死亡鉴定意见关联性的形式体现。鉴定意见不是凭空产生，其是建立在对证据事实再认识的基础上派生出来的科学判断，离开这些证据事实的存在，就不可能有鉴定意见的存在，比如疑似外伤致死的死亡鉴定离不开死者尸体、损伤创口及血迹，疑似中毒死亡的死亡鉴定需提取胃内容物以及血、尿等分泌物，疑似自杀死亡的死亡鉴定还需额外关注现场的信笺、笔记等书证。没有物证、书证及其他证据事实作基础，死亡鉴定意见就不可能得出，因此，死亡鉴定意见所依附的基础证据与死亡案件事实密切相关是其关联性的表征。

除去表面上的关联，死亡鉴定意见与死亡案件更是具备实质上的关联。死亡鉴定意见能够从鉴定材料中提取出更多的证据信息，在此基础上更是能推导出与待证事实相关的某些案件事实。比如，在某投毒杀人案中，关于毒物分析的鉴定意见不仅要确定是否为毒物，还要确定何种毒物、服毒剂量等，进而还要判断毒物以何种方式进入人体、是否足以引起人体死亡等案件事实。该毒物来源于死者尸体，表明了鉴定意见与死亡案件的表面关联，而该鉴定意见所进一步揭示的毒物与死亡的关系，则表明了其与死亡案件的实质关联。② 死亡案

---

① 参见李苏林：《论司法鉴定的科学性》，载《山西大学学报（哲学社会科学版）》2018 年第 4 期。

② 参见郭金霞：《鉴定结论适用中的问题与对策研究》，中国政法大学出版社 2009 年版，第 36 页。

件不仅意味着个人生命的逝去、家庭关系的破裂，还极易引发社会的关注，甚至影响社会的和谐稳定。司法上一直对死亡案件采取审慎、关注的态度，解读死亡、认清死亡这一高度专业的工作使得死亡鉴定从一开始就与死亡案件密切相关，其所得出的专业意见是死亡案件中的关键证据。不仅如此，死亡鉴定还是鉴别、认定其他证据可靠性的重要依据，是发掘、认识其他证据的重要手段，它依靠专业判断、科学认定的方式，将死亡案件中的其他证据与死亡有机联系起来，有助于整个证据链条的形成，从而帮助法官更好地进行审查判断和事实认定。

（三）尚方宝剑，死亡鉴定意见须具备严格合法性

证据的合法性是法律赋予证据的外在特征，其不仅要求证据必须具备法定的形式要件，还要求取证、质证和认证必须符合法定的程序和方法。关于证据的合法性在学术上一直存有争议，认为其不是证据的根本特征，不应将其作为"证据三性"之一。但是，在司法实践中却一直赞同"三性说"的观点，将合法性与客观性、关联性相提并重。证据的合法性无疑是一个人为的、后天的属性，但正是它的存在，使得诉讼证据与一般日常生活中的证据相区分开来，正如学者汤维建在分析证据属性时所说："证据的客观性最先产生，处在事实领域，它是定性概念；证据的关联性是经人的主观判断之后才产生的，处在逻辑联系，它是定量概念；证据的合法性是由法律调整之后才产生的，处于法律领域，它是在证据的客观性和关联性的基础上，又增添的一个主观属性，它进一步缩小了证据客观性的外延范围，但证据的法律价值因之增大了。"[①]

鉴定意见的产生是科学与法律的有机结合过程，鉴定活动的产生、实施以及完成都必须依法进行，合法性是鉴定意见的显著特征。具体到死亡鉴定，这一特征要求更是严格，具体来说，体现在以下几个方面：其一，鉴定人具备法定资格，且往往需具备法医病理学鉴定资格和能力[②]，这一资格是鉴定资格中

---

① 参见郭金霞：《鉴定结论适用中的问题与对策研究》，中国政法大学出版社2009年版，第37页。

② 在国内，法医病理学家、DNA检验人员、毒物分析人员等均可称为法医鉴定人员，统一颁发法医学鉴定资格证，只是准许的鉴定范围上有所区分；而国外却天然割裂，以其身份主要依托经验还是仪器有明显区分。在美国，法医病理学几乎等同于法医学，其法医物证学（法医生物学）和司法精神病学相对独立，从业人员所属机构与传统的法医学无关。参见常林、张海东：《论我国法医病理学学科定位、发展及法医病理学鉴定的主要问题》，载《刑事科学技术研究论丛》（第一卷），中国人民公安大学出版社2006年版，第23页。

相对较难的，能力要求相对较高；其二，尸体作为主要鉴定材料，其来源须合法，由公安司法机关委托时一并提供；其三，死亡鉴定程序须严格合法，在鉴定委托和受理、尸体解剖检验、鉴定实施过程、鉴定书制作和规范等方面都要受到法律严格限制；其四，鉴定目的合法，这是诉讼对鉴定的必然需求，死亡案件更是特殊，其鉴定目的更是不能有伤风化，不能违法乱纪，须严格在法律规定的鉴定范围内进行。

二、死亡鉴定的诉讼功能

死亡鉴定是为死亡案件及其诉讼服务的，服务于诉讼证明。鉴定意见作为法定的证据形式之一，在当下经常被称作"证据之王"，这都与其重要的诉讼功能分不开。死亡鉴定在诉讼中的重要作用，主要表现在以下几个方面：

（一）弥补公安司法人员认识能力的不足

鉴定意见在司法实践中凸显的作用，使得实践中对其高度重视的程度，甚至出现了从"打官司"到"打证据"再到"打鉴定"的不正常现象。[①] 死亡鉴定意见作为证据对死亡案件的事实认定具有不可低估的影响，甚至直接影响有罪与无罪、重罪与轻罪的划分，决定诉讼程序的不同走向。死亡事件的发生，是否涉嫌刑事犯罪，是否需要刑事立案，这都需要死亡鉴定来辅助司法认知。进而，绝大多数刑事案件的侦破、强制措施的采取等，也都或多或少地离不开死亡鉴定的指引。刑事侦查过程中，死亡鉴定也往往作为重要的侦查技术手段，来查明涉案的人、物、事之间的关联，进而为分析案情、确定办案方向、缩小侦查范围、正确选取突破口甚至比对确定嫌疑人等提供帮助。在当前"以审判为中心"的诉讼制度改革浪潮下，法院在审理过程中，可能要查明死亡相关的专业性问题，这对于法学背景出身的法官来说是个很大的难题。"将专业的事情交给专业的人去干"，让法律的归法律，技术的归技术，死亡鉴定应运而生，借助专家的知识去查明案件真相，分清案件的性质，从而辅助法官进行事实认定。比如，某人因腹痛而身亡，需要死亡鉴定以查明死因，尸体解剖之后，若是发现死者胃内容物中有毒物存在，系中毒死亡，则支持非正常死亡的存在，需要结合其他证据，进一步确定死亡方式是自行服毒还是别人投毒；若是发现死者因胃穿孔而死，则基本可以确定是病亡，不存在犯罪行为。

---

① 参见王敏远、郭华：《司法鉴定与司法公正研究》，知识产权出版社2008年版，第64页。

死亡案件中，对于一般的待证事实，公安司法人员可凭借其一般的知识背景、日常经验、生活经历等加以感知和认识。但是，司法实践中案件所牵扯的信息需求往往会超出一般生活经验范围，办案人员由于专业储备的限制，很少能对死亡相关的专门性知识通盘掌握，这就需要死亡鉴定以及专业鉴定人员的介入帮助。通过委托或指派的形式，专家介入进行死亡鉴定，只是公安司法人员查明案件事实的一种必要方式和认定手段，其本质是专家利用自己的知识对间接事实进行综合判断后的说明，是专家利用自己所学辅助公安司法人员弥补认识能力的不足。明确这一点，不仅为鉴定意见自身的存在提供了合理性，还明确限制了鉴定意见发挥作用的边界，即鉴定仅限于事实问题，而不得对与此相关的法律问题指手画脚，且鉴定意见只是针对案件中的专门性问题作出，而对其他一般性问题的认识能力，鉴定人并不高人一等，不得干预。①

（二）对尸体证据的解读、鉴别和认定

死亡鉴定以其专有的、特殊的判断和认定方式，使得死亡关涉的证据材料显现其在诉讼上的证明力，其目的是让相关证据发挥其诉讼效力，"让死者说话"、"为死者代言"。死亡现场的尸体、血迹、创口、凶器、衣物等实物证据，作为死亡案件中的客观存在必然具备其客观性，但这是否与案件所要求解决的待证事实具有关联性，是否能够成为进行事实认定的必要证据，除了运用通常意义上的认定、评价经验外，还需要特殊的专业知识、技能及相应的专业仪器来判断和分析。死亡鉴定的专业垄断性，使其鉴定意见对尸体证据的解读、鉴别和认定是独特的，是其他证据形式所不能替代的，是死亡案件中非常关键甚至是不可或缺的证据形式。比如，在一起伪装上吊自杀的案件中，通过索痕环绕、勒沟较深、表皮剥脱严重、四肢有抵抗伤、尸僵严重等特征，推断出是他人勒死伪装上吊死亡。正是这种对尸体证据的正确解读、鉴别和认定，才避免了对刑事犯罪的放纵，让犯罪无处藏身，为死者伸冤，让死者闭眼。

死亡鉴定工作是以尸体证据为基础进行的，其职责是从专业技术角度出发，辅助事实认定者分析证据材料，揭示证据材料中所蕴含的信息，提供关于案件事实的推论。故而，死亡鉴定工作的核心是对鉴定材料的分析，或称为证据分析，这种分析是科学的分析、检验和判断的过程。因此，死亡鉴定工作必须忠于科学规范的要求，准确地运用科学知识和技术手段，理性地进行分析和推理，作出客观的推断。

---

① 参见郭金霞：《鉴定结论适用中的问题与对策研究》，中国政法大学出版社2009年版，第22页。

（三）鉴定意见的证明功能

鉴定意见的证明功能，就是鉴定意见作为法定证据所具有的证明价值。在诉讼中，很多待证事实都需要借助司法鉴定来予以证明。许多专门性问题，只有通过鉴定，才能发掘出其与案件事实之间的逻辑联系，从而使那些初步具有证明作用的证据材料充分发挥其证明力。很多情况下，由于条件所限，即使无法得出肯定性结果，倾向性意见也具有相当的证明作用。比如，不能排除体位性窒息导致死亡，说明尸体征象有重合，并不能完全否定，此时生前所受绳索、手铐、脚链等束缚就需要承担疏忽导致的风险。

诉讼中所需要解决的专门性问题很多，鉴定对象千差万别，使得鉴定意见的证明作用有大有小。从鉴定意见与案件事实的关系来看，鉴定意见多数属于间接证据，只有在死亡识别等少数案件中的同一认定意见，属于不多见的直接证据，比如 DNA 检验结果等。同一案件中，往往存在多种证据形式的多个证据，这其中，鉴定意见因是中立的专家利用专业知识进行的专业分析和判断，其具有较高的可信性和证明力，甚至可以用来审查同一案件内其他证据的真伪。比如，通过死亡鉴定而确定的死因和死亡时间，来检验证人证言的真实可靠性；通过发现隐藏的致命伤口或毒物，来揭示所谓自杀遗留亲笔书信的虚假。

三、死亡鉴定的应用限制

诉讼中所要解决的问题有两个层面，第一层面是对案件事实进行认定，第二层面是在认定事实的基础上决定适用法律，其中，第一层面的事实认定显然是第二层面法律适用的前提和基础。包括死亡鉴定在内的所有鉴定，都只是在第一层面事实认定中发挥作用，死亡鉴定的应用受到诸多限制。

（一）诉讼视角下死亡鉴定有其特定的、专门的鉴定对象

鉴定对象是指鉴定主体行为指向的目标。死亡案件中的鉴定对象比较特定，就是死亡涉及的相关专门性问题，比如死亡原因、死亡方式等。死亡鉴定所指向的鉴定对象，不同于日常生活中的一般性问题，亦有别于其他鉴定中的专门性问题，死亡鉴定的主要任务是围绕尸体及相关证据，力争探寻死亡的发生、发展过程，还原死亡当时的景象，为案件认定、侦破或审理等打下坚实的基础。对于普通的常识性问题范围内的事实认定，鉴定人在认识能力上并不占有任何优势，不应侵占办案人员的裁决领域范围；对于其他的专业鉴定，甚至

包括死亡外围的检验、鉴定等，比如通过现场血迹的血型比对和 DNA 鉴定等，探究案发当时究竟有几个嫌疑人在场，这也不应是死亡鉴定的主要对象。死亡鉴定要紧紧围绕死亡的发生，综合分析、系统检验，最终给出专业的解读，在整个鉴定过程之中，鉴定经验占据着重要的地位。这种特殊的专业经验超越了我们一般生活层面的经验，也超越了一般检验、鉴定的经验，不仅仅包含详细的、系统的检验经验如尸体解剖、血尿检验、毒物筛查等，还有宝贵的、长年累月积累的经验分析、推理分析经验等。死亡鉴定的鉴定对象是特定的、专门的，也是局限的、不能扩张的，办案人员不能将鉴定委托事项进行扩张，不能以鉴代侦、以鉴代审。比如，很多高坠或溺死案例中，死亡鉴定在排除其他损害的情况下，只能得出符合高坠死或溺死的结果，而不能越界得出是自杀或别人推下致死的结果。死亡鉴定中，专业知识发挥作用的范围是有边界的，越界就是违规，会导致不可估量的后果。我们在诉讼视角下谈论死亡鉴定的鉴定对象，一方面明确突出其鉴定对象的专业性，另一方面也是在束缚其鉴定范围的盲目扩大，这就是死亡鉴定应用的限制。

命案一经发生，事实即告消失，留下的只是涉案证据，如何通过有限的证据追寻案发当时的事实，这是司法中关键的事实认定过程。案发事实不能百分百的还原，即便是许多有证据依赖基础的证据性事实，也很难准确还原，更何况证据性事实之间是有间断的，这些间断性的片段只能依靠推理、演绎等方式去填充。即便是作为科学证据的司法鉴定，其也并不是总能得出确定性的结果。司法鉴定首先要保障其专业性和准确性，所以，司法鉴定有着其典型的结果特殊性，很多案件中的鉴定意见往往表述为倾向性意见，甚至同一案件中会出现多份内容相悖的意见。这也是由鉴定对象的特殊性导致的，毕竟鉴定人所面对的证据及事实都是间接的，并且从理论上讲都是残缺的、不足的。最为关键的是，死亡鉴定中的鉴定意见还具有验证的逻辑困难性。鉴定意见本身是通过解释和推理来揭示蕴含于鉴定材料中的信息，进而来说明或解决诉讼中"专门性问题"的，验证这种证据信息的客观真实性，首先面临的就是验证方法逻辑层面的困难。比如，一具尸体通过检验得出"生前高坠"的死因鉴定意见，针对这项鉴定意见进行真实性验证最为准确直观的方法是与该具尸体形成的死亡过程相比对，但这无疑是极为困难的。① 总之，死亡鉴定意见也是一种盖然性的结果，其在诉讼中的应用理应受到相应的限制，并应接受司法的审查判断和质证检验。

---

① 参见李苏林：《论司法鉴定的科学性》，载《山西大学学报（哲学社会科学版）》2018 年第 4 期。

（二）诉讼视角下死亡鉴定受限于司法公正与诉讼效率的衡量

诉讼的目的在于解决纠纷、定分止争。司法公正是诉讼的首要价值和终极追求，然而，"迟到的正义亦非正义"，司法公正必然受到诉讼效率的挑战。现代诉讼的理念，是必须在特定的时间内对诉争问题给出裁决，而不能无休无止地浪费诉讼资源，从某种意义上讲，这又何尝不是一种正义？这就使得司法鉴定不同于一般的自然科学，后者可以历经反复的检验与再检验，从而获得真理性的认识，而司法鉴定必须秉承其司法性的特点，受到特定时限的限制。司法鉴定活动作为科学在司法领域内的延伸，除了以客观真实为价值追求外，还要秉承司法活动的基本原则，受到司法公正与诉讼效率互相角力抗衡的考量。司法鉴定作为诉讼中的一项证据调查活动，必须遵循诉讼终结性原则，即不论是对鉴定材料的收集、获取，还是对鉴定意见的得出、审查、判断，都必须遵循时效原则。死亡案件及其鉴定必须得到快速的解决，死亡牵涉的各方都迫切希望及时终结、解决的诉求，在诉讼初期愈发强烈，满足其诉求越是及时，越能彰显司法自身的权威，增强公众对司法的信赖感；相反，如果迁延时日、久而未决，甚至成为死亡悬案，各方当事人之间不稳定的利益格局随着时间的推移也逐渐发生扭曲，人们对司法公正的期望逐渐淡化，此时的正义也就变成了"非正义"，特别是在刑事诉讼中，迟到的判决不仅削弱了控制犯罪的效果，而且也难以抚慰被害一方的心灵创伤。[①]

当前司法实践中，因为鉴定意见的关键作用，使得很多诉讼都围绕着司法鉴定做文章，"多头鉴定""重复鉴定""久鉴未决"等"鉴定大战"现象层出不穷，其中原因之一就是忽视了司法鉴定诉讼性的限制。死亡鉴定更应该在诉讼应用中加以限制，不能因为兹事体大，就能在诉讼期限以及鉴定时限上予以宽大放松。正是因为死亡问题的特殊性，比如尸体日久腐败、毒物扩散消弭、外界附加损害等，死亡鉴定更应当及时进行，并且应高度重视首次鉴定，毕竟尸体解剖、检验等鉴定活动本身就是对检材的破坏，这就需要对死亡鉴定的主体提高门槛，要求较高的鉴定能力，遵循严格的技术规范。可以说，司法公正与诉讼效率的冲突和统一，犹如蝴蝶效应中扇动的蝴蝶翅膀，必将引发死亡鉴定活动一系列的应用限制、制度保障和机制创新。

[①] 参见郭金霞：《鉴定结论适用中的问题与对策研究》，中国政法大学出版社 2009 年版，第 8 页。

（三）诉讼视角下死亡鉴定受到诉讼规则的严格制约

死亡鉴定作为法医鉴定人的活动，必然受其知识储备和认知能力的影响，尽管死亡鉴定具备客观性，亦不可避免地受到鉴定人个人主观因素的影响。并且，科学的不确定性、科学技术解读的缺憾以及专门知识内在的晦涩，使得死亡鉴定并不总能取得完美一致的结果，甚至会出现 2003 年"湖南黄静裸死案"那样先后做了 6 次死亡鉴定的极端案例。诉讼规则应当对死亡鉴定的应用加以限制，司法鉴定活动与一般科学研究的区别所在，就是司法鉴定受到外部法律环境的规制和影响。诉讼视角下的死亡鉴定活动，更要正视诉讼规则对其应用的限制，只有这样，才能更好地运用死亡鉴定为诉讼实践服务。

诉讼规则对死亡鉴定有诸多制约，主要表现在以下几个方面：（1）鉴定程序的控制性，典型表现为"公家"委托在先、鉴定被动启动、鉴定目的严格限定等，鉴定人只能在具体诉讼程序的控制下"被动应答"；（2）鉴定时限的制约性，遵从诉讼时效制度约束，有特定的鉴定时限管控；（3）证据要件的合法性，从检材提取到检验实施，再到鉴定完结、意见出具等，鉴定意见需满足证据合法性的要求；（4）结果评价的司法性，鉴定意见需经审查判断、质证、认证等司法环节才有可能成为认定案件事实的依据。[①] 近年来，随着社会公众法律意识的提高，对于"看得见的正义"程序的要求越来越高。比如时限性要求，刑事诉讼要求人民检察院承担证明责任，如果在一定时限内穷尽鉴定手段仍不能"确信"死亡与犯罪嫌疑人有关，就应当承担证明不利的后果，不能达到证明其有罪的证明标准。再比如专业质证的要求，2012 年修改后的刑事诉讼法增加了"有专门知识的人"出庭制度，这在一定程度上缓解了重复鉴定的问题以及对鉴定意见无法有效质证的尴尬。总之，无论是保障鉴定意见真实可靠的证据规则，还是保障鉴定程序正当的程序规则，都对诉讼程序的多元价值给予了充分考量，死亡鉴定受到诉讼规则的严格制约。

[①] 参见李苏林：《论司法鉴定的科学性》，载《山西大学学报（哲学社会科学版）》2018 年第 4 期。

第二章
我国死亡鉴定的现状与存在的问题

当前的法学研究需要注重问题意识,以实践中的重大问题为导向,抓住其中的关键问题进一步研究思考,从而着力解决司法实践中面临的一系列突出矛盾和问题。我们围绕死亡鉴定展开研究,需要先行对实践中的应用现状及存在问题进行梳理,以此为基础展开后续研究,才能更具针对性和说服力。

第一节 我国死亡鉴定的运行现状

在诉讼视角下对死亡鉴定进行规制研究,首先要看死亡鉴定或鉴定在诉讼相关法律中是如何规定的,梳理法律规定,了解相关情况,这有助于后续研究的展开及研究的针对性。我国死亡鉴定的实际运行现状,很大程度上取决于我国司法鉴定法律法规的规定,在此基础上再去把握现行死亡鉴定主体的情况,以及司法实践的应用情况。

一、诉讼法律相关规定

首先,我们以现行的、最新的三大诉讼法,即2018年修改后的刑事诉讼法、2017年修改后的民事诉讼法和行政诉讼法为蓝本,对诉讼视野下的鉴定应用进行梳理,我们得到以下结果。

1. 三大诉讼法均没有对"鉴定"进行类别区分,更没有细化其应用领域,法律条文中都是以"鉴定"二字联袂出现的,甚至都没有出现"司法鉴定"的字眼。这也意味着,法律的相关规定可应用于诉讼中所有类别、所有形式的鉴定,当然也包括本书所专门重点关注的"死亡鉴定"。

2. 关于"鉴定人"。在诉讼活动中,"鉴定人"被赋予独立的地位和重要的职责,"鉴定人"是"诉讼参与人"之一,与司法人员、当事人、代理人等一样都适用有关"回避"的规定。《刑事诉讼法》第29条、第32条、《民事诉讼法》第44条和《行政诉讼法》第44条都有相关规定，回避情形都适用于鉴定人。

3. 关于"鉴定意见"及其形式要件。由《刑事诉讼法》第50条、《民事诉讼法》第63条和《行政诉讼法》第33条可知，三大诉讼法都规定"鉴定意见"是证据的法定形式之一。任何证据必须经过查证属实，才能作为认定事实的根据，鉴定意见当然也不例外。根据《刑事诉讼法》第147条和《民事诉讼法》第77条可知，鉴定进行完毕后，鉴定人应当出具"书面鉴定意见"，并且鉴定书上要签名或盖章。鉴定人出于鉴定工作的需要，有权了解相关的案情材料，必要时鉴定人可以询问当事人、证人等。鉴定人故意作虚假鉴定的，应当承担法律责任。

4. 关于"鉴定对象"和"鉴定委托"。根据《刑事诉讼法》第146条和《民事诉讼法》第76条可知，"鉴定"指向的对象是案件中的"专门性问题"，不过，鉴定委托形式不太一样。刑事诉讼中，为了查明案情，公安司法机关应当"指派"或"聘请"有专门知识的人进行鉴定，这是因为出于侦查的需要，公安、检察等侦查机构保留了鉴定机构，对于内部技术人员，可以直接"指派"，而对于外部鉴定人员，则只能"聘请"；而民事诉讼中，则先由当事人双方协商确定鉴定人选，协商不成的，改由人民法院直接指定，至于当事人未申请鉴定的，如果人民法院认为有必要，也应当主动依职权委托鉴定。

5. 关于"鉴定告知"及"后续鉴定"。根据《刑事诉讼法》第148条规定，鉴定意见被用作证据使用时，侦查机关应当明确告知犯罪嫌疑人或被害人，这是侦查机关的法定义务。如果犯罪嫌疑人、被害人不服鉴定意见，并且提出申请的，可以启动"补充鉴定"或者"重新鉴定"程序。根据《刑事诉讼法》第197条和《民事诉讼法》第139条规定，法庭审理过程中，有权申请"重新鉴定"。

6. 关于"鉴定人出庭"。根据《刑事诉讼法》第192条和《民事诉讼法》第78条规定，必要条件下，鉴定人应当出庭作证。经人民法院依法通知，鉴定人应当出庭而拒不出庭作证的，会实行严厉的惩罚措施，即该鉴定意见不得作为认定事实的根据。民事诉讼中，鉴定人拒不出庭的，当事人还可以要求返还鉴定费用。

7. 关于"鉴定人保护"。《刑事诉讼法》第64条规定，在一些重大案件中，鉴定人因为在诉讼中作证，其本人或者其近亲属面临危险的，公检法机关有责任主动采取相应的保护措施，鉴定人认为面临危险的，也可以向公检法机关请求予以保护。根据《民事诉讼法》第111条规定，诉讼参与人或其他人对鉴定人有不利举措的，人民法院可以根据情节轻重予以制裁。

8. 关于"有专门知识的人出庭"。首先，根据《刑事诉讼法》第197条规定，控辩双方均可以申请法庭通知"有专门知识的人"出庭，其法庭职责是就鉴定人作出的"鉴定意见"提出自己的意见，辅助法庭进行事实认定。同样，《民事诉讼法》第79条也规定，当事双方可以申请"有专门知识的人"出庭，就鉴定人作出的"鉴定意见"或者"专业问题"提出自己的意见。

其次，我们对鉴定相关的专门法律进行梳理，如全国人大常务委员会《关于司法鉴定管理问题的决定》（2015年修正）、司法部《司法鉴定程序通则》（2016年修订）、"两高三部"2010年发布的《关于办理死刑案件审查判断证据若干问题的规定》以及公检法司等机关围绕司法鉴定出台的具体规定等，大都是关于鉴定人和鉴定机构的资格准入、鉴定人的权利义务和法律责任、司法鉴定的委托和受理程序、司法鉴定的实施程序、终止鉴定、补充鉴定和重新鉴定的程序规制、鉴定意见的审查判断等，这些都是对于诉讼法律中鉴定相关问题的深入和细化。

最后，我们对法律中含有"死亡鉴定"的条文进行梳理，发现大都是规定法定羁押场所发生在押人员死亡后，应当进行死亡鉴定，再就是解剖尸体、治丧工作、处置交通死亡时，需要进行死亡鉴定。具体规定如下：

1. 《监狱法》（2012年修正）第55条规定："罪犯在服刑期间死亡的，监狱应当立即通知罪犯家属和人民检察院、人民法院。罪犯因病死亡的，由监狱作出医疗鉴定。人民检察院对监狱的医疗鉴定有疑义的，可以重新对死亡原因作出鉴定。罪犯家属有疑义的，可以向人民检察院提出。罪犯非正常死亡的，人民检察院应当立即检验，对死亡原因作出鉴定。"

2. 《卖淫嫖娼人员收容教育办法》（2011年修订）第21条规定："被收容教育人员在收容教育期间死亡的，应当由公安机关组织法医或者指定医生作出死亡鉴定，经同级人民检察院检验，报上一级公安机关和人民检察院备案，并填写死亡通知书，通知被收容教育人员家属、所在单位和户口所在地公安派出所；家属不予认领的，由公安机关拍照后处理。"

3. 《治安拘留所管理办法（试行）》（1990年发布并实施至今）第20条第3款规定："被拘留人在拘留期间死亡，应当由县级以上公安机关组织法医或医生作出有法律效力的死亡鉴定，经同级人民检察院检验，报上级公安机关及其同级人民检察院备案，并通知被拘留人家属。没有家属或者家属不来的，由治安拘留所负责拍照后火化，骨灰保存一年后处理。"

4. 《强制戒毒办法》（1995年发布并实施，2011年被新的《戒毒条例》所取代）第16条规定："戒毒人员在强制戒毒期间死亡的，应当由公安机关组织法医或者指定医生作出死亡鉴定，经同级人民检察院检验后，填写死亡通知书，通知死者家属、所在单位和户口所在地公安派出所；家属不予认领的尸体，由公安机关拍照后处理。公安机关应当将死亡鉴定等有关情况报上一级公安机关备案。"

5.《劳动教养试行办法》（1982 年发布并实施，2018 年明令废止）第 51 条规定："劳动教养人员正常死亡的由医院做出死亡鉴定；非正常死亡的由法医做出鉴定，报告当地人民检察院检验后，通知其家属或原工作单位，共同研究处理，并报告原审批机关。家属或原单位不来的，由劳动教养管理所处理。其遗留财物，在半年内不领的上交国库。"

6.《公安机关办理刑事案件程序规定》（1987 年发布并实施，现已被新规取代）第 48 条规定："被告人患病的，看守所应当及时治疗；病情严重或者需要所处就医的，应当立即向办案单位报告。被告人死亡，应当立即报告公安机关主管负责人，并由看守所、办案单位会同人民检察院共同查明死因，作出死亡鉴定，做好善后工作。"

7.《解剖尸体规则》（1979 年发布并实施至今）第 3 条规定："解剖尸体必须经过医师进行死亡鉴定，签署死亡证明后，方可进行。"

8.《国家体育总局机关治丧工作管理规定》（2006 年发布并实施，现行有效）之附件 10《北京市八宝山革命公墓骨灰安置审批工作若干规定》第 11 条第 1 款规定："下列材料之一，可作死亡证明：1. 医疗机构或公安机关出具的死亡证明，2. 司法机关出具的死亡鉴定，3. 公证机关出具的死亡公证书。"

9. 公安部交通管理局《关于事故现场勘查民警是否有权确定交通事故现场当事人当场死亡的答复》（1999 年发布并实施，现已失效）中指出："根据《道路交通事故处理办法》第 16 条的规定，对交通事故的尸体进行检验或鉴定由公安机关负责。但对交通事故死亡鉴定人的主体资格，目前我国法律、法规和规章尚无明确规定。我们认为，对交通事故'死亡'的鉴定一般应当由法医进行，无法医的，可以由具备相应医学知识的交通事故现场勘查民警根据我国医学学术上确定的死亡的标准，确定交通事故现场当事人是否死亡。"

综合来看，通过前述规制"鉴定""司法鉴定""死亡鉴定"的条文梳理，我们可以得出下列结论：

首先，三大诉讼法中只是规定"鉴定"，立法技术上更为原则化、统领化，显示在诉讼中，鉴定是被依法启动的"证据调查活动"，更强调其法定诉讼程序的性质。三大诉讼法作为规范相应诉讼程序的法律，不会也不可能过于具体细化，因此，三大诉讼法中没有"司法鉴定"的字眼，更不会涉及"死亡鉴定"的只言片语。

其次，鉴定相关的专门法律中，在鉴定前冠以"司法"二字，并不是鉴定活动本身具有司法职能，而是特指这些鉴定活动是在诉讼活动中进行的。"司法鉴定"的称谓，更突出鉴定的诉讼性，这使得司法鉴定活动不同于一般的"科学技术活动"，更不是过去片面认为的"刑事侦查行为"。这些专门法律中，只是将司法鉴定划分了大的种类，即法医类、物证类、声像资料类和环境损害类鉴定[1]，没有细化到按鉴定事项（即鉴定内容）规定"死亡鉴定"的内容。

再次，"死亡鉴定"在法律条文中是有明确规定的，其和"羁押死亡""死亡证明"等关联出现概率非常大，体现出羁押场所的死亡处置、死亡证明的出具等工作更加重视死亡鉴定的作用。死亡对任何生命来说，都是至关紧要的大事，对于特殊场所、特殊情形下的死亡来说，更显兹事体大，在相关法律规制中突出死亡鉴定的重要性也不为过。

最后，关于"死亡鉴定"的定义及范围，法律并没有明确规定，但条文中多次附随出现死亡原因的鉴定，还有就是死亡性质（正常死亡和非正常死亡）的判断、死亡的确认。可见，死亡鉴定涵盖内容广泛，但又缺乏对其具体的规制，如此重大事情不能任由行业习惯或鉴定主体的自觉去维持，当前急需对死亡鉴定的相关内容展开研究。

二、死亡鉴定主体情况

鉴定主体指的是鉴定机构及其鉴定人。当前，能够担负死亡鉴定职责的鉴定机构主要有两大类：侦查机关内部设置的鉴定机构和经司法行政机关核准登记的社会鉴定机构。

（一）侦查机关内部设置的鉴定机构及其鉴定人

这类鉴定机构是指以公安机关为主、包括检察机关和国家安全机关等在内的承担侦查职能的机关，为履行法定职责的需要而设立的司法鉴定机构，其只能为本机关系统内部提供鉴定服务，而不得面向社会从事有偿的鉴定活动。最

---

[1] 2005 年全国人大常务委员会《关于司法鉴定管理问题的决定》第 2 条，就明确规定了司法鉴定登记管理的"三大类"，即法医类鉴定、物证类鉴定和声像资料鉴定。2015 年司法部和环境保护部联合下发《关于规范环境损害司法鉴定管理工作的通知》，环境损害类司法鉴定被正式纳入统一登记管理范围，从而成为司法鉴定"四大类"范畴。至于"四大类"之外的"其他类"鉴定，则要根据诉讼需要视情况而定。

典型的如公安鉴定机构，其设置一直归口于公安刑侦部门，其职责就是为刑侦工作提供技术鉴定服务，这是因为我国的刑事诉讼法一直以来都是将"鉴定"列为"侦查行为"的范畴。侦查机关内部设置的鉴定机构属于本机关的组成部分，其机构和人员都由国家编制部门核定，经费由国家保障，鉴定人身份大多为公务员或参公人员。这样的设置有利于保障刑事侦查的展开，侦查机关的鉴定人员根据案件的需要而加班加点、无私奉献、随时待命，侦查机关的鉴定机构要从技术上、人员上、时间上全方位地为案件侦查提供服务保障。公安机关一直保有国家、省厅、地市、县区四个层面的鉴定机构设置，拥有着最为强大的鉴定力量，同时也承揽了绝大部分的死亡鉴定任务。死亡案件大多需要公安的死亡鉴定，首先是要通过死亡鉴定来审查是否达到刑事立案标准，以确定是否是他杀或排除犯罪嫌疑；其次是立案后要通过死亡鉴定进一步寻找侦查线索以破获犯罪；最后，侦查终结移送起诉、审判后，这部分死亡鉴定中产生的鉴定意见可作为定案的证据形式，还往往会成为关键证据。

（二）经司法行政机关核准登记的社会鉴定机构及其鉴定人

这类鉴定机构是指具备法定的设立条件，经司法行政机关审核登记而取得司法鉴定许可，在登记的业务范围内开展司法鉴定活动的机构。目前这类鉴定机构的存在形式各异，总结起来有三种形式：一是国家机关、高等院校、科研机构设立的鉴定机构；二是医疗卫生机构设立的鉴定机构；三是社会其他组织设立的鉴定机构。前两种形式中只有极少数为独立法人，能够以其全部财产独立对外承担民事责任，而绝大多数都是以其所在单位的内设机构形式存在，由所在单位出资注册并提供场地、设备和人员；第三种形式的鉴定机构在申请资格之前就依法设立，或者相对独立于依托单位，在从事其本行业业务工作的同时，由于涉诉活动的广泛性而涉及其相关专业的鉴定，将其纳入司法鉴定管理范围，会使得鉴定活动更加规范。[1] 由于死亡鉴定的特殊性，其对技术条件要求更高，目前有能力担负死亡鉴定职责的社会鉴定机构，大多是医科院校或医疗卫生机构设立的鉴定机构。对于担负死亡鉴定的司法鉴定机构的设立，应该考虑实际情况科学布局，既要坚持"两便原则"，即便于诉讼当事人的诉讼需要且便于司法机关履行职责，又要坚持优化配置鉴定资源的原则，要统筹规划、合理布局、科学发展，避免重复配置、多头配置、无序竞争。[2] 鉴定人是司法鉴定活动的实施主体，是经司法行政机关核准登记获颁资格证的自然人。

---

[1] 参见霍宪丹主编：《司法鉴定管理概论》，法律出版社2014年版，第80页。
[2] 参见杜志淳主编：《司法鉴定概论》（第三版），法律出版社2018年版，第90页。

社会鉴定机构中鉴定人一般分为专职和兼职两种类型,专职鉴定人是以司法鉴定为固定职业,通常在该司法鉴定机构内专职执业,而兼职鉴定人是从事其他职业的同时,兼职从事司法鉴定工作。

能够从事死亡鉴定的鉴定机构和鉴定人,都需要具备法医病理鉴定资质,而这部分鉴定主体在两种类型中都只占少数。根据2006年施行的《公安机关鉴定机构登记管理办法》第12条、第13条可知[①],基层(县区级)公安机关鉴定机构不具备开展法医病理检验鉴定的资质,只有地市级以上公安机关的鉴定机构才可以申报登记开展法医病理检验鉴定。对于死亡鉴定来说,基层公安基本不具备鉴定资质,需要逐级委托上级公安鉴定机构进行鉴定。而经司法行政机关核准登记的社会鉴定主体,据统计[②],截至2017年底,全国共计4338家,其中从事"四大类"(法医类、物证类、声像资料类和环境损害类)鉴定业务的有2606家,约占机构总数的60%,而能够进行法医病理鉴定的仅占从事"四大类"鉴定机构的27.67%,大约720家,也就是说能够从事法医病理鉴定的机构占全部社会鉴定机构的比例约为16.5%,还不足1/5。按照这个比例推算,鉴定人中具备法医病理鉴定资质的也仅占少数。

可是,对于社会鉴定主体来说,从业务数量来看,2017年度完成的司法鉴定业务量中的绝大多数(92.49%)属于"四大类"鉴定,这其中法医类鉴定又占到绝大多数,"四大类"鉴定业务总量中的88.47%属于法医类鉴定。可见,死亡鉴定的业务量还是相当可观的。另外,从委托单位来看,公安机关委托的业务量最多,占到业务总量的41.08%;其次为个人委托和法院委托,分别约占业务总量的27.99%和21.05%。公安机关明明有着配置相对完整的鉴定力量,却有相当多的案件对外委托,这说明超出其鉴定能力或范围,这其中,颇为费劲、复杂疑难的死亡鉴定相信为数不少。最后,从涉案种类来看,民事诉讼中委托鉴定案件的数量最多,占到案件总量的40.10%,刑事诉讼中委托鉴定的案件数量约占案件总量的13.57%,行政诉讼中委托较

---

① 《公安机关鉴定机构登记管理办法》(2005年11月7日通过,2006年3月1日起施行)第12条规定:"地市级以上公安机关的鉴定机构可以申报登记开展下列检验鉴定项目:(一)法医类检验鉴定,包括法医临床、法医物证(可以单独申报开展DNA检测)、法医病理、法医人类学和法医毒理等检验鉴定;……"第13条规定:"县级公安机关的鉴定机构可以申报登记开展下列检验鉴定项目:(一)法医类检验鉴定,包括法医临床、法医物证等检验鉴定;……"

② 所有统计数据均来自于党凌云、张效礼:《2017年度全国司法鉴定情况统计分析》,载《中国司法鉴定》2018年第3期。

少，仅占 0.98%，三大诉讼中委托社会司法鉴定机构进行司法鉴定的共占 54.65%。可见，司法鉴定工作更注重为诉讼服务，提示我们需要关注诉讼视角下对鉴定工作的规制，这其中，牵涉重大的死亡鉴定工作更应加以规制。

三、司法实践应用概况

死亡鉴定在司法实践中的应用，主要存在于三大诉讼中，这其中刑事应用主要是故意（过失）杀人案或事故类、致死类案件；民事应用主要是交通损害类、医疗损害类的案件；行政应用主要是治安类案件或医疗事故、工伤事故的鉴定。

死亡鉴定主要是运用法医病理学的知识，通过对尸体外表检查、尸体解剖检验、组织切片观察、毒物分析和书证审查等方式，对涉及法律有关的死亡问题进行鉴定或推断。其鉴定内容主要是针对人体死亡原因、死亡性质、死亡方式、死亡时间、推断生前伤或死后伤以及死后个体识别进行鉴定，可对工伤事故、交通事故、意外事故、治安案件、刑事案件等各种原因造成的死亡进行鉴定。

第一，司法实践中应用最为广泛的就是有刑事嫌疑或排除刑事嫌疑的死亡鉴定，主要是关于死亡原因与死亡方式的鉴定，还包括死亡时间或损伤时间的鉴定，这主要是接受公检法机关、保险公司或近亲属个人的委托，对尸体进行解剖并做出法医学鉴定。死亡原因主要是通过区别暴力死（非自然死）或者非暴力死（自然死），以便最终为惩治犯罪或者消除嫌疑提供证据，是法医病理学的首要任务。其中，暴力死包括机械性损伤（如棍棒、砖石、斧锤、拳脚等钝器所致损伤，刺器、切器、砍器、剪刀等锐器所致损伤，坠落损伤，交通损伤等）、机械性窒息（如缢死、勒死、扼死、捂死、闷死、哽死、性窒息、体位性窒息、溺死等）、化学性损伤（如中毒、化学烧伤等）以及其他物理性损伤（如电击伤、高低温损伤）等原因所致的死亡。非暴力死是指自然疾病死亡，涉及死亡鉴定的通常死亡发生突然、迅速、意外，这类死亡可能不涉及暴力（即死于疾病，法医学称之为猝死），也可能属于比较隐匿的犯罪，为了查明真相，揭示可能的犯罪，也在死亡鉴定的范畴内。死亡原因确定为暴力死后，需要进一步判断其死亡方式，即属于自杀、他杀或者意外，死亡方式的准确判断在案件的侦破、裁定中至关重要。而进一步推断死亡时间对于确定作案时间、认定和排除嫌疑人有无作案时间、划定侦查范围乃至案件的最终侦破均具有重要作用。损伤时间的推断主要是为鉴别生前伤和死后伤及推断伤后存活的时间，有助于区分案件性质及损伤与死亡的关系等。

第二，司法实践中较为常见的应用是关于医疗纠纷的死亡鉴定，主要用于判别医疗过错及程度，这主要接受司法机关、行政机关、医患双方共同或个人的委托，对尸体进行解剖并对亡者的死亡原因作出法医学鉴定。经过医院进行治疗或抢救的案例尚需要对临床病史材料进行审查，综合分析死亡原因。进行医疗纠纷或医疗过错的死亡鉴定，是正确处理纠纷、维护医患双方合法权益、提供科学依据的重要途径。这一类死亡鉴定要遵循医学科学原理和法医学因果关系准则，审查并摘抄送检材料，召开有法官及原被告三方出席的听证会。听证会的目的主要是听取原、被告双方的相关陈述。

第三，司法实践中广泛应用的还有交通事故的死亡鉴定，这主要接受交警部门或司法机关委托，对尸体进行检验并对死者的死亡原因与致伤方式作出法医学鉴定。遇见疑难交通死亡的，还往往需要发挥多专业学科知识背景，综合进行损伤机制分析，并且需要计算机仿真现场重现等鉴定工作。

第四，就是关于致伤物（即凶器）的推断，这主要接受公检法机关或个人的委托，对造成尸体损伤的可疑致伤物进行推断或认定。致伤物推断不仅能为侦查提供线索，有助于判断死亡方式，还可为审判机关提供科学依据。特别是对于多个犯罪嫌疑人、多种致伤物、多处损伤等案件，可以通过致伤物的推断重建事件经过、判断案件性质，从而区分当事人的责任大小，为案件的定性、判刑和民事赔偿等提供依据。

第五，就是判断伤病关系的鉴定，这主要接受公检法机关或个人的委托，对尸体进行尸体解剖并对亡者的死亡原因与死因构成中各因素的原因力大小作出法医学鉴定意见。伤病关系鉴定是介于损伤和疾病之间的死亡竞争分析，必须经过详细的法医学检查加以综合分析，分清其主次及相互关系，这直接关系到案件当事人的责任、名誉、罪与非罪，是有关民事案件的调处、刑事案件的侦查、审判等最为重要的证据之一。这类死亡鉴定在一些国家工作人员违法违纪乃至犯罪案件中显得尤为突出。中毒与疾病等死亡竞争分析，亦是本应用的鉴定内容。

死亡鉴定往往离不开法医病理学检验和诊断，这需要进一步对检材（委托单位提供的人体器官、组织、石蜡包埋组织块、组织切片等）进行检查、检验和显微镜观察，对其存在的疾病或者非疾病状况进行检验，最后出具法医病理学诊断。通常，法医病理学检验和诊断是形成法医病理学鉴定意见的一个重要环节，而死亡鉴定意见还需要综合其他检验或检查结果（如尸体解剖肉眼检查所见、毒物检验结果、临床病历资料记载等）。

第二节　我国死亡鉴定存在的问题

近年来，随着社会的不断发展，诉讼中遇到的疑难问题越来越多，司法鉴定的应用也越来越多，我国也越来越重视司法鉴定在诉讼中的应用，并给予了各方面的保障。但是，囿于我国鉴定体制的不完善，即便是事关生命大事的死亡鉴定工作，在司法实践中的应用仍旧存在问题。

一、公安自侦自鉴中立不足

由于当前社会鉴定机构的鉴定能力参差不齐，很多案子的鉴定质量、鉴定时效以及工作衔接等无法保障，导致我国侦查机关内部设置的鉴定机构在刑事鉴定实施中存在一定的垄断性，这其中又以公安鉴定力量为典型代表，刑事鉴定业务的绝大部分出自公安机关的鉴定机构。死亡鉴定又往往涉及刑事案件，其鉴定结果很是关键，直接影响后续程序走向，或者进入立案侦查，或者进行鉴定初筛，或者采取刑事强制等。从诉讼的结构形式可知其需要两造具备、居中裁判，诉讼过程中存在有力的对抗，而侦查过程本身不具备对抗性，但我们不能就此认为侦查过程中的鉴定就不需要中立性的要求。并且，鉴定人保持中立性，是保障鉴定工作公正进行的重要前提，如果鉴定人事先就有倾向性或非中立性，那将严重损害司法公正和司法权威。

中华人民共和国成立后相当长一段时期内，鉴定资源主要存在于公检法机关和少量的高校之中，我国的司法鉴定工作以公检法的侦查权、检察权和审判权为主导，带有职权化印记。其典型表现为鉴定主体的行政化管理，鉴定机构被作为内设机构以保障业务部门的需求，鉴定人适用国家公务员职级序列进行管理，上下垂直管理、统一配置的鉴定主体更讲究政治素养、忠诚敬业和服从指挥。在当时特定环境下，如此这般的鉴定体系虽有力保障了诉讼活动的顺利进行，但也被各界人士质疑"自侦自鉴""自诉自鉴"和"自审自鉴"。随着2005年全国人大常委会《关于司法鉴定管理问题的决定》的出台，人民法院和司法行政机关附属的鉴定机构被率先剥离出去，而随着检察机关自侦业务需求的萎缩直至2018年监察体制改革（检察机关自侦业务被剥离）落幕，检察机关附属的鉴定机构尤其是法医鉴定也在逐步削弱，当前也就留下公安机关的鉴定机构。作为同时掌管治安和侦查两大职权的公安机关，在不断增大的业务需求下其司法鉴定力量更加强势，不管是装备、人员还是经费投入都令社会鉴定机构望尘莫及。更为关键的是，正是因为相应职权的事先赋予，其更容易获得与案件有关的证据材料，鉴定业务的委托大部分由公安机关承担，只是在特殊情况下比如看守所在押人员死亡、公安执法相对人的死亡等，由于公安机关身怀监管职责而需要回避。国家司法鉴定体制改革的初衷，让社会鉴定机构与侦查机关鉴定机构齐头并行、互相牵制形成竞争，至少在死亡鉴定这个领域尚未实现。

正是因为人民法院和司法行政部门设立的鉴定机构被立法取消，社会鉴定机构无法对侦查机关内设鉴定机构产生对抗、制约的态势，并且监察体制改革导致的检察机关内部法医鉴定职能的逐步淡化，这都将势必强化公安机关内部鉴定机构的优势地位，从某种程度上讲，"自侦自鉴"将在很长一段时期内有理由地存在。首先，侦查机关内设鉴定机构归属于国家机关，尤其是公安机关这样，极具纪律性和规章制度的约束性，公安鉴定人对鉴定收费的欲望并不高；其次，公安侦查工作并不期望让民间性质的社会鉴定机构介入刑事诉讼之中，这导致了社会中立的司法鉴定救济途径的被堵塞；最后，社会鉴定机构的鉴定人素质不过硬，其更适合纯粹的技术工作而不一定适合侦查工作，他们缺乏侦查机关处理刑事案件的能力，特别是缺乏结合案情和现场勘查对专业性问题进行解释的经验。①

"自侦自鉴"给侦查工作带来快捷、便利的同时，给鉴定工作带来一些问题。侦查实践中，许多时候办案人员"一身多能""一身二任"，鉴定人员和侦查人员的身份存在混同。并且，对于死亡鉴定来说，有时不得不要求鉴定人员亲临现场检视环境、实地检验、收集检材等，为后续鉴定顺利进行打好基础。这样的"自侦自鉴"不但违反了侦查人员与鉴定人之间回避制度的有关规定，还会因前期参与现场勘查、过多了解案情细节而对需要鉴定的专门性问题形成"先入之见"，这容易使鉴定结果服从侦查假设，从而偏离案件真相，误导侦查。② 公安内设鉴定机构的"一枝独大"以及"自侦自鉴"问题，给死亡鉴定工作带来的最大影响就是鉴定人的中立性不足。

---

① 参见裴兆斌：《中国司法鉴定管理制度改革研究》，法律出版社2015年版，第97页。

② 参见袁周斌：《预防侦查错误视角下公安刑事鉴定制度的反思与完善》，载《中国司法鉴定》2013年第3期。

二、鉴定材料失真隐患不小

鉴定材料是证据信息的载体,是科学出具鉴定意见的物质基础。[①]《司法鉴定程序通则》第 12 条第 3 款规定了"鉴定材料"的范畴,即"本通则所称鉴定材料包括生物检材和非生物检材、比对样本材料以及其他与鉴定事项有关的鉴定资料"。同时,第 12 条还规定了"委托人委托鉴定的,应当向司法鉴定机构提供真实、完整、充分的鉴定材料,并对鉴定材料的真实性、合法性负责。司法鉴定机构应当核对并记录鉴定材料的名称、种类、数量、性状、保存状况、收到时间等。诉讼当事人对鉴定材料有异议的,应当向委托人提出"。实务中,从习惯上我们将鉴定材料分为检材和样本,其来源渠道可靠与否、收集方法是否科学、收集方法是否合法、送检质量的高低等,都直接关系到鉴定结果的证据能力和证明力。众人皆知的"辛普森杀妻案"就是由于鉴定材料取证程序不合法、DNA 样本被污染,从而导致最有效的证据成了污点证据,严重影响了鉴定质量,最终导致不被法院采信。[②]

在我国,涉嫌刑事犯罪的死亡鉴定与交通事故中的死亡鉴定,都是由公安司法机关来调查取证,大都是职务行为,并不牵扯利益在内,轻易不会冒着徇私枉法的风险去故意作假。而在医疗纠纷中的死亡鉴定和羁押死亡中的死亡鉴定,其风险收益远大于守法成本,因此故意作假造成鉴定材料失真的可能性很大。

我们以比较常见的涉及死亡的医疗纠纷中的死亡鉴定举例,根据《医疗事故处理条例》第 28 条的规定可知,医疗机构应当提交的有关医疗事故技术鉴定的材料包括:(1)住院患者的病程记录、死亡病例讨论记录、疑难病例讨论记录、会诊意见、上级医师查房记录等病历资料原件;(2)住院患者的住院志、体温单、医嘱单、化验单(检验报告)、医学影像检查资料、特殊检查同意书、手术同意书、手术及麻醉记录单、病理资料、护理记录等病历资料原件;(3)抢救急危患者,在规定时间内补记的病历资料原件;(4)封存保留的输液、注射用物品和血液、药物等实物,或者依法具有检验资格的检验机构对这些物品、实物作出的检验报告;(5)与医疗事故技术鉴定有关

[①] 参见郭金霞:《鉴定结论适用中的问题与对策研究》,中国政法大学出版社 2009 年版,第 147 页。

[②] 杜万华等编著:《最高人民法院审理医疗损害责任纠纷司法解释规则精释与案例指导》,法律出版社 2018 年版,第 125~126 页。

的其他材料。而这些鉴定材料都由医疗人员形成且在医疗机构保管之下,并且这些材料又都极具专业性,对一般患者家属和司法人员来说,根本就是晦涩难懂、高深莫测的。所以,尽管《执业医师法》第 23 条①和《医疗事故处理条例》第 9 条、第 10 条②都规定了严格书写并妥善保管病历资料,严禁涂改、伪造、隐匿、销毁或抢夺,并且《侵权责任法》第 58 条③也加重其病历作假的后果责任,但仍旧难改医疗机构利用其强大隐蔽的专业条件和便利条件进行作假的态势,其最终目的是企图掩盖其所应担负的法律责任。

正是因为病历资料的制作与保管均由医疗机构一方完成,其对于鉴定材料的掌握和控制是极其强势的,而赋予患者一方的查阅权和复制权根本无法平衡双方在举证能力上的悬殊。有论文提到这样一起案例:一患者因急性腹痛、腹泻在医院抢救无效死亡,因涉嫌医疗事故致死,法院委托中华医学会进行医疗事故技术鉴定,在审查材料过程中,患者家属提出医院造假的证明材料,中华医学会要求法院予以核实确认,法院经质证后确认医院提交的病历资料、医嘱单、抢救记录都是在患者死后伪造的,于是中华医学会终止了鉴定,法院依法进行了判决。④ 根据《医疗事故处理条例》第 28 条及第 30 条规定,医学会应当及时通知医疗事故的争议双方提交鉴定材料,专家鉴定组应当对鉴定材料的真实性、完整性、关联性和合法性进行认真审查,同时要结合双方的陈述及答辩进行检查与核对。死亡鉴定意见是人民法院审理涉及死亡的医疗事故争议的关键证据,因而鉴定结果所依据的鉴定材料和相关证据必要时应交由人民法院进行核实确认,当医患双方对鉴定材料有争议时,应当积极确认鉴定材料的真实可靠,以避免后续死亡鉴定过程中不必要的争议。

---

① 《执业医师法》第 23 条规定:"医师实施医疗、预防、保健措施,签署有关医学证明文件,必须亲自诊查、调查,并按照规定及时填写医学文书,不得隐匿、伪造或者销毁医学文书及有关资料。医师不得出具与自己执业范围无关或者与执业类别不相符的医学证明文件。"

② 《医疗事故处理条例》第 8 条规定:"医疗机构应当按照国务院卫生行政部门规定的要求,书写并妥善保管病历资料。因抢救急危患者,未能及时书写病历的,有关医务人员应当在抢救结束后 6 小时内据实补记,并加以注明。"第 9 条规定:"严禁涂改、伪造、隐匿、销毁或者抢夺病历资料。"

③ 《侵权责任法》第 58 条规定:"患者有损害,因下列情形之一的,推定医疗机构有过错:(一)违反法律、行政法规、规章以及其他有关诊疗规范的规定;(二)隐匿或者拒绝提供与纠纷有关的病历资料;(三)伪造、篡改或者销毁病历资料。"

④ 参见宋洪章、李国红:《谈鉴定材料的收集、真实性的确认和对鉴定的影响》,载《中国卫生法制》2006 年第 2 期。

正是因为对鉴定材料的来源、取得、保管、送检等环节的把关不严，导致鉴定材料失真隐患极大，这意味着进行死亡鉴定的前提有可能已经发生错误，那么即便后续鉴定工作进行得再严丝合缝、再认真谨慎也无济于事。

三、鉴定启动遭受各方质疑

从整个诉讼程序的角度看，我国死亡鉴定的启动权明显分置为鉴定申请权和鉴定决定权。对于诉讼当事人及其关系人来说，其只能作为申请主体提出死亡鉴定的申请，最终要由公安司法机关决定是否进行死亡鉴定，即由公安司法机关来行使鉴定决定权。而对于公安司法机关而言，其可以直接指派或聘请鉴定人进行死亡鉴定，而不受当事人申请鉴定的限制，也就是说，死亡鉴定的申请权并不是必经程序。我国的死亡鉴定制度如同许多其他制度一样，受苏联影响深远，在苏联，侦查机关、检察机关和审判机关都有权直接启动司法鉴定，而诉讼中的其他当事人完全无权启动。① 这不同于大陆法系国家的司法官启动制，大陆法系鉴定启动权锁定在法院，侦查机关（包括公安机关和检察机关）则没有鉴定启动权，其只能向法院申请鉴定，而我国的公检法三机关都享有鉴定启动权；这也不同于英美法系国家的当事人启动制，英美法系将鉴定启动权平等地赋予当事人各方，包括刑事诉讼中的控辩双方，而我国刑事诉讼中的犯罪嫌疑人、被害人以及民事、行政诉讼中的各方当事人都没有鉴定的启动权。②

最被人质疑的是，刑事诉讼中犯罪嫌疑人、被害人等当事人更是连鉴定申请权都不完整，我国刑事诉讼法仅仅规定了犯罪嫌疑人、被害人享有"补充鉴定或重新鉴定"的申请权，却没有赋予其初次鉴定的申请权。实践中，死亡案件的办案机关牢牢把控着初次鉴定的决定权，鉴定是否实施、鉴定的具体内容、鉴定主体的选派等都掌握在办案机关手中，处于被动状态的犯罪嫌疑人、被害人缺乏必要的参与权利，其只能在看到鉴定结果之后再行申请补充鉴定或重新鉴定与否。③

---

① 参见王素芳：《诉讼视角下的司法鉴定制度研究》，上海大学出版社 2012 年版，第 146 页。
② 参见杜志淳、霍宪丹：《中国司法鉴定制度研究》，中国法制出版社 2002 年版，第 123 页。
③ 参见王少仿、涂丽云：《以审判为中心的诉讼制度下司法鉴定启动权之配置》，载《湖北警官学院学报》2018 年第 6 期。

从我国现行刑事法律规定来看，公检法三机关都有权直接启动死亡鉴定程序，当事人只有在初次鉴定完成之后申请补充鉴定或重新鉴定的权利，而不管是初次鉴定，还是补充鉴定或重新鉴定，其最终启动决定权都在公权力机关。有权力运行就须有监督制约，需要对公权力机关启动死亡鉴定的权力运行进行规制，这不仅需要公权力内部工作机制的监督，还需要外部其他主体的监督。这里权力监督的主要对象，是公权力机关不启动死亡鉴定或拒绝相关当事人的死亡鉴定申请，要看其是否有法定正当理由，是否遵循了严格的法定程序，是否在规定时限内及时作出决定等。同时，有权利须有救济，无救济即无权利。对于当事人来说，其申请初次死亡鉴定的权利得不到正当的表达，申请补充鉴定或重新鉴定被无正当理由拒绝，鉴定主体选任中的知情权、参与权被剥夺等，这些都需要在死亡鉴定启动的权利救济中加以考虑。

当前在死亡鉴定的启动上，公安司法机关的自由裁量权较大，鉴定启动缺乏相应的制度保障，缺乏权力监督和权利救济机制。从当事人的角度来看，其鉴定启动的参与权更是严重缺失，其不仅没有鉴定启动的决定权，对于鉴定机构和鉴定人的选任更是没有参与的权利。在初次鉴定结果出具之前，当事人被完全排除在鉴定程序之外，当事人对"官方"认可的鉴定主体及其鉴定结果存有异议的，即便对自己权益有重大影响，也只能被动地接受。[①] 控辩双方之间权力/权利的不平等，削弱了犯罪嫌疑人或被告人一方的辩护权，其虽不承担举证之义务，但享有举证之权利，其可以提出证明自己罪轻或无罪的证据。

四、实施过程权利保障不足

法律并不禁止侦查机关根据侦查工作需要而设立配属于自身的鉴定机构，但法律并不要求所有的侦查机关在每一层级都普遍设立鉴定机构。是否设立鉴定机构、包含哪些鉴定事项以及配备多少设备和人员，要根据侦查工作实践的需要，既要防止重复设立，也要防止设立鉴定机构达不到应有的技术水平，不能胜任司法鉴定工作。对于广大基层机关来说，鉴定机构设置应当"小而精"，而不是"小而全"。全国人大常委会《关于司法鉴定管理问题的决定》第7条规定的"不得面向社会接受委托从事司法鉴定业务"，是指侦查机关内部设置的鉴定机构不得接受社会上的企事业单位、其他组织和个人的委

---

① 参见熊秋红：《我国司法鉴定体制之重构》，载《法商研究》2004年第3期。

托，就各类诉讼中涉及的专门性问题出具鉴定意见。这一规定并没有禁止侦查机关之间相互委托和接受其他司法机关委托从事司法鉴定业务。为了充分利用侦查机关已有的鉴定力量，避免资源浪费，防止侦查机关重复设立和低水平设立鉴定机构，同时考虑决定实施后人民法院不再设立或保留自己的鉴定机构，侦查机关之间相互委托和接受其他司法机关委托从事司法鉴定业务是必要的。

公安机关内设鉴定机构间尽管各地名称、形式上多有变化，但在业务考核和行政管理上仍旧隶属于刑侦部门，鉴定工作不可避免地存在行政干预的情况，学界一直呼吁进行"侦鉴分离"而不得。

根据2006年施行的《公安机关鉴定机构登记管理办法》，地市级以上公安机关的鉴定机构可以申报登记开展法医病理检验鉴定，而县级公安机关不能开展法医病理检验鉴定。这显然是高层从节省重复投资、合理技术配备、集中骨干人才等多方面的考量，可实务中，绝大部分的死亡鉴定都在县级公安鉴定机构完成。

刑事案件中，几乎所有命案离不开死亡鉴定，死亡原因、死亡方式及致死工具等鉴定意见都是诉讼进行下去不可或缺的关键证据。没有严谨的死亡鉴定，犯罪事实就无法查清并认定，相应的定罪和量刑也就无法进行。死亡鉴定离不开法医病理学鉴定资格，这是技术含量更高的一类资质，同时对场所和设备都有比较高的要求和标准，这种特殊的资质不是随便一家鉴定机构就能具备的。从2017年的统计数据来看，社会鉴定机构中从事"四大类"（法医、物证、声像资料、环境损害）鉴定业务的约占总数的六成以上，有2606家鉴定机构，而这其中有资格从事法医病理鉴定业务的却仅占27.67%，仅仅720家左右。[①] 从人员配备、技术能力和仪器设备等来说，很多基层的公安机关鉴定部门都达不到应有的法医病理鉴定资格。然而，公安机关对刑事命案享有侦查，导致死亡鉴定又不得不选择在其内设鉴定机构完成。

鉴定主体的选择权先天缺乏的同时，当事人却又往往面临着知情权和参与权的被剥夺。死亡鉴定的过程很是封闭，尤其是和侦查活动密切相关的，更是注重保密，这就导致剥夺了当事人知情权而仅仅告知鉴定结果，对于鉴定实施过程的参与权更是不被重视。近几年的法制建设，越发注重这方面的问题，应当注重加强鉴定监督，保障当事人的知情权、参与权，让阳光照耀司法鉴定实施全过程，赋予当事人聘请"专家见证人"间接参与的权利，使鉴定程序更

---

① 参见党凌云、张效礼：《2017年度全国司法鉴定情况统计分析》，载《中国司法鉴定》2018年第3期。

公开与透明，提高司法鉴定的可靠性与权威性。

五、鉴定意见缺乏有效质证

与我国将鉴定意见划为单独的证据种类不同，鉴定意见因其言词证据的属性在英美法系被称为"专家证言"，再加之科学证据的属性而明显具有专业的垄断性，外行人明显无法涉足，因此，专家出庭接受质询、进行解释和说明就显得尤为重要。我国实践中，对鉴定意见的审查大多仍旧停留在书面审查，即便在法治背景促进下，鉴定人出庭了，法庭之上的专业对抗仍显不足，鉴定意见缺乏有效的质证。

首先，鉴定人出庭率偏低制约了鉴定意见的有效质证。尽管鉴定意见独具辅助事实认定的特殊价值，但鉴定意见只是有专门知识的人的个人见解，并不想当然地具备证据能力，也不具有预先设定的证明力，其需要经过法庭质证、认证之后才能作为定案之根据。鉴定结果要还原案发真相，又包含鉴定人一定主观因素，鉴定人出庭接受询问可以为庭审各方释疑，因此鉴定人出庭成为判断鉴定意见证明力的有力途径。同一案件，不同的鉴定人可能得出不同的鉴定结果，鉴定人不出庭导致的后果是严重的，不仅鉴定资格、鉴定过程无法受到审验，鉴定过程中外界因素的影响及来自外部的质疑也无从考问查清，非专业背景的法官面对极其专业、言之凿凿的书面鉴定意见，恐很难进行抉择。因此，为了使得鉴定结果得以释明，使得异议方的误会解除，使得法官自由心证更坚定，鉴定人出庭就显得额外重要。

其次，高度的专业性限制影响了鉴定意见的有效质证。为了解决鉴定意见有无证据能力以及证明力的强弱，需要强化法庭质证的实质化，将法庭调查的重心由示证转为质证，且要由形式质证转为实质质证。① 然而谈何容易，常言道"隔行如隔山"，作为"门外汉"的当事双方和司法人员，由于欠缺相关领域的专门知识，而只能沦落为对鉴定意见的"形式审查"，无法达成对其实质内容上的专业审查。我国法律规定了专家辅助人制度，专家辅助当事人进行庭审质证，或者对鉴定意见提出意见，但由于法律对此规定较为笼统，缺乏具体的操作细则，专家辅助人制度在实践中运用并不顺利。

最后，法官轻信、抵触、畏难等情绪导致了对鉴定意见质证的不重视。法律规定了可以要求鉴定人出庭，然而鉴定人出庭率在实务中却并未增高。

---

① 参见张青、王煜：《司法鉴定人出庭制度研究》，载《医学与法学》2018年第5期。

这一方面有法官的抵触情绪在里面，另一方面也是担心起不到实质对抗的效果。我国实践中的鉴定人出庭质证，尚未做到因疑而问、问以解疑、问以证疑的目的。① 并且，实务中，法官在鉴定人出场情况下应怎样把控庭审、如何组织并引导询问，都因没有具体操作规范而对法官自身素质提出了较高的要求，法官面对临场突发的变故、捕捉双方的争议焦点、临时组织辩论对抗等都具有畏难和抵触心理，这都直接影响了鉴定意见庭审质证的组织和开展。②

第三节　鉴定使用与管理之间的衔接问题③

随着依法治国方略的不断推进，"打官司就是打证据"的法治观念深入人心，鉴定意见被当作科学证据引入诉讼程序以解决纠纷，其在诉讼中的作用越来越受到各方的重视。然而，现实中随着法治化进程和诉讼制度改革的不断推进，在诉讼中逐步出现了"泛鉴定化"的倾向，诉讼各方都喜欢将疑难问题推给司法鉴定，这就对司法鉴定的管理和使用提出了更高的要求。在实务中，由于司法行政机关与审判机关之间缺乏信息共享机制，管理与使用之间相互脱节，鉴定监管出现空白状态，这导致"久鉴不决""多头鉴定"等一系列的现实问题发生，影响审判实效、浪费诉讼资源的同时，也极大遏制了司法鉴定行业的健康发展。为充分发挥司法鉴定在审判活动中的积极作用，建立健全司法鉴定管理与使用两者之间的衔接机制就被提上工作日程。

一、健全司法鉴定管理与使用衔接机制的法治背景和现实情况

早年间，公安司法机关内部设立的鉴定机构与社会化的司法鉴定机构齐头并进、百花齐放，其时"多头管理""系统条管"的弊端一直备受争议。自上而下开始的司法体制改革，对司法鉴定的管理体制也多有关注。2004 年底，

---

① 参见何家弘：《从应然到实然——证据法学研究》，中国法制出版社 2008 年版，第 207 页。
② 参见张勇、钱岩：《鉴定人、有专门知识的人出庭制度构建——以天津市法院系统实践探索为基础》，载《法律适用》2018 年第 19 期。
③ 本节相关内容已先行发表，参见宋方明：《建立健全司法鉴定管理与使用衔接机制研究》，载《铁道警察学院学报》2019 年第 2 期。

中共中央转发了《中央司法体制改革领导小组关于司法体制和工作机制改革的初步意见》，其中提出了"建立统一的司法鉴定管理体制"的改革目标和基本要求。2005年2月28日，全国人大常委会颁布了第一个关于司法鉴定的法律文件——《关于司法鉴定管理问题的决定》，该决定确立了建立统一的司法鉴定管理体制的基本框架，同时也禁止人民法院和司法行政机关设立司法鉴定机构。

然而，由司法行政机关统一管理司法鉴定工作的体制并没有完全贯彻下去，侦查机关内部的鉴定机构因"侦查工作的需要"而得以保留，侦查机关内部的实质管理与司法行政机关的备案登记并存。2016年，党的十八届四中全会通过了中共中央《关于全面推进依法治国若干重大问题的决定》，再次重申"健全统一司法鉴定管理体制"的重要性。2016年10月，最高人民法院和司法部联合出台了《关于建立司法鉴定管理与使用衔接机制的意见》，积极鼓励各地根据管理和使用实践先行建立衔接性的工作机制，发挥司法鉴定服务保障作用的同时，促进司法公正，提升审判质量和效率，维护当事人合法权益。

2017年7月19日，中央全面深化改革领导小组审议通过了《关于健全统一司法鉴定管理体制的实施意见》，并指出要适应以"审判为中心"的诉讼制度改革，完善工作机制，严格执业责任，强化监督管理，加强司法鉴定与办案工作的衔接，不断提高司法鉴定质量和公信力，保障诉讼活动顺利进行，促进司法公正。2017年10月，党的十九大的召开，进一步强调全面依法治国是中国特色社会主义的本质要求和重要保障，要继续深化司法体制改革，努力让人民群众在每一个司法案件中感受到公平正义。2017年11月22日，司法部出台《关于严格准入严格监管提高司法鉴定质量和公信力的意见》，希望采取有效措施，在司法鉴定行业形成从严治鉴、严格监管的态势，全面提升司法鉴定质量和公信力。

当前时期，我国司法鉴定行业在蓬勃发展，据统计[①]，截至2017年底，全国经司法行政机关登记管理的鉴定机构达到4338家，鉴定人近5万人，全年共完成各类鉴定业务227万多件，业务收费约40亿元。在全部的鉴定机构中，从事法医、物证、声像资料和环境损害"四大类"鉴定业务的超过总数的60%，达到2606家，这其中包括业务范围既有"四大类"又有"其他类"的综合机构327家，如图1所示。从案件业务数量来看，"四大类"鉴定业务

---

① 本节所有统计数据均来自党凌云、张效礼：《2017年度全国司法鉴定情况统计分析》，载《中国司法鉴定》2018年第3期。

量达到总数的 92.49%，"其他类"业务量只占 7.51%；但从业务收入来看，"四大类"业务收入占比 77.41%，"其他类"业务收入达到 25.59%。

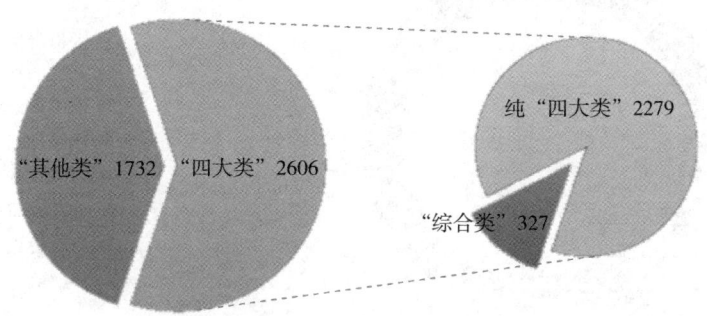

图1　2017年"四大类"与"其他类"鉴定机构数量比重

2017年的司法鉴定业务总量，如果按委托主体进行区分的话，公安机关委托的业务最多，达 41.08%；其次，个人委托的业务量占 27.99%；接下来，是法院委托的，占 21.05%；检察院委托的最少，占 1.01%。总体来看，公检法三机关委托的鉴定业务达到总量的 63.14%（如图 2）。

2017年的司法鉴定业务总量，如果按涉案种类来划分的话，民事诉讼中委托司法鉴定业务最多，占比超过 40%；行政诉讼中委托司法鉴定数量最少，不到 1%。三大诉讼中委托司法鉴定的，共占总数的 54.65%（如图 3）。

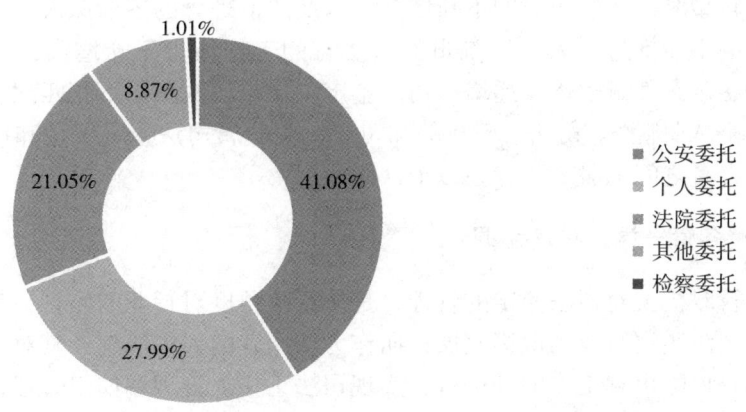

图2　2017年鉴定业务按委托主体区分的分类占比

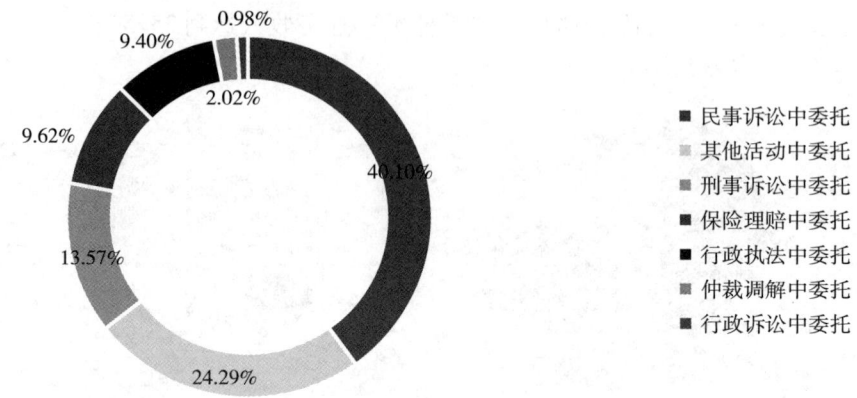

图 3　2017 年鉴定业务按涉案种类区分的分类占比

2017 年，各省级司法行政机关共受理鉴定投诉举报 1624 件，其中涉及鉴定机构 806 家、鉴定人 1229 人。从鉴定业务总量来看，投诉发生率为万分之 7.1，其中，"四大类"鉴定的投诉发生率为万分之 6.6，"其他类"鉴定的投诉发生率为万分之 14.3。这其中符合受理条件的有效投诉共 1079 件，占投诉总量的 66.44%，经查证属实的有 229 件，占 21.22%。

二、当前司法鉴定管理与使用脱节的原因

当前转型时期纠纷矛盾的不断增多，以及法治理念的逐渐深入人心，全国司法改革的不断推进，人民法院员额内法官的工作体量不断增大，与之相应的，司法鉴定案件量也逐年递增，司法鉴定工作与司法工作不相匹配、衔接不利已是"痛入骨髓"。司法行政机关和司法机关分属司法鉴定管理和使用的两端，造成二者之间的脱节，存在以下众多原因：

（一）各管一端，缺乏协调

司法行政机关对司法鉴定的管理，是从行政角度对行业的监管，其终极目的是促进司法鉴定行业的健康发展；而作为使用者的人民法院，其对司法鉴定的期望，是保障审判工作顺利进行，实现司法正义。管理端如何管理，并没有考虑使用端的感受，只是一味地按照行业规则进行管理；使用端不断地使用或弃用，也忽视了提醒、督促管理端改进、完善其管理之责。比如司法行政机关编制的鉴定机构名册，只是出于行政许可和行政管理的需要，列出鉴定机构专

业门类，却忽视了法院委托鉴定的需要，忽视了鉴定能力和鉴定资质的审查要求，忽视了不同案件中对鉴定机构的选择是有所区别的。

（二）法律空白，乱象滋生

在法医类、物证类、声像资料、环境损害"四大类"司法鉴定之外，法律规定可以根据诉讼的需要，由司法部商最高人民法院、最高人民检察院确定其他应当实行登记管理的鉴定事项。正是因为"其他类"鉴定业务的法律空白，导致很多鉴定门类先行"野蛮"生长起来。诉讼的多发性和多样性，导致很多专业的问题层出不穷，而管理上的空白，滋生了许多适用上的"乱象"。

（三）准入过低，监管较松

作为鉴定服务的使用者，人民法院在鉴定使用方面是有点盲目的，毕竟准入、监管的职责都在司法行政机关。鉴定意见是法院认定案件事实、划分责任的重要依据，很大程度上影响着司法审判的公正性，这就要求提供鉴定的服务者必须质量过硬、资质过关。可是现实中，部分鉴定机构没有相应资质擅自超范围揽业务，尤其是那些界限并不明显的鉴定范围，比如损伤机制、致伤工具推断等，这需要法医大类下的鉴定人进一步授予法医病理鉴定资质。超限鉴定、违规鉴定、冒名鉴定等，这些"乱鉴定""瞎鉴定"现象，直接损害了司法鉴定行业本身的威严。这些乱象，固然有利益驱使的原因，更多的是管理端的"篱笆"扎得不够紧、监管不够到位。

（四）程序混乱，惩戒缺无

人民法院出于诉讼裁判的需要，往往需要鉴定委托、检材移交、证据审查等，而这些工作却经常因为相关专业人员和专业知识的缺无，而必须在司法鉴定机构工作人员的指导下帮助完成。在行业监管和惩戒力度都达不到的情况下，过于专业的领域就容易被钻空子，而司法工作就容易被"牵着鼻子走"或者说被干扰、影响过甚。比如，鉴定时机是否成熟、现有技术条件能否达到、鉴定委托是否失范、是否存在超限受理等，都会不免受到鉴定主体或多或少的影响，鉴定主体还经常在鉴定受理上"挑肥拣瘦"，"避难就易"。这时，由于鉴定工作并未实质开始，作为鉴定管理者的司法行政机关由于"事前监管"措施的不到位，而无法对这种种违规行为加以惩戒。

三、当前司法鉴定管理与使用脱节导致的现实问题

随着国家一系列相关法律法规的出台及社会各界的持续关注，司法鉴定行业可谓发展迅速，近年来业务总量不断扩大。随之带来的却是司法鉴定管理与使用两端脱节、鉴定服务供需失调、争议不断，实践中出现了一系列的问题。

（一）死亡鉴定启动难

司法鉴定的委托与受理是司法鉴定启动的前提，可在司法工作实践中，人民法院的鉴定启动常常遭遇"委托难""受理难"。这主要有两方面的原因：一是法官没有与时俱进地了解把握司法鉴定程序的要求。实践中发现，部分法院对外委托鉴定的委托书载明的委托事项、鉴定范围不明确，移交的鉴定材料不齐全，导致多次被鉴定机构退回，要求补充相关鉴定材料；有的法院委托送交的鉴定材料甚至未经过当庭质证，这一旦被鉴定机构受理，极易导致鉴定纠纷、重新鉴定；法院和鉴定机构之间沟通、协调不够，鉴定过程中出现的问题不能得到及时解决，影响鉴定顺利进行。二是司法鉴定机构存在"趋利避害"现象，对一些争议大或者风险大的案件不予受理。最为典型的就是医疗损害类的司法鉴定，各地法院审理医疗纠纷案件时都面临着鉴定机构可选择余地不多、耗时过长、程序不规范，且极易被鉴定机构不受理等问题。部分鉴定机构也都会进行风险评估，对于疑难复杂或风险较大的案件，鉴定机构惧怕"闹鉴"下的拒绝受理现象，这都将影响案件的正常审理。

（二）鉴定意见庭审质证效果不佳

鉴定意见作为法定的证据形式之一，其能否被法庭所采信，应当首要通过在庭审中进行质证来达到。然而现实中，却存在两座大山难以逾越：一是鉴定人出庭率非常低。尽管2012年刑事诉讼法修改之后，加强对鉴定人出庭和对鉴定意见当庭质证的要求，但实践中鉴定人出庭状况仍然不太理想，绝大多数案件鉴定人不出庭。诉讼中司法鉴定数量的逐年提升与鉴定人出庭率低下，正好鲜明地形成对照。二是法官对鉴定意见的过度信赖。部分法官将鉴定意见当作科学证据，盲目地加以认定，这造成实践中鉴定权和审判权的混淆。鉴定意见是证据的一种形式，对其采信的过程与其他证据一样，要经过法庭的审查判断，综合评价其证据能力和证明力，而不能对鉴定意见高度依赖，以鉴定权来

取代审判权，形成鉴定工作和审判工作的错位。

（三）"多头鉴定"与"重新鉴定"现象严重

正是因为对鉴定意见庭审质证程序的虚化，旨在加强庭审对抗的"鉴定人出庭"和"有专门知识的人出庭"制度并没有得到很好的实施，再加上法官专业背景的限制，难以对鉴定意见进行有效的实质审查，因而围绕鉴定意见产生的争议，往往诉诸再次鉴定，从而引发鉴定的不断重启，浪费司法资源。实践中，如果两次鉴定结果一致，往往还容易得到当事人的认可，怕就怕两次鉴定结果不一致，还得寻求第三次鉴定甚至更多次鉴定，这都极大影响诉讼的进行，这也是以鉴定重启取代庭审质证、以鉴定权干扰审判权的表现形式。尤其是刑事诉讼中，甚至可能出现在侦查、审查起诉、审判不同阶段，由不同办案主体分别、多次委托公安内部的、检察内部的或社会上的鉴定机构进行多次检验鉴定，"多头鉴定"与"重新鉴定"现象严重。

（四）鉴定名册管理混乱

2005 年，全国人大常委会通过的《关于司法鉴定管理问题的决定》第 3 条规定，"国务院司法行政部门主管全国鉴定人和鉴定机构的登记管理工作。省级人民政府司法行政部门依照本决定的规定，负责对鉴定人和鉴定机构的登记、名册编制和公告"。据此，法律明确将司法审判权和司法行政权分开，司法行政机关负责鉴定机构和鉴定人的监督管理、名册的编制等工作，法院负责鉴定意见的使用与审核，这符合法院审判中立和司法公正的要求。然而，实践中，司法鉴定"册中册""册外册"现象依然存在。有的人民法院在对外委托鉴定时，只挑选列入本法院鉴定名册的鉴定机构，而置司法行政机关编制的司法鉴定名册于不顾，这极易导致司法腐败的同时，也容易造成错鉴追究的不及时和空白，司法鉴定管理和使用存在较大的漏洞。

（五）对违法违规行为惩处不及时

正是因为管理和使用两端的脱节，使得司法行政机关的管理只是严把"入口关"，而对司法鉴定服务的质量不了解、惩处不及时。实务中，存在鉴定机构或鉴定人超限受理、分包鉴定、恣意收费索费、钱鉴交易、走穴执业等违法违规现象，这都将破坏司法鉴定行业的整体形象，损害司法鉴定行业的健康发展。司法鉴定制度是重要的司法保障制度，应当对鉴定主体加强监管，使其更好地服务于诉讼，避免监管空白。司法机关作为司法鉴定服务的直接使用者，应该更清楚鉴定主体提供服务的质量和效果，应当及时将相关信息反馈给司法行政机关，而不是弃之不理、任由发展。服务好不好，"消费者"更有话语权，必须从使用端加强对鉴定服务质量的监管，倒逼鉴定质量的提升。对于盲目追逐利益、"给钱就出"的鉴定机构和鉴定人，司法行政机关在加大惩处力度的同时，更要及时惩处。

第三章
域外死亡鉴定运行机制考察

域外两大法系不同的诉讼传统,导致司法鉴定制度有其一定的特征化,两大法系之间有显著区别。研究我国死亡鉴定之规制,需要对域外制度经验加以研判和借鉴,"他山之石,可以攻玉",希冀通过对域外两大法系死亡鉴定运行机制的比较考察,给本研究带来一些思路和灵感。

第一节 两大法系死亡调查体系概述

死亡鉴定附属于死亡调查(Death Investigation)系统,受法律传统的影响,英美法系利用公开的验尸官法庭(死因裁判法庭)进行死亡鉴定、司法讯问等传统,可谓影响深远。随着时代的发展和科技的进步,美国发展出专门的法医局,利用经受专业教育和训练的法医师进行死亡鉴定,这种更为中立、专业化的鉴定体制也是影响远播。大陆法系的死亡鉴定附属于刑事司法调查,主要针对涉嫌刑事犯罪的命案展开,其由检察官指挥侦查,相互制衡、协同推进的运行机制也具有借鉴意义。

一、英美法系的验尸官制和法医师制

验尸官原本是发源于英国的历史悠久的官职,起初是出于财政目的而非司法目的,近代以来,由其主导尸检和不明原因的死亡调查,并且对验尸官专业化资格的要求以及专业法医的参与,使得验尸官调查逐步专业化,英美法系死亡调查的验尸官制渐成传统。随着英国的殖民扩张,其验尸官制被移植到其众多的殖民地区。伴随着科技的发展,美国通过对验尸官制的扬弃,又发展出更为专业化的法医师制,于是,在美国出现了一幅悠久的验尸官制和新晋的法医师制并存发展的景象。

(一) 缘起英格兰的验尸官制传统

验尸官制在英国有其古老的传统，验尸官（Coroner）一词早在公元 900 年便已出现，原系由 Coroner（office of the crown，专为国王服务的官员）演变而来，始自 11 世纪英王威廉一世时期，至 12 世纪在英格兰及威尔士的每一个郡都任命一个 Coroner 以维护国王征税的权力。当时的 Coroner 负责调查暴力犯罪及不明原因的死亡，其职责是将对罪犯的罚金、没收物品追缴入国库。[①]

现如今，在英格兰和威尔士，验尸官是负责调查暴力、非自然死或猝死等死因不明案件的独立司法人员。"验尸官法庭"（Coroner Court）可进行"法庭调查程序"（Inquest），以决定何人死亡、何时死亡、何地死亡以及如何死亡。在英国，大部分的正常死亡是由诊治医师开立死亡证明后向"死亡登记处"（the Registrars of Deaths）登记。但是，如果有猝死情形，警察或医生应向验尸官报告，并且医师对其病人突然恶化而死亡的过程中觉得可疑，或者死亡登记处受理登记过程中发现有可疑情形的，亦会向验尸官报告。在英美法系实践中，尽管无硬性规定，但医师如果没有向验尸官通报有关非正常死亡的案件，通常会被认为是无知或鲁莽，而死亡登记处则依法承担着必须向验尸官通报有关非正常死亡或死亡证明书记录不全的案件。[②] 在英格兰和威尔士，无论是否为他人转介，验尸官都要对管辖区域内发现的尸体负责，然而多数的案件都是由医师、警察及公众转介给验尸官调查。医师开立的死亡证明书不被死亡登记处接受，则案件将会转介给验尸官。[③]

在判定死因过程中，验尸官可请病理专科医师（Pathologist）勘验并检验尸体外表，死者家属可申请医学专业人士代理在场。如检验结果认定死因并无可疑，则验尸官会通知转给死亡登记处进行死亡登记。如检验结果认定死因有可疑，则验尸官应决定是否实施尸体解剖，有必要的，须指定病理专科医师为之，并应与警方密切联系，与警方人员讨论采取之步骤。验尸官身为一位调查官员，有责任确保与死亡有关的原因和事实经过彻底调查，必要时须解剖尸体

[①] 参见朱富美：《科学鉴定与刑事侦查》，中国民主法制出版社 2006 年版，第 127 页。

[②] 参见［英］Richard Shepherd：*Simpson's Forensic Medicine*（Twelfth Edition），李俊億、陈颖柔译，台北合计图书出版社 2009 年版，第 33 页。

[③] 一般涉及原因有：开立死亡证明书的医师并非是从事治疗而引起死亡疾病的医师；死者在死亡后或在死亡前 14 天不曾被医师探视过；死因不明；死因似乎是由中毒或工业伤害所引起；非自然死亡，或因暴力或医疗疏忽或流产引起的死亡，或死者的周围环境有可疑的迹象；死者在手术操作过程中死亡或在麻醉恢复前死亡。

及进行毒物检验等。如解剖后决定要进入法庭调查程序（Inquest），验尸官便须要求警察提供完整的笔录，并依卷宗内之资料决定是否传唤证人或搜集证据。

在法庭调查程序（Inquest）中，应听取警方报告和相关当事人陈述，必要时包括警察陈述。倘若不是在医治中死亡，或者死亡时医师不在场，其死亡事实可以由其他人员与医师一起确认。此时，警察通常会调查死亡现场与周围环境，并将调查结果呈给验尸官或司法主管人员形成警方报告。验尸官可以传唤并询问证人，验尸官是第一顺位询问者，接着才由死者之父母、子女、家属或其他关系人的法律代理人等询问证人，验尸官法庭以公开程序进行，媒体亦可出席旁听。由于验尸官主持的法庭调查程序并非审判程序，故不生追究责任之目的，亦不能决定有关死亡的刑事或民事问题。① 由此可见，验尸官负责死亡调查及主持调查程序，以决定有无展开进一步犯罪调查之必要，至于英国检察署（Crown Prosecution Service），则是负责审核警方提供的证据，以决定是否足够将嫌犯移送起诉至法院。

令人称奇的是，尽管英格兰诉讼程序本质上采当事人主义，诉讼中由两造各自提出证据；但验尸官法庭却是采职权主义，依职权讯问，无对造当事人。验尸官法庭采公开程序进行，验尸官独立行使职权，在开庭时扮演主动调查证据之角色，而非证据之接受者，但应保持中立，不可卷入当事人纠纷。这一制度在世界上影响最为广泛，尽管近代以来的多次修正导致其面貌早已今非昔比，但时至今日除在美国部分州废除外，许多英美法系区域仍在实施这一制度，其主要优点可归纳以下三点：（1）有调查案情的独立办事处，不受来自司法或其他部门的干扰；（2）有传唤任何与案情有关的证人的权利；（3）有很高的尸体解剖率。②

---

① 参见朱富美：《科学鉴定与刑事侦查》，中国民主法制出版社2006年版，第128页。

② 像这样由验尸官全权决定解剖验尸的情形，在其他的国家因解剖条件比较严格，故不会发生。随着司法管辖区域的不同，解剖率也随之不同，在某些解剖率低的地方如我国会坚持一定要由专业法医才能检查尸体外表，进而决定解剖与否。并非说，经过解剖调查后，就一定能获得完整的、最终的答案，但往往是不解剖就无法确认死因及死亡机制。在英国有数据显示，经由医师判定的死因，在经过解剖调查后，至少有50%是不正确的。参见［英］Richard Shepherd：*Simpson's Forensic Medicine*（Twelfth Edition），李俊億、陈颖柔译，台北合计图书出版社2009年版，第34页。

（二）我国香港特区的死因裁判官制

我国香港特区也规定有验尸官制，但其将 Coroner 译为"死因裁判官"，Coroner Court 译为"死因裁判庭"，Inquest 译为"研讯"。1980 年以前，死因裁判官由裁判司兼任；自 1980 年起，由总督任命一名常任死因裁判官行使上述权力；1997 年之后，死因裁判官由香港特区首长任命，需具备律师资格，其任命须刊登政府公报。① 在香港，所有死亡事件，除由医生证明属于自然死亡外，均需由死因裁判官进行死因研究。死因裁判庭是特设的一个专责法庭，专门负责研究死者身份和死亡原因，其负责调查的死亡案件的范围主要有：（1）在本港因意外、暴力或在可疑情况下致死的事件；（2）突然死亡的事件；（3）在本港发现的尸体，或有人将尸体运入本港；（4）调查在狱服刑犯人和在押嫌疑人的死亡原因。②

死因裁判官可以单独开庭，也可以与陪审团一起开庭。如果死因情况复杂、意见分歧，需由陪审团参加协同研究。除非死因裁判官另有指示，否则死因研讯（Inquest）应当在法庭公开进行，分为强制举行及任意举行两种。对于官方羁押场所发生的死亡案件的调查，应当强制举行研讯，并且必须有陪审团的参加。③ 死因裁判官有权下令进行验尸或尸体解剖，但是，死因裁判庭与

---

① 香港《死因裁判官条例》第 3 条（由 1998 年第 25 号第 2 条修订）规定，死因裁判官的委任：（1）在符合第（2）款的规定下，行政长官可委任任何人为死因裁判官。（2）任何人除非具有资格可在香港或任何其他普通法适用地区的具有无限民事或刑事司法管辖权的法院执业为大律师、小律师或出庭代言人，否则不得获委任为死因裁判官。（3）根据第（1）款所作的委任须在宪报公布。

② 参见赵秉志主编：《香港法律制度》，中国人民公安大学出版社 1997 年版，第 646 页。

③ 香港《死因裁判官条例》第 2 条对"官方羁押"（official custody）进行了详解，指以下形式的羁留（不论合法与否）：（1）由警务人员或惩教署人员羁押；（2）由拥有法定逮捕权或羁留权的其他人羁押；（3）根据羁留令或拘押令羁留在由社会福利署署长管理、控制或负责行政事宜的感化院或羁留院；（4）羁留在根据《保护儿童及少年条例》相关条款而设的收容所；（5）羁留在《精神健康条例》所指的精神病院，并包括羁押在此等病院内；（6）依据《精神健康条例》相关条款所作出的监护（包括由社会福利署署长作出监护）。《死因裁判官条例》第 4 条规定了二十类应向死因裁判官报告的死亡个案，其中有四类涉及"被羁押人员死亡"，分别是：（12）受官方看管期间内死亡；（13）于有法定逮捕或羁押权之公职人员执行职务时死亡；（14）死亡发生在政府部门，该部门之官员有法定逮捕或羁押职权者；（15）精神病人在精神病院死亡的，或留置在医院接受观察的病人死亡的。

其他法庭不同，它不是进行争论的法庭，也不进行诉讼，它不是因指控某人导致死亡发生而开庭，而只是为了调查死亡的时间、地点、状况以及死者身份和死因，并负责将调查结果向香港律政司报告。①

一旦发生须报告的死亡事件，尸体将被送往医院或公众殓房（即停尸处或太平间）（public mortuaries）。殓房的病理专科医师（pathologist）将展开下述工作：（1）进行尸体外部检验；（2）向死因裁判官报告检验结果；（3）倘若死因已确定，则建议免解剖尸体，并要求签发埋葬或火葬命令；（4）倘若死因未能确定，则申请死因裁判官下令解剖尸体；（5）将警方对死亡事件之摘述交给死因裁判官。

死因裁判官研究病理专科医师的初步检验结果，如认为死因无可疑，得发出以下命令：（1）批准免将尸体剖验的命令；（2）埋葬命令；（3）火葬命令。死因裁判官倘若不能断定死因，则会：（1）命令解剖尸体，可任命任何受雇于政府、医院管理局或香港的大学的病理专科医师进行；（2）研究所提交的尸体解剖报告；（3）考虑是否需要进行调查程序（Investigation）；（4）若就个案认为有调查的必要，应由警方进行调查并向死因裁判官提交死亡报告；（5）审阅死亡报告并考虑是否进行死因研讯，可向专家咨询意见；（6）就死亡发生地点的不动产或处所，可签发进入及搜索之令状；（7）如决定不进行研讯，利害关系人可要求死因裁判官发给死亡报告。

死因裁判庭进行研讯之目的在于证明以下事项：（1）死者的身份；（2）死者何时何地怎样死亡；（3）死者是否死于谋杀、误杀、杀婴或鲁莽驾驶；（4）死亡证上应当记录的情况。死因裁判庭的裁决，只能针对上述事项，其中第（3）项必须由陪审团裁定，没有对第（3）项的裁定，就不能检控罪犯。死因裁判庭的裁决不能反映任何民事责任。死因裁判官得传唤死者家属、证人、适当之利害关系人、医务人员及专家出席研讯作证或提出文书。利害关系人得缴费用领取医学报告或其他技术报告。研讯开始后，由死因裁判法庭之官员或政府律师、死者家属、其他之适当利害关系人、陪审团及死因裁判官分别讯问证人，然后，死因裁判官总结该案，最后由陪审团或死因裁判官宣读裁判结果。

研讯时会需要验尸所获得的第一手资料，它直接关系到研究死因的结论是否正确，因此，验尸医师的资历非常重要。法律规定，负责验尸的医师必须具有病理学的执业资格和具备足够的化验设备。如果死因裁判官认为死因研讯后可能导致某人被检控，他必须就验尸医师的人选向警务处长咨询。

---

① 参见朱国斌主编：《香港司法制度》，河南人民出版社1997年版，第42页。

对于死因研讯的判决不能上诉，如果对该判决不服可寻求司法复查，对于证据不足或误导而作出的错误裁判可以推翻，法官也可以命令开始新的死因研讯。① 研讯完毕后，死因裁判庭要将调查结果向律政司提出书面报告。虽然法律规定死因裁判官有权签发逮捕令，但实际上很少使用，因为律政司有责任决定证据是否足以支持刑事起诉。死因裁判官如果决定对某个突然死亡或横死案件不进行调查时，也必须把材料呈送律政司，后者可以酌情要求其进行调查。死因裁判庭的调查报告，可以作为律政司和警方决定提起诉讼和进行侦讯的依据。②

（三）美国兼采验尸官制及法医师制

美国曾经是英国的殖民地，在死亡调查制度方面，各州过去一直沿袭英国的验尸官制，担任验尸官者不限于医师，但各州已经呈现出渐变为法医师制（Medical Examiner System）的趋势。因此，在美国，现如今存在三种死亡调查制度，即法医师制、验尸官制、法医师与验尸官混合制。美国在高密度人口区选择施行法医师制度，以病理专科医师作为侦查体系，法医师拥有侦查权；在美国偏远地区则施行验尸官制度，但执行解剖者仍是在病理专科医师监督下执行解剖的医师。③

有统计显示，④ 至 2004 年，美国各州采取的死亡调查体制如下：

（1）有 23 个州采取法医师制，其中，16 个州拥有集中的州法医师制（State Medical Examiner System），7 个州采取郡法医师制（County Medical Examiner System）。在施行州法医师制的地方，州与地方有监督隶属关系，即地方法医师办公室须受州法医办公室之监督协助，而施行郡法医师制的地方，则郡法医系统系独立机关，州相关单位并非其上级机关。

（2）13 个州采取郡法医师与验尸官混合制（Mixed County Medical Examiner and Coroner System），其中 8 个州设立州级法医办公室（State Medical Examiner Office），相当于州混合制，其他 5 个州属于州郡混合制。

（3）14 个州采取郡验尸官制（County Coroner System）。

---

① 参见甄贞主编：《香港刑事诉讼法》，河南人民出版社 1997 年版，第 12 页。
② 参见李昌道主编：《香港法律实用全书》，复旦大学出版社 1997 年版，第 612～614 页。
③ 参见我国台湾地区法务机构法医研究所：《2011 年研习先进国家建构现代化法医研究中心机构与运作模式报告书》，第 5 页。
④ Hickman M J, Hughes K A, Strom K J, et al. *Medical Examiners and Coroners' Offices*, 2004. US Department of Justice, Office of Justice Programs, Bureau of Justice Statistics, 2007.

（4）哥伦比亚特区有一个市级的法医师办公室（City Medical Examiner Office），类似州法医师制。

"二战"以后，美国的死亡调查制度经历了结构性变化，各州纷纷抛弃验尸官制改采法医师制，刻意强化了死亡调查者的职业地位。美国沿用的验尸官制一直饱受批评，英国验尸官多是由熟谙法医学知识的律师或专业的医师担任，但在美国的许多州里却没有资格限制，任何人均可经选举而担任验尸官，这些人既没有医学专业背景，又不具备法律专业知识。经过选举产生的验尸官，当然要考虑选民的感受，在美国进步时期的后期，出现了行贿现象和政党对验尸官办公室施加影响的传闻，社会也期待更加科学和专业的法医师来工作。① 并且，美国验尸官又常常雇用医院的病理科医师来执行解剖，后者因其缺乏法医学训练而被批评分不清枪伤出口及入口、头颅破裂是因跌倒或殴打所致、或可能疏忽重要的法医学物证等。② 社会对死亡调查的专业要求逐渐升高，验尸官制度逐渐有被法医师制度取代的趋势。至1877年，美国马萨诸塞州首先废止验尸官制，并采法医师制。由于民众不满由外行充任验尸官，该州开始向每个地区派遣一位医师担任法医师，调查猝死及非自然死，而不采选举方式。自此，Medical Examiner 一词开始被使用，有医师资格即可，不要求须受法医病理专科训练，法医师多由州政府法医委员会任命之。

现代法医制度雏形是至1915年始在纽约市建立的，该市制定法律要求纽约的法医师须具备法医病理专科医师（Forensic Pathologist）资格③，并应提供该法医师完善的设备、人力及毒物实验室以调查死亡事件。包括他杀、自杀、意外等在内的许多非正常死亡，甚至不寻常状况、可疑情形、特殊场所死亡（尤其是监管下死亡）都需要向法医师报告。大部分的法医局均有自己的调查员，方便与当地司法单位联络，如初步调查认定为正常死亡，则法医师会结案，如认为非正常死亡或其他情形则须送到法医局（Medical Examiner's Office）检验，包括进行解剖。各地负责验尸工作的法医委员会或法医局，其单位主管即首席法医师（Chief Medical Examiner），多通过选举产生或州长任命，并有任期。首席法医师对选民或州长负责，有权自行任命副首席法医师或

---

① 参见［美］S. 齐尔曼斯：《自杀的判定与医学鉴定》，载《国外社会科学》2006年第5期。

② 参见朱富美：《科学鉴定与刑事侦查》，中国民主法制出版社2006年版，第147页。

③ 现在美国的法医病理专科医师，在医学院毕业取得医生资格后，须接受至少四年的临床病理及组织病理的训练，其中包括一年的法医病理学及基本的解剖病理学（Anatomic Pathology）之训练。

法医师或病理医师（Pathologist）等。

美国的死亡调查体系迅速职业化，如今美国的法医师制度受到世界各国的推崇，其紧紧依靠法医调查体系（Medicolegal Investigative Systems）展开调查。该体系于司法授权之下在处理死亡案件方面有着自己的主要职责：（1）确定死亡的原因和方式；（2）对无名死者进行个人识别；（3）确定死亡时间或损伤时间；（4）从尸体上收集能证明（或反驳）有罪或无罪的证据，或者能确认或否认死因的证据；（5）记录尸体上损伤的存在（或无损伤）；（6）推断损伤原因；（7）记录目前的自然疾病；（8）确定或排除其他死亡原因或诱因；（9）如果案件进入审理，提供专家证言。[1] 法医师和验尸官都有着一定的法律权限，他们可以调查任何意外的、暴力的和可疑的死亡，他们并不完全依靠目击者的证明，而主要靠他们在调查现场收集到的第一手证据，法医师更是依靠医学的、科学的证据来提高死亡调查的客观性和公正性。[2] 但是，围绕着谁来控制死亡现场却引发了争论，通常情况下，法律赋予法医师或验尸官主要负责尸体及其周围环境，而执法机构则负责保护死亡现场，以及主要负责陈尸现场之外的外围情况。[3]

美国新墨西哥州法医师办公室（New Mexico Office of Medical Investigators）职责是负责该州专业死亡调查、开立死亡证明书、执行传染病侦测鉴定、协助司法单位犯罪侦查及法医病理教育训练，该办公室目前有8位具有法医病理专科医师资格之法医师，负责所有法医解剖工作。[4] 美国佐治亚州西北部的富尔顿郡于1965年4月首开先例废止了验尸官中心（Coroner Center），改而成立法医中心（Medical Examiner's Center），此后其他郡也相继效仿。富尔顿郡法医办公室职员组成共约40人，其中法医师8人。在羁押场所内的死亡是需要通报法医中心的死亡类型之一，富尔顿郡并无法律明文规定何种案件需要解剖，一切由法医师来裁定。死亡事件的典型处理流程如下：（1）法医办公室接收到死亡案件通报；（2）评估是否有法律授权及责任进行死因调查；（3）死亡现场勘查及调查；（4）取得死者的医疗及社会记录，或是所有可能造成死亡的任何信息；（5）尸体被运送至富尔顿郡法医中心；（6）如果死者身份不明，致

---

[1] Vincent J. DiMaio and Dominick DiMaio, *Forensic pathology* (Second Edition), Boca Raton: CRC Press (2001), p. 1.

[2] ［美］S. 齐尔曼斯：《自杀的判定与医学鉴定》，载《国外社会科学》2006年第5期。

[3] Randy Hanzlick. *Death Investigation*, CRC Press Inc (2006), p. 47.

[4] 参见我国台湾地区法务机构法医研究所：《2011年研习先进国家建构现代化法医研究中心机构与运作模式报告书》，第8页。

力于查明死者身份；（7）执行死后调查（相验或解剖），如有必要，取得检材以进行毒化等检验；（8）撰写正式的死因鉴定报告；（9）死亡证明完成；（10）永久保存死因鉴定记录以备将来使用需要，例如在涉及刑事或民事案件审判的证词，或保险于工人的赔偿和其他事项。

二、大陆法系的预审法官制和检察官制

欧陆国家早期普遍实行预审法官制，以兼侦查权与司法权于一身的预审法官来主导死亡调查的进行。这种起源于法国的制度，具有明显的区域性，主要局限于欧洲大陆。随着预审法官职权多重性弊端的显现，这与现代分权与制衡的法治理念径相背离，使得预审法官制屡屡成为各国长期以来司法改革争议的焦点。预审法官制度命运多舛，在许多大陆法系国家如日本、德国、意大利等纷纷被废除，继续保留下来的，也都被限制了侦查权而突出其预审的司法化。如今的大陆法系国家，更多的是强调检察官在侦破命案、尸检启动乃至预审调查等方面的主导作用，死亡调查步入检察官主导制。

（一）缘起法国的预审法官制之迁延

预审法官（Judge D'Instruction）制度发源于法国，由预审法官来确认犯罪事实、查证情节，集中所有迹象，力求证实作案人。[①] 早在1808年《法国刑事诉讼法典》这部号称资本主义社会的第一部刑事诉讼法典之中，就明文规定了预审法官制度，这一制度伴随着拿破仑的征伐被移植到整个欧洲大陆，至19世纪中后期，几乎所有的欧洲国家都确立了预审法官制度。预审法官制度的建立，与大陆法系国家职权主义的司法传统密不可分，国家职权主义的刑事诉讼模式更注重维护秩序和打击犯罪，而这仅仅依靠法庭审理是很难查明案情的，故而需要加强审前切实有效的侦查行为，直至"侦查中心主义"。

当今世界各国的刑事诉讼程序中，在法院正式审判前设置有预审程序的有许多，只是预审主体显著不同，有的国家由检察官预审，有的国家由警察预审，还有的国家由法官预审。预审制度起源于法国，而法国建立预审制度伊始便是由法官来负责预审活动，迄今已有200多年的坎坷历史。1808年，为了制约检察官之起诉权，法国在每个法院之中设立"审议庭"，由3名法官组

---

① 参见［法］皮埃尔·尚邦：《法国诉讼制度的理论与实践——刑事预审法庭和检察官》，陈春龙、王海燕译，中国检察出版社1991年版，第1页。转引自潘金贵：《预审法官制度考察与评价》，载《河南师范大学学报（哲学社会科学版）》2008年第2期。

成，其中一名预审法官，专司审查检方提交的刑案侦查结论，审查后再提交"审议庭"表决，表决结果只要一票同意即可通过预审进入正式审判，而3票皆反对则驳回起诉。至1856年，法国干脆撤销了"审议庭"而只保留预审法官，而预审法官由过去享有的单纯审查权演变为侦查权，预审法官成为与检察官一样拥有侦查权的重要主体。预审法官权力的迅猛扩张引发各方抨击，1880年，法国重新组建各级法院中的"审议庭"，重新回归的"审议庭"却今非昔比，预审法官独立于其外，"审议庭"不再参与预审活动而只是处理对预审决定不服之申诉，以形成对预审之制约。① 1958年在颁布现行刑事诉讼法典之后，法国的预审法官制度几经曲折甚至差点被废，但这一传统终归被保留下来，预审法官的职权被大大制约而检察官的职权却得以加强。但是，与当初设立预审法官制度的初衷②一直保持不变的是，对于重罪案件（如涉及死亡的命案等）必须要经过预审，有犯罪嫌疑的死亡调查一直都是预审法官来主导。法国的死亡调查体系明显有着转承衔接，对于有死亡发生、涉嫌刑事犯罪的案件，先由检察官指挥进行初步的侦查工作，完后由检察官将案件移交预审，预审法官接手后可以继续侦查、采取强制措施等，其可以领导侦查、指挥侦查甚至是亲自侦查。

其他大陆法系国家的预审法官制度，同样遭受了猛烈批判，预审法官权限过大、制约不足，同时拥有的侦查权与司法权本就相互矛盾冲突，严重违反法官中立、公正的刑事诉讼职能，这都使得围绕预审制度的司法改革成为各国面临的共同话题。大陆法系的典型代表国家，如日本于1948年、德国于1975年、意大利于1988年，纷纷废除预审法官制度，这些国家的死亡调查体系由此发生了重大变革。大陆法系的其他国家，典型如法国，即便保留了预审法官制度，也是纷纷通过司法改革限缩其侦查权限，而更加强化预审的司法化职能，将预审程序从秘密走向公开，从非对抗化走向对抗化。③

---

① 参见谢佑平、邓立军：《预审法官制度比较研究》，载《中国人民公安大学学报》2004年第5期。

② 创建预审法官制度的法国1808年刑事诉讼法，就是所谓的"重罪审理法典"，其又被称为"拿破仑刑事诉讼法典"。直至今日之法国，所有重罪案件（可能判处5年以上的有期徒刑、无期徒刑、死刑的案件）都必须经过预审法官的审查，另外还包括一些有必要预审的轻罪案件。

③ 参见谢佑平、邓立军：《预审法官制度比较研究》，载《中国人民公安大学学报》2004年第5期。

（二） 欧陆典型如苏格兰之检察官制

苏格兰没有英格兰及威尔士那样的验尸官法庭，而是由检察官负责从事死亡调查。对检察官而言，死亡案件最重要的是调查死因是否与犯罪相关，此举固然与英格兰的验尸官很相像，但不同的是，苏格兰的检察官一旦排除犯罪因素，便无须深究亡者的确切死因，而采验尸官制的地区则必须查明真正死因。① 苏格兰此举类同德、法等欧陆国家，死者先由医师等专业人士检验，如不能确定或怀疑死因及方式，再报告警方检验。警方必要时还需勘验现场，提取物证，然后把有关案情、现场勘验记录等呈报检察官，最后由检察官决定是否解剖，解剖由检察官任命的法医或各大学研究所的法医病理医师担任。苏格兰的检察官由独立机关检察总署（The Crown Office and Procurator Fiscal Service）之首长——检察总长任命，每一个郡法院之地区（Sheriff Court District）指派一名检察官。与其他大陆法系国家和地区一样，苏格兰的检察官在犯罪调查方面有很大的权限，其职责是接受警方所有刑事案件的报告，并指挥警方侦查。但是，检察官拥有更多的调查职权，比如在死亡案件中需要亲临验尸现场，并担负起现场调查任务。

苏格兰检察官调查死因，与英格兰和威尔士实行的验尸官制不同，并无公开的死因裁判法庭的调查程序（Inquest），但是显然受到它们的影响。在1895年之前，苏格兰的检察官和其他大陆法系区域一样，只负责对死亡现场进行检视，并决定是否进行尸体检验，但在1895年苏格兰颁布了《致命事故调查法案》（Fatal Accidents Inquiry Act 1895），从此检察官更加关注程序性的调查和启动等。目前，苏格兰适用的法律是《1976年致命事故和猝死调查法案》（Fatal Accidents and Sudden Deaths Inquiry Act 1976），依据该法案，一旦发生暴力死亡、非自然死亡、羁押中死亡、猝死等事件，苏格兰的地方检察官（Procurator Fiscal）将有责任进行死亡调查。死亡一般是通过警察、医生和死亡登记处报告给地方检察官，许多死亡案件被报告是因为没有人能够出具死亡证明书（Death Certificate）。在苏格兰，任何医师都可开具死亡证明书，但在英格兰，只有亡者死前最后诊疗或照顾的医师方可为之。检察官必须确认是否需要进行尸检，如果犯罪嫌疑不能排除的话，必须进行尸检。但是，大多数报告的案例，早期的调查初步排除了可疑情况，并显示死亡可能出于自然原因。检察官可以决定是否接受医师开具的死亡证明书，并有权决定尸检，无须家属

---

① 参见朱富美：《科学鉴定与刑事侦查》，中国民主法制出版社2006年版，第134页。

同意即可要求进行尸表检验或尸体解剖，解剖须由法医病理医师（Forensic Pathologist）执行。

苏格兰对于死亡案件的调查处理，除刑事起诉程序之外，尚有一项公开的"死亡事故调查程序"（Fatal Accident Inquiry），多在起诉后进行，亦可在起诉前举行，以决定起诉是否适当、应否开始。该程序可分为强制调查和裁量调查两种。根据苏格兰《1976 年致命事故和猝死调查法案》，死亡案件必须提交检察官的包括但不限于以下五种情形：（1）暴力死亡或非正常死亡（包括意外或自杀）；（2）猝死或死因不明；（3）死于监狱或警方拘留中；（4）被投诉的医疗或牙科事故死亡；（5）造成严重公共健康危险的工业死亡或传染疾病致死。[1] 强制调查有两种情形：一是死于职业场所；二是死于监狱或警方拘留中，检察官必须进行调查而无裁量权。其他情况下，是否进行公开的 Inquiry 程序，由检察官裁量决定。在一些公共事件中也可能会举行，前提是死亡引起广泛的公众关注，与公共利益攸关。此时调查之目的，也许并非为了发掘犯罪，而在于使社会大众得以了解死亡时间、死亡地点、如何发生以及可否预防，此谓之公共利益。[2] 对于裁量调查的情形，利害关系人（如死者亲属）可以提出调查的申请，检察官会对此申请进行斟酌。英格兰及威尔士之 Inquest 较注重非自然死亡，故因事故或自杀引起的死亡亦可能进行 Inquest 程序，但苏格兰之《1976 年致命事故和猝死调查法案》则以案件是否引起大众注意为首要，于是在 Inquiry 程序之外，有更多的死亡被调查，Inquiry 被应用的频率远不如验尸官制下的 Inquest，这是因为在裁量调查中死者亲属的意见被作为程序启动的重要因素考虑进去。

苏格兰检察官调查死亡案件，可指挥他自己的调查员及刑事局（Criminal Investigation Department）人员、警察，当资料搜集齐全后，检察官可决定是否进行解剖。苏格兰的解剖率远较英格兰低很多，这是因为检察官调查目的是排除犯罪及过失。因此当确定为自然死亡，或死因与犯罪及过失无关时，检察官通常会请医师签发死亡证明书。检察官也可以请"警察医"（Police Surgeon）进行初步勘验，以决定是否排除犯罪嫌疑。警察医本身就是执法人员，在司法机关内部服务，是在司法部门工作的刑事司法专家（Forensic Experts）。

---

[1] Medical Protection Society（MPS）, *the Procurator Fiscal and Fatal Accident Inquiries*, p. 1, advice correct as of September 2013.

[2] 参见朱富美：《科学鉴定与刑事侦查》，中国民主法制出版社 2006 年版，第 135 页。

三、日本兼采两大法系之法医制度

法医师制（Medical Examiner System）系第二次世界大战结束后的1946年从美国引入日本，被译为"监察医"，在日本建立了监察医制度。1948年在东京建立了监察医务院（即法医局，Medical Examiner's Office），是东京卫生局的附属机关，主要对东京23区发生非自然死亡的尸体进行行政解剖或验尸以查明死因。当时只在东京都、大阪、神户、名古屋、横滨五个大城市设有监察医，由地方长官指派，其最初就是针对犯罪嫌疑以及传染病、中毒、灾害或其他死因不明之嫌疑，为查明死亡原因而设立。① 除了少数大城市设有监察医务院外，其他地方的死亡调查主要依靠警察委托开业医师（medical practitioners）进行，但一般开业医师不能执行尸体解剖工作；当发现死因不明或疑与犯罪有关需要解剖的，则主要委托给医科大学或大学医学院所设立的法医学教研室。所以说，既有美国法医师模式的监察医制度，又拥有德、法等大陆国家类似的大学法医研究所的日本，其实行的是兼采大陆法系和英美法系两大法系的法医制度。

在日本，一般情况下，因病在医院或家中经医生诊治后死亡，死因已知的，原则上不必解剖，由医生开具死亡诊断书交付家属申请丧葬入殓事宜；医生需要了解病因的，经家属同意，可进行病理解剖，由医院病理医师进行；医生在检查尸体时发现为非病死（非正常死亡），该医生有责任向警察署报告，警察署会立即通知检察厅，由司法警察和检察官或检察事务官会同医师到现场勘验。② 日本对尸体的检验分为三种情况：检视、检尸和尸体解剖。死因不明的尸体，必须先进行检视，司法警察和检察官依据《日本刑事诉讼法》第229条执行"检视"，主要针对涉嫌有犯罪行为者为之。随后，医师根据《医师法》第19条、第20条执行"检尸"。当医师检尸后仍无法确定死因的，虽然与犯罪无关，但仍有解剖必要的，需要进行"行政解剖"，由警察医或监察医执行，前者——警察医依据《尸体解剖保存法》第7条原则应经家属同意，

---

① 目前只剩东京都和大阪两地实行日常的监察医制度，横滨和神户只进行检视工作，其他地区的监察医务院已经停止工作。参见唐泽英：《日本法医解剖法律制度及特点》，载《中国司法鉴定》2012年第5期；朱玉璋：《国外司法鉴定制度》，载《中国司法》2004年第6期等。

② 参见朱富美：《科学鉴定与刑事侦查》，中国民主法制出版社2006年版，第154页。

后者——监察医依据《尸体解剖保存法》第 8 条，不必经过检察官之授权和家属之同意。如果怀疑死因与犯罪有关，则属于司法解剖，依据《日本刑事诉讼法》第 168 条、第 223 条，由法院委托具有学术及经验者，通常都是由大学医学院的法医学科的教授或副教授解剖，并将解剖结果通知检察官及警察署。[①]

在日本，法医被称为法医学者，主要指医科大学或大学医学院法医学教研室教授、讲师和助手，日本的法医解剖主要由这些学者来完成。根据日本"从事解剖者必须有医师资格"的法律规定，这些从事法医解剖的工作人员都必须通过国家医师资格考试并取得医师资格。在日本，把法医解剖分为前述的行政解剖和司法解剖两个部分。行政解剖是指对不涉及刑事案件的异常尸体（包括原因不明的突然死亡、各种事故引起死亡的尸体）进行的解剖，一般由监察医或大学的法医学者实施行政解剖；司法解剖是对凶杀、伤害致死、过失致死等引起的死亡案件时进行解剖，一般由医科大学或大学医学院法医教研室的法医学者实施司法解剖。由于实施法医解剖的人员既不隶属警察部门又不承担现场尸体勘验的任务，且日本法医学教研室一般在每日 10 时至 15 时进行尸体解剖，为了不影响及时办案，日本设置了检视官制度（又称刑事调查官制度或"警察医"制度），检视官由具有刑事侦查经验的警官在接受法医学知识培训后担任，其担负起了沟通警察机构和法医机构、现场勘查与尸体解剖之间的桥梁作用。[②]

第二节　两大法系死亡鉴定主体比较

鉴定主体分为鉴定机构和鉴定人。其中，最重要的鉴定主体固然是鉴定人，鉴定意见（或专家证言）被划归为言词证据一类，其主要来源于鉴定人（专家）个体的主张或看法，于是很多学者将鉴定人等同看待为鉴定主体。但不可忽视的是，很多国家的鉴定案件都是以鉴定机构（或独立实验室）为委

[①] 参见朱富美：《科学鉴定与刑事侦查》，中国民主法制出版社 2006 年版，第 154～156 页。

[②] 参见孙业群：《国外司法鉴定管理体制和司法鉴定机构的设置》，载司法部司法鉴定管理局编：《两大法系司法鉴定制度的观察与借鉴》，中国政法大学出版社 2008 年版，第 249 页；霍塞虎：《日本法医尸体检验制度的现状与展望》，载《中国司法鉴定》2012 年第 5 期；唐泽英：《日本法医解剖法律制度及特点》，载《中国司法鉴定》2012 年第 5 期；张维东：《日本的检视官制度》，载《中国法医学杂志》1997 年第 1 期等。

托对象，机构统一受理后再分配给鉴定人进行鉴定。很多时候，鉴定水平的高低受鉴定机构资质条件、仪器设备、管理水平等影响很大，鉴定人身处其中也要遵循鉴定机构的指令。尽管英美法系很多专家证人以个体的形式存在，但终归是个案化，不具有普适性和推广性，也不代表未来高科技化、集团化、规模化的发展方向。最为关键的是，世界各国的鉴定管理体系，也主要是以鉴定机构为指向对象进行业务指导的，尤其是在越来越重视操作规程、技术标准、质量监控、投诉处理等的当今社会，鉴定机构不可避免地成为鉴定主体因素中的重要一环。

一、英美法系死亡鉴定机构概述

尽管英美法系的专家证人以个体的身份出庭作证，其所持的专家意见仅仅代表其个人的观点，但英美法系国家的鉴定机构仍旧存在且蓬勃发展着。随着科技的发展，英美法系国家的鉴定机构愈加集中化、规模化，其硬件和软件的水平都决定了专家证言输出的可靠性，亦影响着法庭对专家证言的采纳程度。

（一）英国的鉴定机构

英国在 20 世纪 90 年代进行了一系列的鉴定体制改革，最为显著的就是将两大鉴定机构法庭科学服务局（Forensic Science Service，FSS）和政府化学实验室（Laboratory of the Government Chemist，LGC）与官方相剥离，使之成为独立股份化的市场中介机构。1995 年 4 月又将全国七个大型法庭科学实验室收归内政部，由内政部、检察院、警察局共同成立的法庭科学管理委员会（设在内政部）进行统一管理，构建了典型的"集中型"管理模式，法庭科学管理委员会负责对全国司法鉴定工作进行决策和指导。① 英国的法院、检察院没有设置专门的鉴定机构。英格兰、威尔士和北爱尔兰属普通法系，施行的是验尸官制度，只有验尸官才有权决定尸体解剖，验尸官召唤的检验人员主要是大学法医学教师和临床病理医生。英格兰共有 11 所大学设有法医学鉴定机构，其中施菲尔德（Sheffield）大学的法医病理学科在大学之外与验尸官办事处共有一楼，称施菲尔德法医中心；在威尔士大学有威尔士法医学研究所；北爱尔兰的 Queen's 大学法医学系兼有政府和大学两种职能，被称为"北爱尔兰办事

---

① 参见孙业群：《中外司法鉴定管理体制比较研究》，载《中国司法鉴定》2004 年第 1 期。

处"（Northern Ireland Office），负责处理北爱尔兰所有的法医解剖。① 苏格兰属于大陆法系，施行的是检察官制度，只有检察官才有权决定尸体解剖。苏格兰内政及卫生部门在爱丁堡大学、丹迪大学、格拉斯哥大学和阿伯丁大学设有四个法医学鉴定机构，各法医学鉴定机构行政上由大学管理，经费由政府拨给。②

（二）美国的鉴定机构

美国仅在警察部门设有鉴定机构，但只是为它提供服务，由州政府直接拨款设立。美国的鉴定机构属于典型的"分散式"管理体制，从联邦一级到州一级，再到市、县一级都有许多大小不同、规模不等的法庭科学实验室，但是缺乏统一的管理和协调，各实验室在其所属政府的管辖下发展。鉴定机构管理体制的分散，却保证了鉴定机构之间的相互独立和互不隶属。但是，美国警察机构内部的鉴定机构不能进行法医学鉴定（主要指进行尸体解剖的法医病理学鉴定③），法医学鉴定由高等院校、科研机构或专门的法医局来具体负责。法医学鉴定机构是独立的，并不附属于执法机构，具有独立的法人资格，能够接受社会委托提供鉴定服务，能够独立地对外承担责任。专家履行法医学鉴定职能，不附属于任何法庭科学实验室或犯罪侦查实验室，也不受警察机构、高等院校及科研机构的管制，而是由统一独立的机构——验尸官办公室或法医局负责管理。④ 验尸官办公室属于政府部门。美国法医局的领导体制在各州也不完全统一，主要有三种形式：由当地警察局领导的警察法医局（并不对外提供服务）；由当地卫生局领导的独立法医局；由州、市政府直属领导的法医局。⑤ 佛罗里达州法典中规定，法医师可以自行决定或经州检察长委托进行检

---

① 参见杜志淳等：《司法鉴定法立法研究》，法律出版社 2011 年版，第 78 页。

② 参见陈俊生、包建明、吴何坚：《论司法鉴定机构及其设置》，载《中国司法鉴定》2010 年第 4 期。

③ 法医病理学是法医学科的重要分支，而在美国，法医病理学几乎等同于法医学，其法医物证学（法医生物学）和司法精神病学相对独立，从业人员所属机构与传统的法医学无关。参见常林、张海东：《论我国法医病理学学科定位、发展及法医病理学鉴定的主要问题》，载《刑事科学技术研究论丛》（第一卷），中国人民公安大学出版社 2006 年版，第 23 页。

④ 参见闵银龙、宋远升：《比较法视野下的司法鉴定制度的反思》，载《中国司法鉴定》2007 年第 1 期。

⑤ 参见王素芳：《诉讼视角下的司法鉴定制度研究》，上海大学出版社 2012 年版，第 46 页。

验、调查和解剖的案件范围。

二、大陆法系死亡鉴定机构概述

与英美法系专家证人制度不同，大陆法系国家普遍采取了司法鉴定制度，该制度与刑事审判制度几乎同时并存，肇起于尸伤检验。公元前44年古罗马凯撒大帝遇刺身亡，由医师安提斯底验尸，并提出23处刺伤，其中胸部为致命伤的意见，这一直被认为是最早进行死亡鉴定的实例。1532年的德国《加洛林法典》总条文219条，其中关于"鉴定"的规定就多达40条，其第147条规定，伤害致死的因果关系，可由外科医师作为证人，并要求他进行鉴定。① 随着时代的发展，包括法医学在内的多学科知识被广泛应用于刑事死亡案件，大陆法系国家的司法鉴定机构因更具科研性而尤显权威。大陆法系国家受职权主义诉讼模式的影响，其鉴定机构和鉴定人均须被授予法定资格。相比较刑事侦查的技术鉴定而言，在死亡鉴定方面，法医鉴定机构更具中立性。对大陆法系国家的鉴定机构进行考察，对我国鉴定机构未来发展模式更具有借鉴意义。

（一）法国的鉴定机构

在法国，除法医学鉴定之外的检验鉴定服务，大多是由警察机关内部的实验室提供的。法国的警察系统是一个典型的集中型系统，鉴定机构主要隶属各级警察机关，于是，法国鉴定机构的设置属于集中型管理模式。比较大点的警察局都配置有法庭科学实验室，这些鉴定机构都统一接受国家警察总局的领导。中央的国家警察总局设置有专门的司法警察局，负责指导和协调全国的犯罪侦查工作，其下设置一个国家司法鉴定中心，面向全国的警察机关提供现场勘查、物证检验和司法鉴定等方面的专业服务和技术指导。直属国家警察总局的巴黎警察局下面也建有两个大型的法庭科学实验室，分别是巴黎警察局中心实验室和专门的毒物学实验室，它们负责向巴黎及周边地区的警察机关提供司法鉴定等技术服务。法医学鉴定都是在大学法医研究所进行，由卫生部门统一管理，各个法医研究所的服务范围不完全相同。自1980年以后，在地区和城市的大医院设立区域法医学中心，由大学法医研究所统一协调，进行法医学鉴定服务。

---

① 参见杜志淳主编：《司法鉴定概论》（第三版），法律出版社2018年版，第23页。

(二) 德国的鉴定机构

德国警察机构设置有物证技术方面的检验鉴定机构,而检察院和法院则没有。联邦和州警察机关的鉴定机构互不隶属,联邦刑事警察局的鉴定机构为全国服务,州警察机构大多有自己的检验鉴定机构。这些刑事技术鉴定机构主要协助警察进行现场勘查、提取检材、收集样本等现场工作,也进行法医学鉴定之外的刑事技术鉴定,其鉴定人员都是技术专家而不是警察。德国刑事侦查中,侦查机构均不参与涉及死因等的法医病理学鉴定,而是就近委托法医鉴定机构。其法医学鉴定主要是在大学的法医研究所,德国是欧洲各国中设置法医学研究所最多的国家,研究所的经费主要来源于国家、社会和大企业的基金会。① 每个法医学研究所服务的人口为二三百万,另外,在有些大城市如汉堡,还设有市立的政府解剖机构。② 不同的法医学研究所之间,在专业范围、鉴定能力、技术水平等方面有所不同,某些专门的鉴定只能在有条件的研究所进行。

(三) 俄罗斯的鉴定机构

俄罗斯的国家司法鉴定机构非常发达,但内政部所属司法鉴定机构只接受警察部门和安全部门的鉴定委托,而其他部门司法鉴定机构的鉴定服务是开放的。国家司法鉴定活动的任务是通过解决在科学、技术等专门领域的问题,协助调查人员、侦查人员、检察官、法官等确定具体案件中应当证明的情节,而建立国家司法鉴定机构就是为了保障上述人员行使组织和进行司法鉴定的权能。③ 俄罗斯的国家司法鉴定机构的设置,由于历史原因而形成部门分布,比如典型的司法部司法鉴定中心和卫生部司法鉴定中心,但它们主要完成非本部门机关委托的鉴定任务,因而呈现出鉴定的独立性。司法部司法鉴定中心以物证技术鉴定业务为主,并不进行法医学方面的鉴定;卫生部司法鉴定中心主要进行涉及人体损伤或死亡的法医学鉴定,主要接受法院、检察院的委托,同时也接受政府机关、社会团体或个人的委托;现役军人发生的损伤或死亡案件鉴

---

① 参见陈俊生、包建明、吴何坚:《论司法鉴定机构及其设置》,载《中国司法鉴定》2010 年第 4 期。

② 参见杜志淳等:《司法鉴定法立法研究》,法律出版社 2011 年版,第 79 页。

③ 参见郭金霞:《〈俄罗斯联邦国家司法鉴定活动法〉评述》,载《证据科学》2015 年第 4 期。

定，则由国防部司法鉴定机构实施。① 俄罗斯的法医鉴定工作按照行政区域进行划分，如果本地区缺乏专门技术、必要设备和条件等，可由负责其他地区的国家法医鉴定机构实施鉴定。一些非国家法医鉴定机构的个人也可从事法医鉴定工作，例如高校法医教学人员或其他从事法医工作的个人，但他们做的法医鉴定工作仅仅占全部工作中的极少部分。②

（四）日本的鉴定机构

日本的鉴定体制呈现出多元化、分散的特点。日本的警察机关、检察机关和法院内部都设有鉴定机构，但是鉴定范围被严格限制。警察机关的鉴定机构主要负责现场勘查和物证技术方面的检验鉴定工作；检察机关内专设有检察技术官，负责通讯或物证检察技术工作；法院内的鉴定机构只限于交通事故鉴定等的情况鉴定。③ 日本的法医鉴定主要由监察医务院和大学的法医教研室负责。监察医务院是由政府设立的法医中心，只存在于五大都市区，即东京、大阪、神户、横滨和名古屋，主要负责自然死亡的行政解剖；而涉及刑事案件的司法解剖，要由大学的法医教研室负责，在日本的八十多所医学院校都设有法医教研室，大多由教授负责。比如在日本的东京都，负责其地区内自然死或非他杀案件的是东京都监察医务院，而负责他杀或非自然死案件的则是东京女子医科大学。④

三、两大法系死亡鉴定人的比较考察

鉴定人是实施鉴定的主体，也是鉴定意见的生成主体，其主体资格及诉讼地位直接影响着鉴定意见的审查和适用等一系列问题。本节试图通过两大法系对鉴定人角色的定位，继而对中外鉴定人的情况进行分析与比较，以期能对我国司法鉴定制度的改革，尤其是完善鉴定人制度方面有所裨益。

---

① 参见朱广友：《俄罗斯司法鉴定考察报告》，载《中国司法鉴定》2009年第6期。
② 参见［俄］伏·阿·克列夫诺夫：《俄罗斯联邦法医工作》，载2007年11月《中俄法庭科学技术高级研讨培训班专家讲课提纲》。
③ 参见王素芳：《诉讼视角下的司法鉴定制度研究》，上海大学出版社2012年版，第49页。
④ 参见我国台湾地区法务机构法医研究所：《2011年研习先进国家建构现代化法医研究中心机构与运作模式报告书》，第4页。

（一）鉴定人诉讼地位不同

作为鉴定活动中一个专门而特有的概念，鉴定人由于诉讼制度和法律传统的不同，在不同国家有着不同的角色定位。鉴定人的诉讼地位作为司法鉴定制度中的一个重要问题，它主要是指在诉讼过程（尤其是审判活动）中鉴定人所处的地位，即鉴定人的法律性质是什么。[①] 有的学者将其理解为，鉴定人是否应归属证人范畴的问题。[②]

在英美法系国家，鉴定人被称为专家证人，与普通证人没有严格区分，享有同等的诉讼地位。《布莱克法律词典》把"专家证人"解释为"因为其所具有的知识、技能、经验、受到的训练或教育等，有资格就证据或事实争点提供科学的、技术的或其他专门性意见的证人"。[③] 专家证人在法庭上主要以意见的形式作证，这属于证人证言的一种，称作"专家意见"。英美法系的证据规则限制证人在庭上的证言范围，普通证人只能就自己所亲身经历的事实作证，不能发表自己的意见，而专家证人则可以凭借自己的专门知识和经验，就案件中的专门性问题向法官或陪审团提出自己的意见。英美法系国家原则上奉行当事人委托制，即是否需要鉴定、进行何种鉴定以及鉴定主体选任等事项均由诉讼当事人自己决定。法官只在必要的时候，比如控辩双方或者一方申请时才予以裁决，在某些例外情况下，也可由法院指定鉴定人。美国的专家证人不具备官方身份，必须出庭作证，倘若不出庭，法官可对其适用强制措施。[④] 专家证人一般要为自己的诉讼当事人服务，在法庭上提供对其有利的证言，并要针对对方当事人的专家意见进行质询。[⑤]

在大陆法系国家，鉴定通常被列为一种专门的证据获取方式，其法律一般都明确地把"鉴定人"与"证人"区分开来，"鉴定人"作为与"证人"不

[①] 参见孙付：《中外鉴定人诉讼地位之比较》，载《华北电力大学学报（社会科学版）》2001年第3期。

[②] 参见宫万路：《鉴定人制度比较研究》，载何家弘主编：《证据学论坛》（第1卷），中国检察出版社2000年版，第69页。

[③] Bryan A. Garner, editor in chief, *Black's Law Dictionary (Ninth Edition)*, Thomson Reuters (2009), p. 1740.

[④] 参见闵银龙、宋远升：《比较法视野下的司法鉴定制度的反思》，载《中国司法鉴定》2007年第1期。

[⑤] 有鉴于当事各方委托的专家证人在法庭上争论不止，不仅不利于法庭发现事实真相，还有碍于诉讼效率，近年来，英美法系国家在借鉴大陆法系国家经验的基础上，开始强调鉴定人对法庭的责任。

同的概念被界定和运用。鉴定人既要具备解决专门性问题的专业知识和能力，又要受到诉讼法律的规范。鉴定人和证人都是独立的诉讼参与人，鉴定人不同于证人，但是关于证人的规定适用于鉴定人。鉴定人必须出庭，当庭宣读自己的鉴定意见，并接受法庭和当事人的质证。大陆法系对鉴定人的定位是"帮助法院进行认识的人"，其参加诉讼的目的在于弥补法官专门知识的不足，于是，在诉讼中，鉴定人的地位一般要高于普通证人。有时甚至被称作"科技法官"，如德国的学者认为，鉴定人提供的一般都是特别的知识或经验，在裁判作用上属于上位命题，而证人提供的则是具体的事实关系，在裁判作用上属于下位命题；法国学者则认为，鉴定人具有补充法官认识能力的作用，即属于"对象之评价"，而证人仅为法官提供认识资料，属于"评价之对象"。①

（二）鉴定人资格取得不同

鉴定人资格是其能够从事检验鉴定业务的先决条件，这是对其专业知识、职称学历、实践经验和工作年限等众多方面提出的综合要求。不同的诉讼制度，鉴定人的诉讼地位也不同，随之而来的，对鉴定人资格的赋予及审查认证等方面也有所不同。

在英美法系中，专家的资格是专家证言真实性、客观性的保障。法律并没有所谓鉴定资格的规定，也不会将鉴定权固定地授予特定的人或机构。原则上，所有受过专业教育或具有较高的专业技术水平的人，或基于经验具备特殊技能或知识的人，都有可能成为专家证人。② 对于死亡鉴定权限的归属，在机构和人员上并没有专门的限制，来自高等院校、科研机构或法医局的专家（多为法医病理学专家）在授权或接受委托后都可以进行。英美法系国家对专家证人资格的审查，主要是在法庭上通过交叉询问或质证的方式进行的，最终由法官或陪审团进行资格确认。专家资格的确认是一次性的，资格审查时强调实践经验，其优点在于能让法庭直接判断专家能力的适格性，双方当事人选择专家证人范围较广；缺陷在于可能会因资格确认而延缓诉讼、浪费诉讼资源，也可能会导致过于看重法庭经验而轻鉴定能力。③

---

① 参见宫万路：《鉴定人制度比较研究》，载何家弘主编：《证据学论坛》（第 1 卷），中国检察出版社 2000 年版，第 71～72 页。

② 这一传统似乎正在发生改变，英美法系也开始启动对鉴定人的等级管理，它们也意识到对法庭科学运作、法医学死因调查系统和科学工作者的认可、认证和执照颁发的重要性，但更注重对专业技术人员进行能力上的认证。

③ 参见郭金霞：《鉴定结论适用中的问题与对策研究》，中国政法大学出版社 2009 年版，第 186 页。

在大陆法系中，鉴定人因被认为是"法官的辅助者"而承担着"准司法"的职能，对鉴定人有着严格的资格要求。大陆法系的一贯做法，是对鉴定人集中统一管理的模式，按照行业的不同，分别登记造册，建立鉴定人名册。在诉讼需要时，法官可以从名册上选任适格的鉴定人进行司法鉴定，属于"事先审查"的鉴定人资格审查模式。由于鉴定人较一般证人为高的诉讼地位，对其资格有着严格的限制。他们一般都要求具备相关专业背景，只有受到良好教育且从事相关鉴定活动具备一定年限和经验者，再通过专门机构的考核和登记，方能具备鉴定人之资格。比如俄罗斯卫生部对司法鉴定人的资质有严格要求，从事死亡鉴定的鉴定人必须具备6年医学本科教育背景，外加2年以上的法医病理专业培训，才有资格申报卫生部颁发的资格证书，获得证书后才有资格在鉴定文书上签字。[①] 大陆法系国家在发现真实方面更加重视法庭的权力和诉讼的经济，对于疑难或社会关注的案件，典型如关涉死亡的案件，法官在选择鉴定人方面，会更加注重被选任者在专业领域内的声望和地位。

（三）鉴定人责任负担不同

鉴定人在依法进行鉴定活动，享有鉴定权的同时，必须严格遵守鉴定原则，认真履行鉴定义务，并承担相应的法律责任。一般认为，鉴定人责任是指鉴定人出具了错误的鉴定意见而产生的法律责任。[②]

在英美法系中，一般法庭实行当事人主义的对抗制，由于专家证人并不是中立的，在充分享有反驳询问和鉴定对抗权的前提下，如果因为出具错误的鉴定意见而败诉，完全是自作自受，谈不上追究专家证人的责任。在英国，这种情况正在发生改变，尽管其形式上保留了专家证人模式，但专家证人的诉讼地位和作用正逐渐转向大陆法系而加强其对法庭的责任。英美法系更加强调的是专家证人的出庭作证义务，如果没有充分理由，证人不出庭或不提供证言的，有可能被处以藐视法庭罪。但特殊的是验尸官法庭，它更多地具备职权主义色彩，验尸官依职权讯问，无对造当事人，委托专家强调公正性和独立性，专家出庭须征得法庭许可，并优先对法庭负责。

大陆法系国家对于鉴定人因重大过失而出具错误鉴定意见，给当事人利益造成损害的，实行"过错责任"原则，由鉴定人负责赔偿；对于鉴定人故意提供虚假鉴定意见的，则由主管当局给予鉴定人相应的处罚。如在意大利，如果鉴定人在工作中出现错误，可以进行更换，对于被更换的鉴定人，在传唤其

---

① 参见朱广友：《俄罗斯司法鉴定考察报告》，载《中国司法鉴定》2009年第6期。
② 参见张保生等：《证据法学》，高等教育出版社2013年版，第197页。

出庭为自己辩护后，法官判处他向罚款基金会缴纳 30 万至 300 万里拉的罚款。①

综合比较中外鉴定人情况的不同，可以发现：英美法系（以美国为著）缺乏统一授权管理，实行"鉴定人主义"，鉴定人资格多元，任何人都有可能成为专家证人，其诉讼地位与普通证人平等，也多倾向于为自己当事人服务；大陆法系国家实行集中统一管理的"鉴定权主义"，明确规定哪些人或机构具有鉴定主体资格，并录入名册，鉴定人拥有高于一般证人的诉讼地位，被视为"法官的助手"，其活动具有准司法性。

第三节　两大法系死亡鉴定启动机制考察

鉴于我国死亡鉴定启动程序中所存在的问题，需要我们对域外两大法系国家鉴定启动机制进行考察，比较分析它们的鉴定启动模式之利弊，以便更好地为我国鉴定启动模式之改进提供借鉴。

一、英美法系死亡鉴定启动机制

英美法系国家普遍采取当事人主义的诉讼模式，其权限配置重心倾向于当事人，当事人在诉讼中起主导作用，诉讼按照当事人的意志进行，因此鉴定的启动及委托一般由当事人自主决定。

（一）英格兰死亡鉴定启动机制

英格兰在 18 世纪以前，专家证人的程序启动权并非由当事人双方享有，而是由法院垄断，与大陆法系国家在鉴定启动机制上基本相同，后来这种职权式的专家证人启动程序与主流的当事人诉讼文化不相融，司法实践不再使用法院指定的专家证人，改由当事人双方自行启动专家证人程序，遂逐渐形成了英美法系当事人启动专家证人程序制度。② 在普通诉讼程序中，专家由当事人自主选任，法院对当事人自行启动专家证人程序一般不予限制，专家是当事人的证人，为当事人服务。但是，一旦涉及死亡的命案发生，在进入诉讼程序之

---

① 参见张保生等：《证据法学》，高等教育出版社 2013 年版，第 197 页。
② 参见郭金霞：《鉴定结论适用中的问题与对策研究》，中国政法大学出版社 2009 年版，第 205 页。

前，还有一个死亡调查程序，由验尸官负责调查涉嫌暴力死、非自然死或死因不明的死亡案件，"验尸官法庭"通过"法庭调查程序"以确定何人死亡、何时死亡、何地死亡以及如何死亡。尽管英格兰诉讼程序本质上采当事人主义，但验尸官法庭却是采职权主义，依职权讯问，无对造当事人。验尸官法庭采公开程序进行，验尸官独立行使职权，在开庭时扮演主动调查证据之角色，而非证据之接受者，但应保持中立，不可卷入当事人纠纷。验尸官制度在英美法系各国影响广泛，更因戴安娜王妃的死因调查而引发全球关注。

（二）美国死亡鉴定启动机制

美国继承了英格兰启动专家证人的程序传统，当事人对鉴定程序的启动拥有完全的自主权，对鉴定事项的决定和专家证人的选任，双方当事人拥有同等的权利。在美国，当事人启动专家证人程序，往往不是为了澄清争议的事项，而是为自己的案件遴选最佳的专家，进而选择有利的证言。根据《美国联邦证据规则》第706条可知，在专家证人同意的前提下，法官亦可以指定专家证人，此举意在对抗"选购专家"以保证指定专家的不偏不倚，其出发点有五：第一，当事人可能因为财力等原因无法获得专家的帮助；第二，当事人自行提供的专家证人，可能是最好的证人而非最好的专家；第三，在双方相互矛盾的解释同时出现情况下，陪审团可能无法决定谁更准确；第四，使用中立的专家有利于解决纠纷；第五，对当事人雇佣的专家存在不信任。① 尽管如此，法院也应当在指定专家时慎行指定专家证人的权力，因为当事人承担证明案件的主要责任，并且从实践来看，法官也确实很少行使该权力。

二、大陆法系死亡鉴定启动机制

大陆法系国家普遍采取职权主义的诉讼模式，因此，鉴定事项的启动及委托多由法官决定。尽管死亡鉴定之启动，亦多由法官掌控，但大陆法系各国之间又呈现出各自之不同。

（一）法国死亡鉴定启动机制

法国民事诉讼中鉴定的启动，受到成本与收益的价值衡量，对专门性问题在司法鉴定之前能用鉴真程序解决的，一般不会启动鉴定程序。根据《法国

---

① 参见王进喜：《美国〈联邦证据规则〉（2011年重塑版）条解》，中国法制出版社2012年版，第234页。

民事诉讼法典》第 263 条、第 265 条的规定，只有在经过验证或咨询仍不足以查明事实的情况下，才有考虑进行鉴定的必要性，而一旦决定启动鉴定程序，还需要说明其启动之必要性。① 法国刑事诉讼中鉴定的启动，一般由预审法官掌控，根据《法国刑事诉讼法典》第 156 条的规定，检察院和当事人均享有鉴定申请权而没有决定权，而预审法官除了可以依申请决定启动鉴定外，也可以直接依职权而决定启动鉴定，但是预审法官认为不应同意鉴定申请时，最迟应在收到鉴定申请起一个月期限内，作出说明理由的裁定。② 这表明，尽管检察院或当事人的申请并不对预审法官决定启动鉴定产生当然的约束力，但是仍旧在一定程度上存在制约机制，以"说明理由的裁定"来限制预审法官不启动鉴定的任意性。在法国，由警察、检察官和预审法官共同行使侦查职能，一旦发生命案（发现尸体而不论死因），警察闻讯后须立即报告检察官，并积极采取一切有效措施保护现场和尸体，进行初步勘验，警察须接受检察官的指挥，进行维护现场、搜查、提取证据等。检察官如果认为有必要的，也要前往命案现场，并可商请能够判定死亡性质的专家协助，有时检察官也可以委派指定的警官代替自己前往现场，指挥勘验。司法实践中，一旦发生死亡情形，一般都会进入预审程序，预审法官负责调查比较复杂、严重的案件，预审程序中往往需要划分责任事故而涉及死亡鉴定。为了避免案件久拖不决，预审法官对案件的调查一般会限于检察官要求调查的范围，但其认为有必要时，可以要求检察官扩大调查，但检察官有权拒绝，可以决定调查还是不调查。③ 在涉及死亡的命案等复杂案件中，预审法官与检察官之间明显形成一种相互牵制的作用。

（二）德国死亡鉴定启动机制

德国在诉讼法视野内将鉴定人视为"法院的助手"。德国民事诉讼中，由法官来决定启动鉴定程序，并且法官最终决定需要聘请的鉴定人及其人数。关于鉴定人的选任，有法官自行选任、法官要求当事人选任、当事人合意选任三种方式，但是就特定事项比如涉及死亡的鉴定，一般都交由法官自行决定选任，而无论是当事人合意选任，还是法官自行决定，鉴定人的人数均由法官来

---

① 参见杜志淳等：《司法鉴定法立法研究》，法律出版社 2011 年版，第 116 页。

② 参见《法国刑事诉讼法典》，罗结珍译，中国法制出版社 2006 年版，第 162～163 页。

③ 参见司法部司法鉴定管理局编：《两大法系司法鉴定制度的观察与借鉴》，中国政法大学出版社 2008 年版，第 233～234 页。

决定。① 与法国不同的是，德国刑事诉讼中的鉴定启动的决定权属于法官和检察官，而辩方仅有申请权。作为控方的检察官，一般可以自行决定是否启动鉴定程序，无须申请法院决定，但对于解剖尸体或掘出已埋葬的尸体，一般需由法官命令始得进行，只有在迟延进行有危及侦查结果特殊紧急之时，检察院也有权命令。② 法官如果有相关专业知识，对于普通的司法鉴定，也可不启动，但是鉴定的启动程序受到法律规定的限制，根据《德国刑事诉讼法典》第87条至第91条的规定，当验尸或解剖尸体有中毒之嫌疑时，是必须要聘请鉴定人的，可见死亡鉴定是依法必须启动的，不由法官和检察官自主决定。③

（三）俄罗斯死亡鉴定启动机制

在俄罗斯，调查机关、调查人员、侦查员、检察长、法院和法官均享有启动鉴定程序的决定权，实践中以侦查员行使启动鉴定程序的决定权最多，但同时法律又赋予了犯罪嫌疑人、被告人及其辩护人有效的鉴定申请权。在侦查员决定鉴定之后，法律要求其必须向犯罪嫌疑人、被告人及其辩护人说明，在指定和进行司法鉴定时他们所应享有的权利，如知情权、申请回避权、异议权等。如果他们对指定的鉴定机构有异议，可以申请其他鉴定机构进行鉴定，或者申请由其选择的鉴定人参加指定鉴定机构所进行的鉴定工作。④ 死亡鉴定与一般事项的鉴定不同，它具有强制性，根据《俄罗斯联邦刑事诉讼法典》第196条的规定，为了确定死亡原因，则必须启动相关死亡鉴定。对于涉及死亡的案件，侦查员应在发现尸体的周围进行现场勘验，同时应邀见证人、法医鉴定人参加，而在法医鉴定人不能参加时可由医生代替；但如进行尸体勘验或掘尸时，则必须有法医鉴定人的参加；同时，无名尸体必须进行拍照和指纹鉴定，且不许火化；必须从埋葬地点挖掘尸体时，侦查员应作出决定并通知死者亲属，如果死者亲属反对，进行掘尸勘验的许可须由法院发出。⑤

---

① 参见杜志淳等：《司法鉴定法立法研究》，法律出版社2011年版，第117~118页。

② 《德国刑事诉讼法典》第87条第4款规定："解剖尸体和掘出已埋葬的尸体，由法官命令；如果迟延就危及侦查结果，检察院亦有权命令。"《德国刑事诉讼法典》，宗玉琨译注，知识产权出版社2013年版，第48~49页。

③ 参见［德］克劳斯·罗克辛：《刑事诉讼法》，吴丽琪译，法律出版社2003年版，第263~264页。

④ 参见郭金霞：《鉴定结论适用中的问题与对策研究》，中国政法大学出版社2009年版，第208页。

⑤ 参见《俄罗斯联邦刑事诉讼法典》（新版），黄道秀译，中国人民公安大学出版社2006年版，第163页。

第四节　两大法系死亡鉴定实施程序规制考察

死亡鉴定的规范实施决定了其鉴定结果的可靠性，两大法系许多国家都设置了许多程序制约机制，力图从程序上排除各种非正常因素对死亡鉴定实施过程的干扰。比较考察两大法系死亡鉴定实施过程中的程序规制举措，有助于为我国死亡鉴定实施程序的完善提供借鉴和思考。

一、英格兰：验尸官可决定强制解剖及陪审团参与

在英格兰、威尔士及我国香港等地，验尸官作为一名调查官员，有责任确保与死亡有关的死因及事实得到彻底调查，验尸官有全权决定解剖与否的权力，必要时可启动尸体解剖及毒物排查等。验尸官一旦决定解剖，须指定适当的病历专科医师进行解剖。当验尸官怀疑死亡涉嫌犯罪情形时，应与警方保持密切联系，应与办案警员讨论须采取的步骤，如解剖后决定要进入"法庭调查程序"（Inquest），验尸官便须要求警察提供完整的笔录，并依卷宗内之材料决定是否传唤证人或搜集证据。一般情况下，验尸官有权决定陪审团是否参与"法庭调查程序"，但在验尸官法庭（死因裁判法庭），陪审团参与之情形并不多见，验尸官可以会同陪审团也可在没有陪审团参与的情形下进行"法庭调查程序"，这由验尸官依法或依个案情形而自主决定是否需要陪审团。但是，如果死亡发生在监狱或警方监管之下，以及死亡系因工作中事故所导致，则必须召集陪审团参与验尸官法庭，最终死因的判断需由陪审团决定。[①]

二、美国俄州：尸体解剖留待48小时异议期间

沿袭英格兰验尸官制的美国俄亥俄州法律规定，验尸官出于公众利益之需要而决定尸体解剖时，应在其接管尸体48小时后为之。公众利益之需要，是指警方侦办凶杀或疑似凶杀案件，或其他犯罪案件之调查，或为保护公众免予遭受公共卫生之威胁而有必要查明死因的情形。之所以预留48小时，是为了

[①] 参见朱富美：《科学鉴定与刑事侦查》，中国民主法制出版社2006年版，第130～132页。

给反对尸体解剖的死者亲友留出提出异议的时间，死者亲属及朋友可向法院提出禁止解剖之诉讼，并应将此诉讼通知验尸官，上述行为均须在 48 小时内完成。在必要、紧急之情形下，验尸官亦可以向法院请求免除 48 小时的等待期间，法院应通知反对解剖的死者亲友，必要时以电话通知，即便无反对解剖者，仍应尽可能通知全部亲友。若法院认为无死者亲友反对，或反对意见均已充分表达，或迟延将损及解剖之正确，或警方正朝死者系遭凶杀侦办并怀疑反对解剖者涉案，法院可准许验尸官的请求而免除 48 小时的等待期间。当然，如果在 48 小时期间内，没有死者亲属或朋友提出上述禁止解剖的诉讼，验尸官有权径行解剖。但是，上述 48 小时等待期间的规定，并不适用于凶残谋杀案、疑似凶残谋杀案、谋杀案、疑似谋杀案、过失致死案、疑似过失致死案，涉嫌这些命案时可不必预留 48 小时而直接尸体解剖。此外，验尸官还有权监督留置尸体，直至其与检察官、市警察局局长或郡警长会商决定无继续留置尸体以帮助查明正确之死亡原因时止。①

三、法国：预审法官对鉴定的指挥和监督

在法国刑事诉讼中，当事人只有通过预审法官才有权对鉴定活动的进展予以监督，无论哪一方当事人，即使是检察院，也不能干扰鉴定活动。根据《法国刑事诉讼法典》的相关规定，鉴定人在预审法官的监督下进行鉴定工作（第 156 条第 3 款）；鉴定人应当与预审法官保持联系，以完成其鉴定任务，并且随时向预审法官报告鉴定工作的进展情况，以便预审法官能够随时采取有效措施（第 161 条第 3 款）；由预审法官派人将需要由鉴定人检验的、尚未启封的、装有物证的封存件送交鉴定人，鉴定人可以开启封签并对物件重新进行检点（第 163 条）。鉴定人为了完成鉴定任务，可以接收不同的人作为情况提供的声明，但是鉴定人没有查找证人的强制权力，也没有强制证人作证的权力，不过鉴定人可以请求预审法官听取有益于查明事实的证人的说明，有必要时，鉴定人可以在场，因为《法国刑事诉讼法典》第 161 条第 4 款规定"在预审过程中，预审法官如认为有必要，始终可以由鉴定人协助"。各方当事人也可以对鉴定活动实施监督，根据《法国刑事诉讼法典》第 165 条的规定，各方当事人均可请求预审法官指示鉴定人进行特定的调查，并听取点名指定的

---

① 参见朱富美：《科学鉴定与刑事侦查》，中国民主法制出版社 2006 年版，第 149~150 页。

可能为鉴定人提供技术性情况的任何人的说明。① 法国检察机关可以派员到场，对于检察人员在场的，检察人员的意见及鉴定过程的有关答复均在鉴定人意见上记载。法国刑事诉讼中，并没有强制性规定要求对被害人进行鉴定时必须传唤被告人在场，这并不构成对被告人辩护权的侵犯。但在法国民事诉讼中，则采用了完全对审的原则，鉴定活动始终要求各方当事人到场，至少要传唤双方当事人到场，这是鉴定必经程序，否则程序违法会导致鉴定活动无效。②

四、俄罗斯：送交鉴定材料的程序规制

在俄罗斯，死亡鉴定是可以强制性指令进行的。根据《俄罗斯刑事诉讼法典》第196条的规定，为了确定死亡原因，司法鉴定是可以强制进行的。而进行鉴定，是需要鉴定检材和样本的，进行死亡鉴定就必须严格规制鉴定材料的送交。俄罗斯对送交刑事案件材料进行司法鉴定的程序进行了规制，并且对取得比较研究的鉴定样本也进行了相应的规制。根据《俄罗斯刑事诉讼法典》第199条的规定，在鉴定机构进行司法鉴定时，侦查员应向鉴定机构负责人送交关于指定司法鉴定的决定，以及进行鉴定所必需的材料；如果司法鉴定在鉴定机构外进行，侦查员应将指定鉴定的决定和必需的材料一并交给鉴定人，并向鉴定人说明相应的权利和责任；如果提供的材料不足以进行鉴定，或者鉴定人认为自己不具备进行鉴定的足够专业知识，则鉴定人有权退回决定不予执行。另外，根据《俄罗斯刑事诉讼法典》第202条的规定，如果有必要检查在一定的地点或在物证上是否是犯罪嫌疑人、刑事被告人以及证人或被害人留下的痕迹，侦查员有权向他们取得进行比较研究的鉴定样本，并制作笔录；在取得样本时，不得采用危及人员生命或健康或有损其名誉或人格的方法；关于取得样本的事项，侦查员应作出决定，在必要时，应在专家参加下进行；如果取得样本是司法鉴定的一部分，则由鉴定人进行。在这种情况下，鉴定人应在其结论中有所反映。③

---

① 参见〔法〕布洛克：《法国刑事诉讼法典》，罗结珍译，中国政法大学出版社2009年版，第430～431页；《法国刑事诉讼法典》，罗结珍译，中国法制出版社2006年版，第162～166页。

② 参见郭金霞：《鉴定结论适用中的问题与对策研究》，中国政法大学出版社2009年版，第219页。

③ 参见《俄罗斯联邦刑事诉讼法典》（新版），黄道秀译，中国人民公安大学出版社2006年版，第181～184页。

五、德国：验尸规制上升到刑诉法的重视

对于死亡鉴定，德国在其刑事诉讼法典中专门针对验尸、解剖尸体、解剖范围、解剖新生儿尸体、中毒排查等进行了规制，以显其重视之程度。根据《德国刑事诉讼法典》第87条至第91条的规定，尸体检验需由检察官或法官主持，在聘请专业医师在场的条件下进行，如果对于查清案情显然没必要的，也可以不聘请医师；解剖尸体应当由两名医师进行，其中一名必须是法医或相关背景的医师，尸体解剖不得交与死者生前最后治疗的医师，但可以要求其在场从病历角度予以说明；为了勘验或解剖的目的，法官还可以命令将已经埋葬的尸体掘出，在无特殊困难且通知不危及侦查目的情形下，应同时命令通知死者的一名亲属；尸体解剖前，应当先行确定死者身份，可以进行询问、辨认乃至检验等措施，有被指控人的，应当带其辨认尸体；在尸体状况许可条件下，需要解剖尸体的三腔，即颅腔、胸腔和腹腔；解剖新生儿尸体时，应特别注意检查是否产后死亡，是否发育成熟；存有中毒怀疑时，对在尸体内或其他地方提取的可疑物，应交由专门检验以查明死因。①

第五节　域外死亡鉴定运行机制评析

前四节分别从死亡调查体系、死亡鉴定主体、死亡鉴定启动和死亡鉴定实施四个方面，对两大法系国家死亡鉴定运行机制进行了比较考察，可以发现域外两大法系在死亡鉴定方面一些共性和特性所在。为了提炼出对我国死亡鉴定程序规制的有价值的信息点，在对域外进行比较考察的基础上，再认真进行总结、比较和借鉴，很有必要。

一、域外鉴定机构的设置特点

（一）鉴定机构设置分散

警察或政府机构大多设置有专门的鉴定机构，也有高等院校、科研机构、社会组织、私人机构等设立的面向社会服务的鉴定机构，政府投资的官办实验

---

① 参见《德国刑事诉讼法典》，宗玉琨译注，知识产权出版社2013年版，第48~49页。

室和私人投资的私营实验室交错并存。

（二）警察机关普遍设有鉴定机构

警察机关配属的鉴定机构并非按照行政级别层层设立，而是根据实际需要，适当集中地在某地区建立鉴定机构，以免受案不均、铺张浪费。鉴定机构的规模较大，管理规范，而在没有鉴定机构的警察机关内有专门的技术人员，从事现场勘验和简单的活体检验。部分国家的检察机关也设有鉴定机构，但法院设有鉴定机构的比较罕见，仅有日本，也仅限于情况鉴定。

（三）警察鉴定机构大多不能做死亡鉴定

绝大多数国家的警察机关内设的鉴定机构不能做尸体解剖，不能进行死亡鉴定，这需要转交高等院校、科研机构或专门的法医局来负责。不同法系、不同国家的死亡调查体系不同，大陆法系普遍由预审法官或检察官启动死亡鉴定，而英美法系的验尸官可决定尸体是否解剖继而转交中立的鉴定机构，设有专门的法医局、监察医务院的国家，这都是专业的死亡鉴定机构，实行集中专门法医鉴定，与其他门类的鉴定是分开的。

（四）鉴定机构及实验室具有中立性

绝大多数的鉴定机构及实验室具有中立性，具有独立的法人资格，能够对外独立地承担责任。以委托的方式提供鉴定服务，鉴定人不具备官方身份，一般以专家证人的身份出庭作证。少数的鉴定机构专为警察和法官服务，不接受其他任何单位和个人的委托，更不能从事营利性的鉴定。

（五）强化服务和规范管理

强化鉴定机构的独立性、公益性和服务性，同时引导鉴定机构走向规模化、集中化，打破地域限制，做大做强，联合使用。突出司法鉴定为诉讼活动服务的性质，因需而设，发挥效率。注重司法鉴定的过程管理，使其更加专业，更加准确可靠，以便更好地满足诉讼之需要。

二、域外鉴定人制度的比较与借鉴

（一）诉讼地位的并合式和分立式

英美法系国家的鉴定人归属于证人的范畴，对二者并不作区分，属于并合式。鉴定人被视为专家证人,其他证人则被称为一般证人,专家证人与一般证人在诉讼权利、诉讼义务和证据规则适用上存在不同。大陆法系国家的鉴定人与证人分立,两者都是独立的诉讼参与人,各自有独立的、不同的诉讼权利及义务。鉴定人和证人在专业知识、资格条件、证明手段等方面均存在差异。

(二)资质条件的鉴定人主义与鉴定权主义

英美法系国家往往对专家证人实行庭中审查与确认,确立其专家资格,这种鉴定人主义,并不将鉴定权固定地授予特定的人或机构,而所有具备诉讼所需相关专业知识、技能、经验、训练或教育的人都可成为专家。大陆法系国家对鉴定人资格实行庭前确认制,要想从事司法鉴定工作必须先行取得相关鉴定资格,否则无权从事相关的司法鉴定活动,这就是鉴定权主义。实行鉴定权主义的国家也往往采用鉴定人名册制,以便委托人选用,只有特殊情况下,才可以从鉴定人名册之外选任专家。

(三)鉴定人的权利和义务

受理鉴定后,鉴定人有权了解案情,查阅与鉴定有关的案卷材料,询问相关人员,查验鉴定材料。鉴定人享有独立鉴定权,对外不受来自外界压力的不当干扰,对内保持其独立意见,不搞少数服从多数。鉴定人还享有人身不受侵犯的权利,需要配套建立完善的鉴定人人身保护制度。鉴定人的义务主要是在规定时限内出具鉴定意见,对其鉴定意见负责;依法回避;妥善保管鉴定材料;保守相关秘密;依法出庭作证,以供法庭查证属实。

(四)死亡鉴定人的特殊资质要求

域外两大法系国家对死亡鉴定的条件要求,显然比一般的司法鉴定要严格。死亡鉴定人一般要求具备病理专科医师资格,必须经受法医病理专业训练,且要达到一定数量的尸检要求。死亡鉴定人大多来自高等院校、科研机构等中立性机构,不受侦查机关、司法机关、行政机关等左右。死亡鉴定的复杂性、独立性,往往会与侦查的紧迫性、诉讼的时效性相冲突。

三、英美法系死亡鉴定规制的特点

英美法系对抗式诉讼的传统,更主张案发真相会越辩越明,更追求诉讼双方的平等对抗、充分辩论,法官处于消极中立、居中公断的地位。英美法系的法官一般不亲自进行调查取证,一般也不主动干预诉讼双方的活动,更多以中立第三方的角色来"听审",在双方积极争辩中,对双方证据进行评断、确认,进而作出最终裁判。

(一)当事人自主委托鉴定

与英美法系当事人主义诉讼相对应的,是当事人自主委托鉴定制度,亦即当事人有权决定是否进行鉴定以及确定鉴定事项、选择鉴定主体。对于法庭争议性专业问题,法官原则上不得依职权决定进行鉴定活动。只有在特殊情况下,才可以由法官指定鉴定人。鉴定人并不需要提前赋予鉴定资格,其在法庭上类同于证人角色,被称为专家证人,其提供的意见为专家证言。

(二)专家证人的倾向性明显

英美法系中,专家证人(鉴定人)被视为当事人利益维护的科学辅助人。诉讼双方当事人均掌握启动鉴定的决定权,实质上是遴选证据,将对自己有利的专家证言(鉴定意见)作为己方证据来使用。专家证人必须出庭接受主询问和交叉询问,专家证人不出庭的可以强制其到庭,专家证人对其证言不承担法律责任。正是因为对专家证言的客观性引发质疑,目前倾向性趋势是赋予法官一定的鉴定权,必要时候,可以选择中立鉴定人进行鉴定。

(三)更注重专家的专业资质

英美法系并不将鉴定权授予特定的自然人或机构,任何具有专门知识的人都有可能成为鉴定人(专家证人),因此,参与审理案件的法官或陪审团更注重专家的专业资质。英美法系国家对充任鉴定人的条件没有具体规定,故而不一定要求专家证人必须受过高等教育或具有较高专业技术水平,即便普通的技工也可以专家的身份出庭作证,只要他们精通案件中的某一专业性问题即可,这要求专家具备一般人所不具备的专业知识或经验。专家的知识背景、从业年限、履职经历、出庭次数等,都可能被法官或陪审团所关注。

(四)法庭对鉴定意见不予审查

在英美法系国家,法官和陪审团并不对鉴定意见进行审查,只是通过诉讼双方各自聘请的专家进行庭审对抗,针对对方的专家证言(鉴定意见)提出各种技术上、程序上、标准化上的问题,进行的是一种对立面的技术监督体制。英美法系国家的法官,其主要职责是在法庭上"听证",以便确定最佳证据,一般不作询问和调查,法庭对鉴定意见不予审查。

四、大陆法系死亡鉴定规制的特点

大陆法系纠问式审理的传统,使得法官更主动地对当事人双方进行讯问,在法庭的举证、质证、认证过程中起到主导作用。尽管有的国家的检察官也可以启动鉴定,但显然法官有更大的权力主导鉴定的启动以及实施,法官根据诉讼的需要可以决定要进行鉴定的事项、选择鉴定主体,并对鉴定活动实施监督,法官最终也有权决定鉴定意见的取舍。

(一)依职权启动鉴定

鉴定人被法官视为"科学助手",其参加诉讼的目的在于弥补法官专业知识的不足,因此,鉴定的启动和鉴定人的选任均由法官依职权进行。部分大陆法系国家的检察官亦有权启动鉴定,但当事人一般只有鉴定申请权,而无最终决定权。鉴定人的诉讼地位高于普通证人,因为他们帮助法官来进行认证,并且鉴定人未按规定进行鉴定活动的,还有可能受到责任追究。

(二)中立鉴定

法官针对法庭争议的专门性问题来启动鉴定,中立性的法官委托鉴定,当然彰显司法鉴定的中立性。并且,死亡鉴定的鉴定主体大多来自中立性的社会鉴定机构,不依附于任何机关、团体和单位,不属于诉讼中的任何一方,鉴定机构之间也互不隶属,呈现出中立性鉴定的特征。鉴定人只对法庭负责,担负查明真相、事实认定的辅助责任,制度设计上也不会产生偏倚。

(三)鉴定材料法定程序化管理

鉴定人接受法庭委托从事鉴定活动时,其鉴定材料必须由法庭确认并给予提供。鉴定人认为有必要调查更多案情、检验尸体或勘验命案现场时,必须向法官提出申请且获批后方可进行。鉴定材料的流转受到诉讼法律的严格规制,确保真实可靠的检材和样本送交鉴定,以期鉴定结果的准确可靠。

(四)专家辅助对抗

诉讼中任何一方均可聘请专家辅助人(或技术顾问),参与鉴定活动乃至庭审活动。专家辅助人只能向鉴定人提出专业性建议、尸检时代替当事人在场、监督鉴定实施及流程,但不得干扰鉴定人的独立鉴定活动。专家辅助人可以参加庭审质证,可以就鉴定人作出的鉴定意见发表自己的意见,其更主要的作用，在于辅助当事人增强专业性的对抗。

（五）鉴定意见影响较大

因为鉴定的中立性、准司法性，以及鉴定人的法庭辅助角色定位，鉴定意见一经作出，势必会对案件产生较大的影响。为了定案的准确性，法官一般均需要对鉴定意见进行审查判断，这就需要保障诉讼双方对鉴定意见充分质疑的机会，鉴定意见必须提交法庭进行质证。鉴定人经当事人申请而出庭，或由法官依职权决定而出庭，围绕自己作出的鉴定意见进行释明，回答法庭各方的询问。尽管法官坚持自由心证原则，可不受鉴定意见的束缚，但鉴定人和法官长期的合作关系，势必会对法官的审查判断产生一定的影响。

五、两大法系死亡鉴定制度优缺点评析

英美法系国家鉴定制度的突出特点在于"鉴定人的当事人化"，诉讼双方当事人掌握鉴定的主动权，可以各自自主选任本方的鉴定人（专家证人），这实质上是把鉴定人当作本方有利证据的潜在来源，可以通过证据遴选来选择自己中意、信任的专家，协助自己出庭作证。这种鉴定制度的设置，可以通过诉讼中双方当事人之间的竞争促进鉴定质量和效率的提高，可以借助处于对立面的双方当事人的相互制约机制，更加全面地揭示案件的客观事实。在程序上，能充分保障双方当事人平等的诉讼权利。但其也有自己显而易见的缺点，法庭上对鉴定人的交叉询问使得原本就烦琐的诉讼程序变得更为冗长，鉴定人当事人化所带来的鉴定意见（专家证言）具有极大的倾向性，一些品行不佳的鉴定人甚至有意识地提供虚假的鉴定意见，因此，人们对鉴定意见的客观公正性深感怀疑，这使得英美法系国家鉴定意见的权威性远不如大陆法系国家。英美法系国家一般把这种以当事人为主决定、委托从事的专门性鉴定，称为"法庭科学鉴定"。

大陆法系国家鉴定制度也凸显了其"纠问式"诉讼制度特色，法官主导性作用很强，鉴定由法官依职权决定，检材由司法确认后送检，鉴定人实行严格的回避制度。这一系列"准司法性"的举措，能够最大限度地保证鉴定的客观公正性，减少不必要的重复鉴定，节约诉讼成本，提高诉讼效率。对错误的鉴定意见可以追究鉴定人的责任，有利于保证鉴定意见的科学性、提高鉴定人的责任感。其不足之处在于，鉴定意见作为法定证据的一种，能在很大程度上影响法官的事实认定，甚至以"科学审判"代替了法官的自由心证。鉴定流程的诉讼控制，会影响乃至替代法官的部分职务活动，这直接影响了法官的

独立判断。鉴定人与法官长期合作建立的亲密关系，也被认为可能影响法官对鉴定意见取舍的情感因素。此外，当事人对法官指定的鉴定人仍然不够信任，但当事人只有鉴定申请权而无最终决定权，这也导致鉴定过程中的一些紧张性。大陆法系国家一般将这种由法官决定委托鉴定，并在鉴定中起主导作用的科学鉴定称为"司法鉴定"。

在死亡鉴定方面，两大法系都无一例外地更注重鉴定主体的独立性、中立性，甚至是公益性，比如美国由联邦或州政府直接投资的公立实验室，就明确规定不得进行营利性服务，其为司法活动提供服务收取一定的费用，主要是弥补仪器及耗材的消耗。死亡鉴定人（专家证人）资质方面，更加注重鉴定人的病理专科医师资格，须得经受法医病理专业训练，而这一重要资质的获取非常难得。警察机关的鉴定机构及实验室，一般都是从事物证技术方面的检验和鉴定，并不能从事死亡鉴定方面的服务，其鉴定人一般也不具备病理专科医师资格，也就不具备从事尸体解剖、尸体检验、死因分析等死亡鉴定项目的资质，但是关于中毒检验、DNA检验等实验室检验项目还是可以受理的。

第四章
死亡鉴定的影响因素及规制意义

鉴定意见作为一种法定的证据形式，由于是由专业的鉴定主体经过科学、严谨的流程而产出的结果，在诉讼案件的最后审判中，对于案件的定性乃至对当事人的生活都起着至关重要的影响。可是，死亡鉴定的过程受到众多因素的影响，为了把控鉴定意见的最终质量，需要系统分析这些影响因素，进而明晰死亡鉴定规制的必要性。

第一节 死亡鉴定的影响因素

死亡鉴定应对实务所需而产生，牵涉死亡相关问题的认定与判断，许多非正常死亡的案件，由于死因不明影响事实认定，并最终影响案件的处理。对于我国的死亡鉴定来说，目前发展尚不成熟，在具体的实务操作中，与影响司法鉴定的因素大体相似，这些影响因素需要我们进行厘清，并且有针对性地提出规制的建议。

一、司法鉴定的中立性

死亡鉴定并非特别的鉴定种类，主要关乎法医病理鉴定以及法医毒物鉴定等，这和其他的鉴定如文书鉴定、痕迹鉴定、声像资料鉴定、法医精神病鉴定等相类似，只有鉴定对象的不同。鉴定意见作为法定证据形式之一，在法官最后的判决中起着至关重要的作用。司法鉴定保持中立，是保证最后鉴定结果使人信服的关键所在。中立性是司法鉴定的固有属性之一，它的本质要求是使鉴定主体居中鉴定，对待双方不偏不倚，保持公平公正的态度，按照既有规定和鉴定要求去实施鉴定程序，最后得出相对公正、可信的鉴定意见。司法鉴定主体包括鉴定机构和鉴定人，他们保持中立性是司法鉴定保持中立性的集中体现。

（一）鉴定机构的中立性

鉴定机构是鉴定人依法执业的场所，是为诉讼活动提供科学鉴定的组织，它在诉讼中所处的地位决定了它必须具备中立性，即鉴定机构及其主管机关不直接参与诉讼，诉讼结果与其本身及主管机关无直接利害关系。① 中立性或者说第三方的地位，才能使得鉴定机构完全超脱于诉讼的过程和结果，这可以使其排除各种行政、人为等因素的干扰，用科学、客观的态度去开展鉴定工作。

鉴定意见作为法定证据形式之一，其客观性的保障条件之一便是鉴定机构的中立性。但是，根据我国目前的现状，鉴定机构的中立性并不能得到充分的保障。由于很大一部分的鉴定工作由侦查机关鉴定机构完成，侦查机关内设的鉴定机构对于设立部门仍然具有很强的依附性，这在一定程度上妨碍了鉴定机构充分独立的鉴定活动。当前实行的司法鉴定管理体制部门化，导致侦查机关鉴定机构的管理与社会鉴定机构归属诉讼第三方——司法行政机关管理不同，侦查机关鉴定机构需要服从部门管理，即来自公安机关、检察机关或国安机关的内部管理，而这些机关在相关诉讼活动中都扮演着一定角色。在这种部门化的司法鉴定中，职能机关既要制定鉴定规则，又要进行管理，同时还要对鉴定结果进行审查认证，于是鉴定机构很难充分独立自主地开展鉴定。②

（二）鉴定人的中立性

2005年9月颁布的《司法鉴定人登记管理办法》将鉴定人定义为"运用科学技术或者专门知识对诉讼涉及的专门性问题进行鉴别和判断并提出鉴定意见的人员"。在我国，鉴定人与证人、辩护人、代理人、翻译人员一样，都是独立地位的诉讼参与人。

我国的鉴定人既不是法官的"科学辅助人"，也不是当事人任何一方的"技术顾问、专家证人"，而是帮助司法机关解决诉讼案件中专门性问题的诉讼参与人，其在诉讼中应处于中立性的地位，不偏不倚，且适用回避制度。中立性要求鉴定人对法律负责，对科学负责，对所委托的鉴定事项负责。目前我国对鉴定人的管理体制尚未完全统一，这在一定程度上影响了鉴定人的中立

---

① 参见杜志淳主编：《司法鉴定概论》（第三版），法律出版社2018年版，第86~87页。

② 参见汤维建、王德良：《我国司法鉴定体制改革研究》，载《中国司法鉴定》2015年第5期。

性。鉴定人在诉讼活动中保持中立地位,是保障司法鉴定活动客观公正的内在要求,主要是基于以下四个原因:一是在司法证明活动中,保持中立地位是程序公正的要求;二是在进行科学技术活动时,排除人为因素的干扰,这是科学精神的体现和要求,也是保障结果客观真实的前提条件;三是程序正义的要求,按照"任何人都不能成为自己的法官"这一原则,司法机关不能既当裁判员又当运动员;四是作为一种证明和评价活动,保持中立地位是权威性的基本保障。①

二、鉴定主体的独立性

"独立性"与"中立性"既密切联系又有所区分,中立性主要指立场上的中立,在诉讼中不偏袒诉讼参与的任何一方;而独立性则主要指鉴定意见形成过程中的独立,不能因为受到其他不当的干扰而影响鉴定结果。独立性是中立性的前提和保障,只有在解决独立性的基础上,才能进一步谈中立性。中立性是对司法鉴定活动的更高要求,司法鉴定中立性是鉴定主体独立性的目的与价值追求,以实现鉴定结果的中立带动实现程序正义。司法鉴定的本质属性决定了司法鉴定活动应遵循独立性原则,独立鉴定是保证鉴定意见科学性、客观性的前提,对整个诉讼活动有着特殊的司法价值。

(一) 鉴定机构的独立性

鉴定机构在设置上应具有独立性,从理论上来讲,作为以产出结果来辅助事实认定的组织,鉴定机构不应当受到任何外在的干涉。独立性是鉴定活动准司法化的首要要求。当前,侦查机关鉴定机构没有独立的地位,在办公条件、人事安排和工资福利等方面都要受制于设立部门,这种内外牵制会损害司法鉴定的中立性。未来,也许我国会出现更多独立的、专门的国立鉴定机构,但基于目前国情,我们只能要求:社会司法鉴定机构必须是独立的法人组织,侦查机关内设的鉴定机构应当与侦查业务部门相分离;司法鉴定机构之间是平等的、独立的,相互间无隶属关系,鉴定意见不受相互制约和影响。②

---

① 参见霍宪丹主编:《司法鉴定管理概论》,法律出版社 2014 年版,第 13~14 页。
② 参见鲁跃晗、常林:《论我国司法鉴定独立性偏位的管控》,载《中国司法鉴定》2011 年第 6 期。

（二）鉴定人的独立性

鉴定人作为具体实施司法鉴定活动的当事人，其独立性对保障鉴定意见的科学性和准确性至关重要。事实上，司法鉴定的独立性更着眼于鉴定人的具体鉴定工作独立于委托人、鉴定机构的行政领导以及其他司法鉴定人，强调的是司法鉴定内部工作制度的客观性要求，鉴定人只根据自己对鉴定客体进行的科学检验和获得的数据出具鉴定意见，并由个人对鉴定意见的科学内容和潜在的法律后果负责。[①] 当前我国鉴定人员主要分为两类：一类是侦查机关内设鉴定机构的鉴定人，大多是专职从事鉴定，归属所在机关管理；另一类是社会鉴定机构的鉴定人，主要来源于医院、科研院所、高校以及其他组织，有专职也有兼职，在履行司法鉴定职能时统一归司法行政机关管理。从某种意义上说，相当大一部分鉴定人不具有独立性，鉴定人的独立性很大程度上依赖于鉴定机构设置独立性的实现。但是也有不同，诉讼活动中，鉴定人的中立性追求的是：鉴定人产生的随机性；不得单方面接触当事人；只限于了解鉴定直接相关的案情。而鉴定人的独立性更加强调的是：独立实施鉴定，不受其他因素影响；鉴定人对其所作出的鉴定意见负责；多人鉴定时有不同鉴定意见的，鉴定人有权注明。

三、鉴定能力的适格性

鉴定能力是鉴定主体具体组织或实施某项鉴定活动时的能力反映。对于鉴定机构而言，它的鉴定能力通常由鉴定人的能力、仪器装备水平、技术创新能力等因素组成的，同时也受到机构的发展定位、质量目标和管理水平的制约。而对于鉴定人而言，鉴定能力主要取决于其个人的专业知识背景、实践经验、执业水平等。鉴定能力直接决定了司法鉴定活动的质量，应当不断加强鉴定能力建设，提高鉴定水平。

多年来，全国各地司法行政机关厉兵秣马，不断推进司法鉴定队伍建设，司法鉴定行业由小变大，由弱变强，鉴定机构和鉴定人队伍日益壮大，但司法鉴定行业发展缺乏有效的总量控制，粗放型、外延式发展模式导致低水平重复设置，影响行业整体水平的提高。由于现行法律规定对鉴定主体的准入条件较为原则化，各地司法鉴定管理部门的理解并不统一，把关不严，导致某些地区鉴定机构布局不合理，数量多，规模小，仪器设备简单落后，鉴定能力低下；

[①] 参见张军主编：《中国司法鉴定制度改革与完善研究》，中国政法大学出版社2008年版，第98页。

部分鉴定人不具备从事司法鉴定的基本素质,专业知识背景薄弱,缺乏专业履历和专业经验的积淀;鉴定人才短缺而鉴定机构数量却过多,造成鉴定资源分散,出现恶性竞争、违规鉴定等不良现象,不利于鉴定质量的保证和鉴定事业的发展。[①] 我国在鉴定主体的准入资格评定时,以"能力适格性"为原则,即只有能力适格的鉴定主体才能取得鉴定资格,而丧失鉴定能力的应及时取消其鉴定资格,但目前我国鉴定主体的退出机制并不畅通。鉴定主体鉴定能力水平的参差不齐,是产生反复鉴定的客观原因之一,鉴定证据的客观性也会直接受到鉴定主体能力的影响。我国目前没有有效的考核、考查机制,将不具备"能力适格性"的鉴定主体进行淘汰,司法实践中只有通过反复鉴定来"纠错",这直接影响了司法鉴定行业的整体形象。

四、鉴定程序的规范性

从司法鉴定的启动到鉴定意见的生成,再到鉴定意见作为证据应用于案件审理,这需要相关主体一系列的程序活动来完成,这一过程是在诉讼视野下探求案件真相的活动,其必然要具备相当的规范性,如此才能为诉讼提供合乎价值和意义的证据。在整个鉴定程序中,无不充满着人的有意识的活动,而人的技术水平、知识经验、理解能力、认识能力、判断能力等均存在实际差异,因此对这一过程施加正当性的控制就显得尤为重要。[②]

鉴定程序是以诉讼法为依据,并由诉讼程序决定和衍生的活动,这其中牵涉各方不同主体,如申请者、决定者、委托者、实施者、监督者、举证者、质证者、采信者等,在鉴定程序的不同环节,不同主体的活动有所不同。笼统说来,鉴定程序应当分为三大部分:一是鉴定的启动,其中包括鉴定的申请、鉴定的决定和鉴定的委托;二是鉴定的实施,其中包括鉴定的受理、具体实施过程和鉴定意见的出具;三是鉴定意见的采信,其中包括鉴定意见的审查判断、鉴定人和专家辅助人的出庭、鉴定意见的质证及认证等活动。鉴定程序作为鉴定意见产出并接纳的过程,主观性因素贯穿于整个程序活动、裁判活动的始终,因此,如何保障鉴定活动中的主客观相一致,如何保障鉴定意见的质量,这都是鉴定程序规范性保护所关注的地方。作为一项科学实证活动,鉴定

---

① 参见霍宪丹:《加快中国司法鉴定制度改革发展的若干思考》,载《中国司法鉴定》2016年第5期。

② 参见郭金霞:《鉴定结论适用中的问题与对策研究》,中国政法大学出版社2009年版,第199页。

活动必须遵循鉴定操作规范，而作为诉讼程序的有机组成部分，鉴定程序又必须符合法律的规定，因此，鉴定程序的规范性将直接影响司法鉴定活动的成败，为保障最后鉴定意见的质量，有必要对鉴定程序施加严格的制约。

五、鉴定收费的公益性

基于司法鉴定保障诉讼的公共服务属性，对于鉴定机构而言，其开展鉴定工作不应以营利为目的，而应立足于服务司法、打击犯罪、维护社会秩序、促进司法公正。司法鉴定行业的健康蓬勃发展，一方面应当保证社会大多数成员能平等获得司法鉴定公共法律服务，另一方面还得保证社会大多数成员能够负担起司法鉴定费用，这就决定了司法鉴定收费应当定位于公益性服务费，而非商业性收益费用。[①] 然而在实践过程中，由于我国目前对于社会司法鉴定机构缺乏管理经验，将鉴定机构定位为市场服务主体和中介机构，缺乏相应的监管，放任其市场竞争，这就造成我国鉴定机构目前的状况不甚理想，最大的问题就是趋利化严重，把鉴定当成了生意。[②]

鉴定主体的逐利行为，严重搅乱了司法鉴定行业的正常秩序，不正当的竞争甚至使得行业内部引发"劣币驱逐良币"效应，使得优秀的鉴定主体被迫退出司法鉴定领域。因此，司法鉴定收费应当具有一定的公益性，可以采取国家主导、社会鉴定机构大力配合以及倡导社会积极参与的混合模式，积极发展司法鉴定公益事业，而在当前情况下，可以考虑建构全国统一的司法鉴定救助制度。[③]

六、鉴定意见的意见性

鉴定意见没有预定的证明力，虽然鉴定意见是在专业知识和科学技术的基础上生成的，但必须承认的是，建立在个人意见基础上的鉴定结果势必包含鉴定人的主观性判断。我国诉讼法律之所以将证据形式之一的"鉴定结论"改为"鉴定意见"，这两字之差就表明：一方面鉴定意见是一种判断或推论，这

---

① 参见李苏林：《我国司法鉴定公益性问题省思与改革探究》，载《中国司法鉴定》2019年第3期。

② 参见汤维建、王德良：《我国司法鉴定体制改革研究》，载《中国司法鉴定》2015年第5期。

③ 参见陈如超：《司法鉴定救助的实践性反思与制度改进》，载《甘肃政法学院学报》2017年第6期。

区别于实物证据对案件事实的客观呈现；另一方面鉴定意见具有主观性，须加以审查判断，其并不是权威的、不可置疑的"结论"。正所谓"仁者见仁，智者见智"，鉴定意见的得出是鉴定人主客观相作用的结果，这是建立在一定鉴定能力基础之上的反映。

鉴定意见是一种意见证据，源于具有专门知识的鉴定人的个人判断，这意味着对其进行审查判断的必要性和程序设计的特殊性。（1）鉴定意见是客观与主观相结合的产物，必须承认鉴定人在专门知识上的个体性差别。虽然依据的专业知识是科学、客观的，但是鉴定意见毕竟是由人作出的，必然要受其专业素养、鉴定经验、心理状态的影响和限制。对同样的问题，不同的鉴定人可能得出不同的鉴定意见，因而有必要秉承科学的态度去对待鉴定分歧，给予认真审查。（2）鉴定意见属于鉴定人个人的判断性意见，鉴定程序的设计必须保证鉴定人能够客观中立地进行鉴定，与案件不存在利益关系。这不仅要求鉴定主体具有合法的资质，还对其有中立性的要求，必要的时候，还存在鉴定人应当回避的情形。（3）鉴定意见具有言词证据的属性。尽管鉴定意见通常具有书面的表达形式，但它反映了鉴定人对特定专门问题的主观判断，它不是书证，不属于实物证据。鉴定意见的科学性、真实性和权威性，在很大程度上并不取决于其本身，而是依赖于鉴定人的主体属性、鉴定过程和判断能力。[①] 鉴定意见的意见性本质使其相对于其他证据更依赖于具有审查检测功能的诉讼程序设计，比如鉴定人出庭、适用专家辅助人、补充和重新鉴定等。

第二节　死亡鉴定规制的必要性

被誉为"科学证据"的鉴定意见一直是现代社会公认的发现真相的最有效手段，但其仍不免夹杂鉴定人的主观判断，还会受到各种外界因素的限制，而死亡鉴定意见对于死亡案件而言又非常重要，作为诉讼中的关键证据，我们需要在诉讼视角下加强对死亡鉴定的规制。

一、诉讼制度改革对鉴定证据要求的提高

2014 年党的十八届四中全会立足于全面推进依法治国、建设社会主义法治国家，提出了"推进以审判为中心的诉讼制度改革"这一重大改革命题。

[①] 参见陈瑞华：《鉴定意见的审查判断问题》，载《中国司法鉴定》2011 年第 5 期。

近几年随着制度、举措不断出台推进,"以审判为中心"的理念逐渐进入人们的视野,推进以审判为中心的诉讼制度改革,就是要确保侦查、审查起诉的案件事实证据经得起法律的检验。这一轮的司法改革,显然是要突出法院在纠纷解决中的主导作用,通过全面贯彻证据裁判规则,严格依法收集、固定、保存、审查、运用证据,完善证人、鉴定人出庭制度,保证庭审在查明事实、认定证据、保护诉权、公正裁判中发挥决定性作用。虽然这主要是针对刑事诉讼程序提出的改革项目,但是它对民事诉讼制度以及行政诉讼制度的改革都同样具有重要的指导意义。

证据是诉讼的核心,任何诉讼活动都要紧紧围绕证据的收集和运用展开,法律对于取证、举证、质证和认证都有严格的程序化规制。证据要想具有证据能力应当具有关联性、合法性和客观性,鉴定意见当然也不例外。关联性是说证据材料应当与案件有关联,如果缺乏关联性,则不是适格的证据,不可以进入诉讼,更不能作为定案的依据;合法性是证据得以正确运用的重要保障,刑事诉讼中的非法证据排除规则则是保障证据合法性的典型体现;客观性是指证据事实必须是随着整个案件事实的发生而出现、产生而存在,不以人的主观意志为转移。诉讼视野下对于证据的关注,在经历了神示证据、口供证据、物证证据阶段之后,现在又向科学证据——鉴定意见方向进行重心转移。鉴定意见是将专业知识和科学技术运用于司法纠纷的解决,是司法纠纷解决途径的重大突破,鉴定意见已逐渐成为胜诉的关键因素。以审判为中心的诉讼制度改革,必然会使得对鉴定证据采信的要求提高,必然会加强对鉴定意见关联性、合法性和客观性的审查判断,同时鉴定意见也必须要经过严格的举证、质证、认证程序,继而确定其证据能力和证明力。这需要不断完善司法鉴定管理体制,加强鉴定意见产出的程序规制,保障其作为证据的最终质量。

二、合理规避死亡鉴定意见主观性的需要

鉴定意见虽然在我国规定的证据种类中属于相对比较权威的证据,具有比较强的科学性,但是科学性并不能掩盖鉴定意见具有主观性的事实。死亡鉴定是主观性和客观性的统一,从认识论的角度看,死亡鉴定活动是一种认识活动,是对死亡的发生、发展、结果以及因果关系的深刻认知。鉴定人对鉴定材料进行分析,对诉讼争议焦点和真相探寻需求进行梳理,去伪存真,深入剖析,最大程度地还原死亡真相,并将自己形成的判断通过鉴定意见的形式表达出来,这一系列过程都渗透了鉴定人的主观因素。同时,鉴定结果还要受到鉴定主体技术水平、鉴定能力的影响,也要受到周围环境、仪器设备、鉴定标

准、鉴定程序、鉴定时间，以及当时的科技水平的影响，甚至鉴定程序中的其他各方参与主体都会施加影响，因此，鉴定意见不可避免地具有一定的主观性。

死亡鉴定意见的客观性是死亡鉴定活动的必然要求，也是司法鉴定的应有之义，离开了客观性，鉴定意见也就失去了价值。死亡鉴定意见的客观性主要体现在两个方面：一是待证的死亡事实的客观性，二是意见与事实的不可分性。死亡鉴定意见应该真实地反映和揭示死亡真相的本来面貌，不因客观条件的差异而在认识上产生偏差，死亡鉴定意见所依据的鉴定材料以及科学原理、科学方法都是建立在客观性基础之上的。鉴定意见的客观性是通过"两次发现"形成的，在第一次发现中程序性因素占有较大比重，鉴定材料在收集、保管、提供等环节的操作都应符合一定的标准，这些环节可能对鉴定意见的客观性产生巨大影响；第二次发现即鉴定人通过鉴定活动揭示事物本质的过程，在这一过程中，主观因素不可忽略。① 所以，必须合理规避死亡鉴定意见的主观性，而着重突出其客观性，保障其客观性，这就需要建立完善的内外规制体系，通过加强管理、统一标准、规范程序来规范死亡鉴定活动，实施全过程、动态化的质量控制。

三、司法实务对规范死亡鉴定活动的呼吁

虽然近年来围绕司法鉴定的改革举措不断，但是在鉴定实践中仍旧存在亟须解决的问题，这些问题的存在会直接影响鉴定意见的科学性和准确性。死亡鉴定是通过鉴定科学技术来揭示死亡真相的活动，鉴定人依法独立鉴定，在死亡鉴定活动及诉讼活动中保持中立，这是程序公正和实体公正的要求，也是保障鉴定活动客观公正的基本要求。而当前司法实务中，侦查机关鉴定主体"自侦自鉴""侦鉴不分"被诟病已久，"多头鉴定""重复鉴定""久鉴不决"等问题广泛存在，诸如"连丽丽猝死案""黄静裸死案"等案件都是动辄五六次的重复鉴定。当前司法鉴定多头管理之现状，需要在诉讼视角下加以规制，加强对死亡鉴定活动的规范。

在当下的实务环境中，尽管国家对于鉴定机构不断地加强管理控制，但是依旧存在不够规范的鉴定机构或者鉴定人。由于不够规范，一些小规模的鉴定机构很容易对于鉴定的实施过程放松要求，比如对于鉴定材料的提取、检验、保存缺乏严格的标准等。缺乏统一鉴定质量管控，选取的鉴定方法不科学，鉴定流程不规范，很容易造成鉴定结果的偏差。此外诚信机制不健全，鉴定主体

---

① 参见钱松：《鉴定意见质证程序的初探》，载《中国司法鉴定》2008 年第 3 期。

缺乏资质、超范围鉴定、虚假鉴定等引发大量投诉,并且"金钱鉴定""关系鉴定"以及"鉴定黄牛"等现象的存在,也在不断招致非议。因此,需要加强对司法鉴定活动的管理,严把鉴定人的执业准入关,加强鉴定工作流程的制度规范,建立诚信等级评估制度,健全鉴定人责任制,加强鉴定结果的质量管理,提升执业行为的规范化水平。

四、持续提高死亡鉴定工作质量的紧迫性

十八大以来,我国不断强调推进全面依法治国的建设,司法鉴定制度作为我国司法体制改革中的重要环节,应当值得我们的重视。对死亡鉴定进行规制研究的目的,就是要进一步完善和规范死亡鉴定活动,提高死亡鉴定工作质量,进而使其能够更好地推动司法体制的完善,适应社会发展的需求。在继续深化司法体制综合配套改革的要求之下,对涉及死亡相关问题的处置乏力,显得尤为突出,这需要我们不断加强对于鉴定质量的把控和管理,这是应对当前新形势、新发展的迫切需求。

首先,当前我国社会正处于转型关键期,我国社会的主要矛盾已经转化为人民日益增长的美好生活需要和不平衡不充分的发展之间的矛盾。经济水平提升,整体实力增强,在社会主要矛盾已经改变的大背景下,我国的各个领域都在不断进步革新。因此,持续提高死亡鉴定工作质量符合时代发展的需要。

其次,尽管社会在不断地前进,我们必须注意到社会上依旧存在不和谐的因素,比如医患矛盾升级、拉横幅、设灵堂、缠诉闹访、抬尸游行,甚至是打砸抢的群体性事件等时有发生,这极大干扰了社会公众正常的生活秩序。严格公正的死亡鉴定活动,在非正常死亡案件中,能够以专业科学的技术分析得出比较权威、令人信服的意见结果,明确矛盾的争议焦点,对于减小当事人双方之间的矛盾发挥着巨大作用。因此,持续提高死亡鉴定工作质量能够适应缓解当事人矛盾、维护社会稳定的需要。

最后,目前我国正在如火如荼地推进全面深化司法体制改革工作。全面深化司法体制改革,是推进国家治理体系和治理能力现代化的重要举措,是促进社会公平正义的必然选择。在继续做好司法员额制改革落实的背景之下,我们必须高度重视与之相关的综合配套改革,避免"单兵突进,孤军深入"。司法鉴定作为综合配套制度的重要一环,在保障我国的司法公正方面发挥着巨大的作用。因此,持续提高死亡鉴定工作是我国全面深化司法体制改革工作的大势所趋。

综上,时代和形势的发展在不断提醒我们,要不断切实提高死亡鉴定工作

质量，才能满足时代发展和社会各界对死亡鉴定活动的需求。

五、完善死亡鉴定质量控制理论的重要性

质量发展是兴国之道、强国之策。具体到死亡鉴定而言，其质量主要体现在死亡鉴定意见能否正确解决鉴定委托的诉讼活动中遇到的关于死亡的专门性问题，以及能否经得起法庭质证，能否为当事人所接受、为法官所采信。从司法鉴定的属性和功能作用看，司法鉴定质量应当包含几方面要求：（1）合法性，这包含鉴定主体的法定资格、中立地位以及鉴定活动是否符合法定程序等，合法性是独立客观鉴定的保障，是鉴定质量的前提；（2）可靠性，这取决于鉴定意见产生的过程和方式，取决于它的专业化、职业化程度和专业技术水平，可靠性是保障鉴定质量的基础；（3）可信性，鉴定意见不仅自身要可靠，还要达到排除当事人"合理怀疑"的高标准，才能为当事人接受，被法官采信，可信性是鉴定质量不可或缺的重要方面；（4）适当性，应当适应司法活动平衡公正和效率的特点，在保证可靠性和可信性的同时，兼顾时效性和经济性。

司法鉴定是一种运用科技手段、专门知识、职业技能和执业经验为诉讼活动提供技术保障和专业化服务的司法证明活动。司法鉴定活动既要严格遵守诉讼活动的法定程序和证据规则，又必须遵循科技活动的客观规律、技术规范和操作要求，具有法律性和科学性高度统一的本质特点。随着司法活动的日益专业化、复杂化和科技水平的提高，司法鉴定活动跨行业、跨领域和多学科综合交叉的特点将越来越明显。显然，我们过去那种仅仅依靠单一行政方法的直接管理模式不可能实现上述质量要求。因此，借鉴其他行业的成功经验，在法律、行政和技术层面，综合运用合格评定、标准化、信息化等多种管理方法手段，成为司法鉴定质量管理的现实选择。从目前司法鉴定管理实践来看，主要通过标准化、认证认可、能力验证三方面实现对司法鉴定质量的管理和控制，但这些都是"治标不治本"，鉴定主体的能力水平以及规范的鉴定程序才是影响鉴定质量的关键所在。我们必须要加强死亡鉴定的规制研究，严把准入、规范流程、统一标准、内外结合、标本兼治，如此才能确保死亡鉴定工作质量。[①]

[①] 参见霍宪丹主编：《司法鉴定管理概论》，法律出版社2014年版，第143～144页。

第五章
死亡鉴定内部管理控制的完善

任何活动的完善,都需要由内而外的自我蜕变和重塑。对死亡鉴定活动而言,更是如此,鉴定活动本身直接影响诉讼活动进程,需要对其影响内因加以严格规制。所谓内部管理控制,主要是指鉴定制度本身的自我净化和提升,其实际上仍旧在诉讼制度及其配套保障制度的覆盖之下。对死亡鉴定内部管理控制的完善路径,主要体现在统一死亡鉴定管理体制、保障鉴定机构中立性、严格把控鉴定人的鉴定资质、完善死亡鉴定的规范操作等方面上。

第一节 健全统一司法鉴定管理体制

司法鉴定的管理是一个庞大的管理体系,包括法律规范、行政规范、技术规范以及职业伦理规范等众多抽象规定,以及准入管理、执业管理、实施活动管理、质量管理和监督管理等众多具体管理制度。在顶层设计上,国家呼吁健全统一司法鉴定管理体制多年,但多头管理的现象仍旧存在。具体到死亡鉴定,因为其干系重大,从现状实际需要出发,可以先行一步。

一、我国司法鉴定管理体制嬗变历程及统一路径

2005年以前,我国公、检、法三大机关系统内都设有鉴定机构,实行内部垂直管理,这是鉴定业务的重要力量。另外,还有经司法行政机关审核登记并管理的社会鉴定机构,以及由其他单位设立、管理的鉴定机构。这种"多头管理"的司法鉴定管理体制在当时饱受批评,呼吁整改的声音一直不断。于是,2005年2月,全国人大常委会《关于司法鉴定管理问题的决定》出台,明确提出"由国务院司法行政部门主管全国鉴定人和鉴定机构的登记管理工作",同时取消了人民法院系统和司法行政系统内部设立鉴定机构的权

力，并将侦查机关因"侦查工作的需要"而保留下来的鉴定机构排除在社会委托之外，限制其经营范围。

但公、检、法三机关分别从各自角度对《关于司法鉴定管理问题的决定》进行了不同解读。2005 年 4 月，公安部发布通知，要求贯彻落实全国人大常委会《关于司法鉴定管理问题的决定》，进一步加强公安机关刑事科学技术工作，通知中将公安内部所属的鉴定机构和鉴定人排除在"司法行政机关登记管理"之外。紧接着 2006 年 3 月，公安部又颁布《公安机关鉴定机构登记管理办法》和《公安机关鉴定人登记管理办法》，明确规定由公安部及省级公安机关分别对公安系统内的鉴定主体进行登记管理。检察机关于 2006 年 11 月颁布了《人民检察院鉴定机构登记管理办法》和《人民检察院鉴定人登记管理办法》，将检察系统内部鉴定主体的登记管理权限授予最高人民检察院和省级人民检察院。人民法院内部已然被禁止设立鉴定机构，但最高人民法院也于 2007 年 8 月出台《对外委托、评估、拍卖等工作管理规定》，明确由最高人民法院司法辅助工作部门负责司法技术专业机构和专家名册的编制，从而形成"册外册"，在司法行政机关之外又形成一套鉴定主体名册。《关于司法鉴定管理问题的决定》中关于统一司法鉴定管理体制的设想"名存实亡"，侦查机关内部的鉴定主体仍由其内部管理，从而形成两种鉴定主体登记管理系统并存，而人民法院自行编制鉴定主体名册，也导致了实践中两套名册并存的局面。2008 年中央政法委在"政法〔2008〕2 号"文件中坦承"国家统一的司法鉴定管理体制尚未完全形成"。2008 年 11 月，最高人民法院、最高人民检察院、公安部、国家安全部和司法部联合下发《关于做好司法鉴定机构和司法鉴定人备案登记工作的通知》，明确指出检察机关、公安机关、国家安全机关所属鉴定机构和鉴定人实行所属部门直接管理和司法行政机关备案登记相结合的管理模式，从而走上司法鉴定管理"双轨制"的道路。

直至 2014 年 10 月，党的十八届四中全会明确提出"健全统一司法鉴定管理体制"的要求。2017 年 7 月，中央全面深化改革领导小组审议通过了《关于健全统一司法鉴定管理体制的实施意见》，这是深化司法鉴定管理体制改革的指引性政策文件，对司法鉴定管理体制的改革具有继往开来的功能。[①] 随着我国在不断加快推进公共法律服务体系建设，司法鉴定作为与律师、公证、仲裁、法律援助、人民调解等一样必不可少的法律服务项目，势必要成为整合覆盖、改革创新的先头军。2019 年 1 月，习近平同志在中央政法工作会议上作

---

① 参见郭华：《健全统一司法鉴定管理体制的实施意见的历程及解读》，载《中国司法鉴定》2017 年第 5 期。

出了"深化公共法律服务体系建设"的重要指示，这需要各界积极采取有效措施，推进司法行政改革，建设寓法治于服务的服务型政府，进而推进法治国家、法治政府、法治社会的"三位一体"建设。2019年7月，中共中央办公厅、国务院办公厅联合印发《关于加快推进公共法律服务体系建设的意见》，进一步明确指出"健全统一司法鉴定管理体制"，可以想见，在不久的将来，当前司法鉴定"多头管理"之现象将会不断融合、消解、归于一统。

那么，如何来健全统一司法鉴定管理体制？就目前来看，最为直接、快速、有效的方式，是通过推动制定《司法鉴定法》来促进司法鉴定管理的统一，目前这一立法项目已经被提上日程。而立法项目的通过及立法质量的高低，需把握时代特征，掌握实践规律和变化的方向，尽可能地解决当前的实际问题，又要有利于长远的发展，能被最广大的人民群众所接受。从这一点来说，可以实践先行，实践推动立法，以实践中的正确经验总结转化为立法。

司法鉴定管理体制的统一路径，就目前来说，应该首先完善司法鉴定管理与使用衔接机制。尽管统一司法鉴定管理体制有其自身的内在价值所在，但归根结底还是要为诉讼活动输送可靠的鉴定意见，促进查明真相和公正裁判。也就是说，建构统一司法鉴定管理体制的目的，在于能够为诉讼提供可信的和可靠的科学证据。① 但是，鉴定意见从产出到最后被采纳作为定案根据，显然要受到司法鉴定管理和使用两端及中间诉讼程序的影响，为了保障鉴定意见的可信可靠，需要进一步完善司法鉴定管理与使用的衔接机制。接下来，应该以当前争议较大的死亡鉴定案件为突破口，先行一步，推动死亡鉴定管理体制的先行统一。重点突破，全线贯通，进而以点到线、由线及面，推动整个司法鉴定行业的统一管理。不管是我国当前实践需要——侦查机关鉴定机构难以应付高难度的法医病理学死亡鉴定，还是域外两大法系的经验借鉴——法医局和大学法医研究所均属公立设置且隶属中立，都预示着能够从死亡鉴定这个关系重大的鉴定领域寻找改革突破口。解决好这一最为疑难复杂、最为关系民生的死亡鉴定体系的统一管理，这就意味着一些权威、大型鉴定主体的纳入，最后再以统一鉴定质量管理，比如统一技术标准、认证认可、能力验证等外部规制措施，引导全面统一大业。

---

① 参见郭华：《健全统一司法鉴定管理体制的创新思路》，载《中国司法鉴定》2015年第4期。

二、建立健全司法鉴定管理与使用衔接机制的思考[①]

司法鉴定的诉讼保障地位日益彰显，针对司法鉴定行业现状，当前需要进一步规范司法鉴定工作，加强执业监管，促进司法鉴定管理者和使用者之间的协调、交流，构建机制上的互动，培育制度上的信任，保障司法鉴定行业的健康发展，实现以过程信任促进对鉴定意见的可接受性。

（一）规范司法鉴定的委托与受理

1. 以需求为主导，科学合理地编制鉴定名册。首先，要明确应当由省级司法行政机关统一编制鉴定名册，而不允许法院、交警等其他机关编制"册中册""册外册"。其次，司法行政机关要从鉴定使用者——法院的需求角度出发，完善鉴定主体的名册编制、公告工作，尤其要做好"四大类"之外的其他门类鉴定名册的编制和公告。最后，要推动鉴定机构资质等级评估和鉴定人执业能力评价，科学细化鉴定类别，提高鉴定名册的信息量和实用性。另外，要健全侦查机关鉴定力量的登记管理工作机制，侦查机关内部通过审核的鉴定机构和鉴定人员，送交司法行政机关统一编入鉴定名册并予以公告。鉴定名册要通过传统纸质媒介、网站、自媒体平台、微信公众号等多种方式向全社会公告的同时，还要创新开发丰富多样的名册获取途径及检索服务，方便人民法院和当事人等查询鉴定机构信息以及委托鉴定。

2. 明确诉中鉴定的启动权应归属办案机关。不论是当事人申请启动，还是办案机关依职权启动，司法鉴定的委托机关只能是法院等办案机关。必须承认，现实中存在大量的当事人单方委托的鉴定，有文章对此进行了很好的区分，当事人单方委托的鉴定应视为当事人单方的陈述，而经办案机关委托获得的鉴定意见则是法定证据。[②] 一旦鉴定委托由当事人单方决定，鉴定材料客观真实性就难以保障，极易引发另一方的争议，以致出现鉴定不服、重复鉴定的尴尬局面。办案机关应着重审查委托鉴定事项尤其是重新鉴定事项的必要性和可行性，确有需要的，依照省级司法行政部门公布的鉴定名册，择优选择合适的鉴定机构和鉴定人，鉴定材料需由法院等办案机关提取并质证后送交鉴定

[①] 本小节相关内容已先行发表，参见宋方明：《建立健全司法鉴定管理与使用衔接机制研究》，载《铁道警察学院学报》2019 年第 2 期。

[②] 四川省司法厅课题组：《建立完善司法鉴定管理与使用衔接机制的问题及对策研究》，载《中国司法》2018 年第 3 期。

机构。

3. 严格规范司法鉴定的受理程序和受理条件。各地司法行政部门要明确责任，加强监管，打击私自接受委托，严肃统一受理程序。鉴定机构依法统一受理案件，鉴定人不得私自接受鉴定案件，鉴定机构不得违规受理案件，鉴定机构无正当理由不得拒绝人民法院的鉴定委托。提交鉴定机构的检材，须经当事人双方共同质证、核验，不得私自接收当事人提交而未经人民法院确认的鉴定材料。法院等办案机关在委托鉴定时，应使用格式化的委托书，明确各鉴定事项，鉴定材料的交接单应附有明细。鉴定机构应规范鉴定材料的接收和保存，实现鉴定过程和检验材料流转的全程记录和有效控制。① 材料不够齐全、不够完备的，需要另外调取或者补充的，由鉴定机构或者当事人向委托机关提出申请。

（二）完善司法鉴定的实施与监管

1. 加速司法鉴定实施过程的阳光化。司法鉴定作为诉讼的保障程序，其过程公开性、公众参与性均显不足，这也是容易引发质疑的原因。司法鉴定实施过程中应落实"八个公开"，即鉴定名册公开、鉴定收费公开、业务范围公开、执业类别公开、鉴定标准公开、鉴定流程公开、职业道德公开、监督投诉公开。同时，应赋予当事人参与鉴定过程的权利，使其清楚鉴定的依据、方法和步骤，以及提出异议的程序，必要时，应保障当事人聘请的专家辅助人的有效参与。②

2. 加强司法鉴定实施过程中的制度建设。"没有规矩，不成方圆"，制度建设是突出全过程监管、实施阳光化鉴定的重要保障。司法行政机关可采用奖惩措施，促使鉴定机构提高内控标准，建立健全其鉴定工作流程及制度。从鉴定实践出发，加强在受案登记、鉴定实施、执业公开、鉴定人回避、信息保密、检材管理、三级审核、鉴定人出庭、投诉处理、责任追究、文书签发、档案管理等方面的制度建设，注意与诉讼程序的对接，并在实践中认真落实。

3. 健全对鉴定过程的全程监管措施。司法行政机关和人民法院应当分别从管理者和使用者的角度出发，对鉴定过程进行全程监管，以有效地保障鉴定行业的健康发展。一是加强事前监管，严格机构和人员准入制度，组织司法鉴

---

① 参见沈敏：《司法鉴定机构质量管理规范探讨》，载《中国司法鉴定》2007年第5期。

② 参见宋方明：《从涉鉴舆情视角论现阶段司法鉴定工作重点》，载《铁道警察学院学报》2014年第3期。

定机构参加认证认可和能力验证活动；二是加强事中监管，积极引导司法鉴定机构完善质量管理体系，严格执行重大事项报告制度，落实鉴定时通知相关当事人到场制度，实现对鉴定全过程的有效控制和及时监督；三是加强事后监管，开展司法鉴定执业监督检查和鉴定投诉查处，对监管中发现的违法违规行为进行依法处理，并将处理结果及时通报法院。[①] 完善鉴定主体的淘汰退出机制，加大对司法鉴定行业违法违规行为的处罚力度，建立"双随机、一公开"的监管机制，同时依托信息化手段，动态掌握鉴定机构的实际情况。

（三）促进鉴定人出庭与庭审质证

1. 创新工作思路以保障鉴定人出庭。以当前以审判为中心的诉讼制度改革为契机，应加紧推动鉴定意见庭审对抗的实质化。主观方面，法官应摒弃对"以鉴代审"的过度依赖，改变以书面答复意见替代出庭质证的沿习，对于有异议的鉴定意见切实落实鉴定人出庭制度。客观方面，法庭应当保障鉴定人出庭费用、鉴定人出庭安全、鉴定人的准备时间等。司法行政机关与法院应建立信息互享机制，维护鉴定人出庭权利，对鉴定人无故不出庭等违法情形及时通报并惩处。

2. 强化对鉴定意见的庭审质证效果。在以审判为中心的诉讼制度改革前提下，首先应当改变承办法官对鉴定意见的盲目信任，使其更加注重对鉴定意见作为一种证据法定种类的审查和判断。一方面，应注重弥补法官的司法鉴定基础知识，使之能严格把好鉴定意见的"证据关"；另一方面，要能正确区分法律问题与技术问题的不同，增强法官对法律争议裁决的独立性，司法鉴定只是司法保障手段，是法定证据生成方式。[②] 另外，"兼听则明，偏听则暗"，在当事人对鉴定意见有异议、争执不下的时候，法官应保持中立的角色定位，最大程度保障双方当事人质证的权利。在鉴定人出庭的案件中，应保障当事人及其律师能够与之进行充分有效的质证，并且允许当事人通过聘请专家辅助人协助质证。

3. 健全鉴定人负责制以促进其出庭作证。明确鉴定人的权利义务，依法保障鉴定人能够独立、客观、规范地开展鉴定工作，提高鉴定人的责任感和对专业技术的追求，并对出具的鉴定意见负责。加强错误鉴定责任追究，对鉴定

[①] 参见俞世裕、潘广俊、余晓辉：《构建司法鉴定管理与使用相衔接运行机制的实践与思考——以浙江省为视角》，载《中国司法》2015年第12期。

[②] 参见王旭光：《环境损害司法鉴定中的问题与司法对策》，载《中国司法鉴定》2016年第1期。

人故意作虚假鉴定以及因重大过失而导致严重后果的，严厉追究鉴定人及所属鉴定机构的法律责任。建立干涉鉴定活动的记录、报告和责任追究制度。另外，司法行政机关还要监督、指导鉴定人依法履行出庭作证义务，对于无正当理由拒不出庭作证的，要依法严格查处，追究鉴定人、鉴定机构及机构负责人的责任。①

（四）健全司法鉴定的救济和援助

1. 严格规范重新鉴定的程序。尽管鉴定机构之间没有高低、上下之分，但不可否认，鉴定机构之间在鉴定资质、鉴定能力等方面的差距是客观存在的，故而2016年5月1日起实施的《司法鉴定程序通则》第32条第2款明确规定："接受重新鉴定委托的司法鉴定机构的资质条件应当不低于原司法鉴定机构，进行重新鉴定的司法鉴定人中应当至少有一名具有相关专业高级专业技术职称。"法院等办案机关应加强对鉴定主体资质的审核，不得随意委托进行重新鉴定。司法行政机关也应加强管理和监督，督促鉴定机构不得随意对高资质机构所作鉴定进行重新鉴定。另外，应积极打造权威性司法鉴定机构，尤其是高校鉴定力量的开发和资源利用，力争保障权威鉴定机构的中立性，创新发展"终局鉴定"和"复核鉴定"机制，合理地、有效地规范重新鉴定程序。②

2. 完善非正常死亡或涉鉴舆情案件的死因鉴定管理规制。经依法审查完毕，且有其他相关证据佐证下，案件性质不涉及刑事诉讼的非正常死亡案件，其监护人或近亲属对死因鉴定仍有异议的，可以申请委托中立的、资质能力较高的社会鉴定机构进行重新鉴定。对于发生在拘留所、看守所、监狱等羁押场所或者发生在执法过程中的死亡案件，应当由检察机关③介入，其首次鉴定就应委托中立的社会鉴定机构进行死因鉴定，以免涉鉴舆情的爆发。公、检、法等办案机关和司法行政机关应积极推动信息化建设，建立信息交流机制，运用"互联网+"思维加强鉴定管理规则，推动解决重复鉴定、多头鉴定等问题。

3. 建立司法鉴定的法律援助机制。鉴定意见对于诉讼结果很是重要，但高额的鉴定费却往往成为阻碍百姓追求公平正义的绊脚石。近年来，学界越来越关注司法鉴定公益性问题、司法鉴定援助问题，许多学者指出，司法鉴定援

---

① 参见郑智辉、向安平：《全面提升司法鉴定质量和社会公信力》，载《中国司法》2018年第6期。

② 参见宋方明：《从涉鉴舆情视角论现阶段司法鉴定工作重点》，载《铁道警察学院学报》2014年第3期。

③ 国家监察体制改革后，监察机关有望取代检察机关。——笔者注

助从根本上说应是国家义务。但应注意的是，承担司法鉴定援助义务的不能仅仅是国家，社会鉴定机构本身也是市场化营利与公益化责任的统一体，并且司法鉴定援助费用的紧缺，将直接影响鉴定援助的成败与效果，这在实际工作中，确实需要社会鉴定机构的大力配合，同时，国家应当给予参与鉴定援助的社会鉴定机构一定的补偿。实施司法鉴定援助的方式，不仅仅是减、免鉴定费用的援助方式，还可以大力发展缓交鉴定费用的援助途径，并且要从法制角度为鉴定援助的实施创设配套措施，研究探索鉴定援助主管部门的先行垫付、人民法院的先予执行，以及赋予申请人的鉴定担保责任等制度。有专家还指出，除了国家给予鉴定机构一定的经济补偿外，还可以在其他诸如财税方面给予鉴定机构一些优惠政策。[①]

三、死亡鉴定管理体制统一的先行一步

在"侦查中心主义"的影响下，我国司法鉴定体制的弊端也由来已久，短期无法整体改革的情况下，完全可以找准突破口，在某一方面先行改革。从实践来看，死亡鉴定容易引发争议和民愤，以此为突破口，可以先行一步，继而带动整个司法鉴定管理体制改革。

（一）侦查机关鉴定机构从事死亡鉴定困局

我国从20世纪80年代开始，基于公、检、法三机关"互相制约，互相监督"的原则，在公、检、法三机关内部都设立了鉴定机构。2005年之后，法院系统的鉴定机构被裁撤，而侦查机关鉴定机构出于"侦查需要"而得以保留。

1. 法医病理学鉴定能力不足。死亡鉴定更注重法医病理学方面的检验和分析，这从域外两大法系对死亡鉴定人都要求病理专科医师资格、都必须经受法医病理学训练可以看出，死亡鉴定更主要倚仗鉴定人在法医病理学领域的能力和经验，而法医病理学在国外几乎等同于法医学。法医病理学号称法医学领域最难攻克的专业，它需要久久为功、历久弥坚，从准确取材到制成合格切片，再从缜密观片到检验、论证，都需要相当高的技术能力，更需要一支技术团队的协作，而非靠一两个人就能完成所有步骤。死亡鉴定实践中，经常遇到同时存在多个器官组织损伤或病变的情形，其单个器官损伤程度均不足以解释

---

① 参见陈如超、颜飞：《我国司法鉴定援助制度的理性评析》，载《中国司法鉴定》2011年第1期。

死亡，这就需要雄厚的法医病理学专业知识的支撑来检验分析死因。应当强调尸检必须由受过专业训练的法医病理鉴定人进行，尸检不彻底或者仅检查损伤部位和器官，孤立地解释个别器官病变，其危害甚于不作尸检。同时，法医病理学鉴定的时限性很强，很多情况下的尸体检验具有不可重复性，解剖后的尸体很快就被处理掉，因此，有时候尸检不全面、不系统所带来的损失是无法弥补的。

2. "自侦自鉴"导致公信力不足。死亡鉴定牵涉重大，死者家属乃至社会公众都非常重视，侦查机关鉴定机构出具的鉴定结果因其"附属性"的表观而不被信任，这也确实令侦查机关头疼。实务中，公安机关在征求死者家属对鉴定主体的选择建议时，其往往首先将公安的鉴定队伍排除在外，继而选择社会中立的鉴定机构尤其是高校的鉴定机构。就我国实际来说，公安机关挺立刑事犯罪侦查第一线，死亡案件频发使其有着进行死亡鉴定的强烈需求，然而实践中爆发出来的两大弊端，一是排除犯罪不予立案，二是侦查干扰鉴定不力，这都导致公安鉴定结果的公信力被质疑。诉讼程序的构建，使其不仅仅是一个发现真相的过程，更应是一个客观地挖掘真相的过程，而这种"自侦自鉴"的设置容易导致侦查活动对鉴定活动的不当干预，从而影响死亡真相的发现。

（二）死亡鉴定"内部检视+外部鉴定"模式构建

死亡鉴定尤其是病理检验，对鉴定能力要求很高，而这又是多年足量案例实践堆砌出来的经验累积，这对侦查机关很多法医来说挑战较大。对此，有学者曾将侦查机关的法医与国外惯称的法医病理学家进行分离，提倡前者存于侦查机关，但不得从事鉴定业务，而后者设在社会中立鉴定机构承担所有的尸体检验鉴定工作，两者密切配合，起到优势互补的作用。[①] 侦查机关内设鉴定机构的存在，赖于侦查工作的紧迫性和时限性，侦查需要更是催生了自古存在的司法官从事鉴定的历史传统，以及鉴定与现场勘验不分的侦查做法。[②] 我们在提倡死亡鉴定工作交由中立的社会鉴定机构负责的同时，必须注意到侦查工作与鉴定工作之间的衔接问题。我们在规避侦查机关"自侦自鉴"的同时，也

---

① 参见常林、张海东：《论我国法医病理学学科定位、发展及法医病理学鉴定的主要问题》，载《刑事科学技术研究论丛》（第一卷），中国人民公安大学出版社2006年版，第24页。

② 参见郭华：《刑事技术、刑事技术鉴定与司法鉴定关系之考量》，载《现代法学》2010年第6期。

需要创建一种"及时性"工作机制,搭建内外协作模式,提高鉴定工作效率,加强内外合力,以避免脱节。在这方面,日本的"检视官"制度,给我们提供了很好的经验借鉴。

日本的"检视官"又被称作刑事调查员或警察医,是警察系统内部从事技术协作的人员。日本的"检视官"制度搭建了侦查机关与鉴定机构之间协作的桥梁,这种模式值得我们借鉴。在日本,法医学解剖均由大学的法医学教室承担,他们不隶属警察部门也不承担现场尸体勘验的任务,且日本医学院校的法医学教室一般在每日 10 时至 15 时进行尸体解剖。出于办案及时性的考虑,日本设置了检视官制度,检视官就成为警方负责现场勘验、尸表检验、区分案件性质、决定是否实施解剖、与解剖医师沟通协调等工作的重要角色。在日本,检视官由具有刑事侦查经验的警官在接受法医学知识培训后担任。解剖前,检视官会向执刀法医详细介绍尸体的现场检视和调查走访情况,同时提出希望明确的主要问题;检视官全程参与解剖过程,同时记录各种重要的阴性和阳性发现,在需要时也会协助进行一些解剖操作;解剖结束后,执刀法医会向检视官通报解剖所见、初步可以确定的死因、死亡时间等,检视官会将这些信息及时转达给检察官及案件承办警署,并对下一步的工作进行安排布置。①

侦查机关死亡鉴定工作由"内部鉴定"让位于"外部鉴定",但须给予必要的配合和监督,利用好侦查机关内部法医力量并敦促其角色的转变。死亡鉴定过程中,要注重内外协作,构建"内部检视+外部鉴定"的工作模式。一旦有死亡发生且有犯罪嫌疑的,公安机关法医接报后应立即随刑侦人员赶赴现场,进行尸表检验、现场勘验等工作,并协助相关侦查工作。根据需要可协助委托、聘请具备实力的、中立的社会鉴定机构及鉴定人,向其通报现场检视、勘验的情况,提出具体明确的鉴定要求,共同拟定尸体解剖及后续检验方案。尸检进行过程中,全程给予配合并施以监督,在侦查期限内督促社会鉴定机构及时完成各项检验鉴定工作。法医人员还要协助侦查人员综合现场勘验、走访调查、医疗资料、检验鉴定等情况,对死亡鉴定意见进行初步审查判断,明确被害人的死亡原因、死亡方式等。

(三)以死亡鉴定职能分化引领鉴定管理体制革新发展

从域外经验来看,德国是法医学体制较为完善的国家,其死亡鉴定工作由

---

① 参见霍塞虎:《日本法医尸体检验制度的现状与展望》,载《中国司法鉴定》2012 年第 5 期;唐泽英:《日本法医解剖法律制度及特点》,载《中国司法鉴定》2012 年第 5 期;张维东:《日本的检视官制度》,载《中国法医学杂志》1997 年第 1 期。

各医学院校的法医学研究所承担,公检法均不设法医鉴定机构。死亡鉴定机构为独立的、以学术科研为依托的机构,且分工明确、互不冲突,正因如此,其鉴定结果才能做到客观公正,公信力高。另外,美国除拥有相对独立的法医局外,还拥有着严格的鉴定质量控制体系,其实施内容囊括能力验证、实验室审核、技术审查和纠错程序等。美国法医学严格的质量控制保证了鉴定意见的客观性和公正性。在考量两大法系法医鉴定体制优点的基础上,不难发现一个理想化的死亡鉴定体制,应该具有科学的鉴定管理体制、严格的鉴定准入制度、独立的鉴定机构和严格的质量控制体系等。而从发展趋向看,落实这些制度的关键就在于强化死亡鉴定机构的独立性,这已成为世界各国的共同趋势,我国未来鉴定行业的发展应顺应这一趋势。

当前阶段,首需解决的就是侦查机关鉴定机构"向左走还是向右走"的问题,这里存在一个"双向变革路径",既然将其内设鉴定机构完全剥离侦查机关,人员、设备、编制等完全脱离侦查机关,不管从业务上还是从情感上、归属上都不能承受的话,可以考虑"反向为之"。侦查机关继续保有这支技术队伍,但可限定其鉴定范围,从鉴定职能上慢慢使之分化。从国外成熟经验来看,警察机关都拥有着自己的法庭科学实验室,主要从事物证技术方面的鉴定,比如笔迹、痕迹、DNA、毒化、枪弹等鉴定,但是法医鉴定方面,则由独立的专职的法医局或大学法医研究所来负责鉴定。对我国的死亡鉴定而言,既然"侦鉴合一""以鉴代侦"现象难以规避,不如索性就让二者合二为一。借鉴日本之检视官制度,分化我国侦查机关死亡鉴定的职能,但其先天具有的侦查职能使其可以进行勘验现场、尸体等,这样既能第一时间赶赴命案现场查勘情况、保留证据,又能为后续外部鉴定起到衔接、协作之功效。死亡鉴定的任务完全归于社会鉴定机构,其在诉讼程序中的中立性的角色及独立性的建制,可以从程序正义上消除死者家属及社会公众一定的误会和质疑。这是对侦查机关鉴定队伍和鉴定职能的一次重新规划,先行解决实践中最为令人棘手的死亡鉴定工作,其他工作也就以点带面地慢慢展开了,这就是司法鉴定管理体制改革的一个关键突破点。

必须承认的是,能够胜任死亡鉴定任务的鉴定机构和鉴定人都是业界公认的翘楚,都是区域权威性质的鉴定主体,大都是归属司法行政机关统一管理的、实力雄厚的社会鉴定机构,尤其是国有专门的鉴定机构或高校的鉴定机构。以死亡鉴定职能的"公安分化"和"社会集中"为突破口,司法行政机关实际上已经完成对权威性、大中型鉴定机构的统一管理,剩下的侦查机关鉴定机构也就容易归化了。侦查机关保留的这种以实验室检验为主、主要依赖大型仪器设备的物证技术鉴定,其检验错误的可能性较低,因为科学证据的可检验性使其出错的成本和风险较高。这一部分鉴定力量，应当推出一定时间表，使其慢慢纳入司法行政机关统一管理的范畴。健全统一的司法鉴定管理体制，其精髓在于按照统一的标准和规范管理鉴定机构和鉴定人，以统一的规则规范鉴定的委托、实施、审查和采信，而不在于鉴定主体的隶属关系和管理体系。以司法行政机关挑头统一主管全国的鉴定机构和鉴定人，其本质在于以司法行政机关出面制定统一的技术规范、标准和程序等更为合适，我们需要以形式上的统一管理促进实质上的统一管理，统一司法鉴定各项标准。

最后，我们也呼吁《司法鉴定法》的尽快出台。司法鉴定管理体制改革的成果需要用法律固定下来，同时改革过程中也在不断发现问题、解决问题、总结问题，也应产出相应的法律规范，希望通过系统化立法来规范、理顺司法鉴定管理体制，从而实现对司法鉴定的统一管理。

第二节　保障死亡鉴定机构的中立性

鉴定机构作为诉讼程序中处理专门性问题争议、为法庭提供科学证据的一方，也应当秉持一种不偏不倚的态度，不得偏袒任何一方，亦不得对其中一方保有偏见或歧视。对我国而言，目前最大的困扰莫过于侦查机关内设鉴定机构"自侦自鉴""侦鉴不分"的表观，如果不能将鉴定机构与侦查机关彻底分离，仅仅空谈鉴定职能与侦查职能的分离，显然没有意义。这种看法其实难言正确。对鉴定意见应该通过程序性规制来加强对其审查判断，而不能仅仅依靠机构设置、等级划分这些外在表象。更何况，就目前整个司法鉴定行业而言，侦查机关内设鉴定机构承揽了大部分的司法鉴定业务，侦查的秘密性和迅速性的需求，使得我们不能搞简单的"一刀切"。从另外一个角度考虑，司法鉴定业务可以简单分为两类，主要依靠仪器设备的检测类和主要依靠鉴定经验的检查类，死亡鉴定显然属于后者。从对国外经验总结来看，我们可以考虑将更容易被质疑中立性的、更倚仗主观判断的检查类鉴定职能从侦查机关剥离，死亡鉴定就是改革最佳突破口。同时，将死亡鉴定推向社会之后，我们还要注意限制社会鉴定机构逐利性倾向，对适格的社会鉴定机构进行遴选和推荐，最后，大力推行或建设国有化专门鉴定机构。

一、法医鉴定机构中立性的建构

自 2005 年起，由于全国人大常委会《关于司法鉴定管理问题的决定》的实施，人民法院和司法行政机关被禁止设立鉴定机构，同时也不允许继续保留原先已经设立的鉴定机构，两大系统的鉴定机构被整体剥离，这在一定程度上消解了被社会诟病的"自审自鉴""自管自鉴"的弊端。同时基于国情，保留了侦查机关所设立的鉴定机构，尽管对其进行了"侦查工作的需要""不得面向社会接受委托"的严格限制，但仍不免招致"自侦自鉴""侦鉴合一"的非议。当前，大部分的死亡鉴定工作因"侦查工作的需要"由侦查机关鉴定机构负责，这虽然为犯罪侦查、保守秘密、诉讼衔接等提供了非常便利的条件，但侦查机关内部管理的体制以及鉴定机构中立性的缺无，都使得其鉴定意见的可信性饱受质疑，在没有外部监督机制的前提下，仅仅依靠侦查机关内部的自我控制、自我制约和自我监督机制显然对鉴定质量也难以保障。

公正和效率是现代诉讼程序设计的共同价值准则，司法鉴定实质上是围绕并服务于诉讼活动的，其作用是从科学、专业的角度辅助进行事实认定。当前我国鉴定机构大多依附于侦查机关的现状，尽管在一定程度上保证了侦查活动的及时、高效，但从公正、公信的角度出发，这不符合客观发展规律和科学鉴定的要求。中立性是法治社会的要旨，更是司法鉴定活动的内在要求，它强调的是鉴定主体超脱于诉讼中的各方，地位居中，不偏不倚。只有中立性的鉴定主体作出的鉴定结果才具有公信力，否则鉴定过程难免不被其他利益所影响。也只有保证中立性的地位，鉴定人才能超脱于利益之外、不受干扰地保持清醒和理智，才能无所顾忌、公正无偏地作出鉴定意见。可以说，没有鉴定主体地位的中立性，就难以保证鉴定结果的客观性和公正性。但是，任何事物的发展都有一个过程，都有轻重缓急，抛开我国基本国情而盲目追求鉴定主体的中立性，势必会遭遇更大的阻力、争议和反对，长期保有的固有体制进行改革，需要找准关键的突破口。

长期以来，许多学者都倡导保障司法鉴定的中立性，这其中最重要、最便捷的途径就是实现鉴定机构设立的中立化。早有学者明确指出，鉴定机构设立的中立性，最为简单的办法就是与公检法"绝缘"。[①] 更有学者甚至给出了鉴定机构中立性的具体之建构，"就是鉴定机构必须与负责案件侦查、起诉和审判的机关以及诉讼当事人在体制上分开，鉴定机构原则上不能设在或在管理体制上依附于或从属于办案机关和当事人所在单位，也不能同属一个行业和系

---

① 参见常林：《司法鉴定专家辅助人制度研究》，中国政法大学出版社2012年版，第99页。

统"。① 就我国当前的司法实践而言，不管是一般场所的死亡事件如"贵州瓮安事件""湖北石首事件""北京大学生地铁坠亡事件"等，还是羁押场所的死亡事件如"躲猫猫事件""看守所十大离奇死亡事件"等，都在呼唤着中立、权威的法医类鉴定主体的早日介入。法医类鉴定主体的中立化，更显急迫性和必要性，重大影响性事件的不断发生，也在考问着当前我国侦查机关内部法医鉴定主体的工作。

从长远来看，完全将侦查机关内设鉴定机构与之相分离似乎有点不切实际，或者说还有很长的一段路要走，毕竟有些刑事技术就是依托侦查活动而相伴相生的，同时这也不是当下国际通行的惯例。但是，我们完全可以把"三大类鉴定"中的"法医类鉴定"拆分出来，将其推向社会，使其保持相对独立的地位，继而实现法医类鉴定主体的中立化。

二、社会鉴定机构逐利性的控制

《关于司法鉴定管理问题的决定》颁布十几年来，社会鉴定队伍已经成长为我国司法鉴定行业的一支重要力量。但不可忽视的是，为了适应日益增长的诉讼活动的需求，司法行政机关降低了鉴定主体的准入门槛，鼓舞了社会民间资本对司法鉴定行业的注入。社会鉴定力量迅猛增长，但也存在社会鉴定机构"小、散、乱"，仪器设备简单、短缺、落后，技术能力低下，鉴定项目单一，缺乏持续发展，等等，这些现象都是资本投入出于利益回报和经验风险的考虑。至于争抢案源、提成回扣、鉴定黄牛、司法掮客、议价收费等现象，更是揭露了部分社会鉴定机构逐利性的乱象，长久以往，鉴定行业将陷入恶性竞争的旋涡，损害整个行业的形象和利益。

必须采取措施，严格控制社会鉴定机构的逐利性趋向，保障司法鉴定业务的有序进行，可以考虑从以下几点出发：

第一，严格规范收费标准。我国对司法鉴定业务收费一直是明码标价、统一标准。2009 年国家发改委和司法部曾印发过《司法鉴定收费管理办法》，但由于经济社会发展过快，地区发展不均衡，各地经济发展水平差异较大，全国统一收费不科学也不太适应时代发展。于是 2015 年，国家发改委和司法部将司法鉴定收费定价权限从中央部委下放到省级政府相关部门，要求各省尽快出台本省的司法鉴定收费标准。近年来，司法鉴定行业屡屡出现"天价收费"

---

① 霍宪丹：《鉴定权是公民诉权的一项重要内容——兼析中国司法鉴定制度的现状与发展方向》，载《中国法医学杂志》2004 年第 2 期。

"议价收费""违规收费"等现象，这是管理部门对收费标准把关不严、标准执行上存有疑义以及查处不严造成的。下一步，应当建立以收费投诉为主导的处理机制，严肃查处司法鉴定不规范收费现象。同时，进一步细化司法鉴定收费标准，构建司法鉴定援助制度。

第二，严格管制超范围营业。社会鉴定机构及其鉴定人都被授予了鉴定资格证，也都被明确了其执业范围。近几年，国家严把入口关，鉴定业务门类的授予被严格把控，导致一些社会鉴定机构在没有鉴定资质的前提下，出现超范围执业之违规现象，造成非常不利的影响。应该利用公共法律服务平台建设，公开鉴定机构和鉴定人的执业范围，将其置于全社会监督之下，一旦发现鉴定主体超范围营业，严加处罚。同时，要完善鉴定机构和鉴定人的动态管理制度，建立"失信"鉴定主体的公示和处罚制度。

第三，加强鉴定机构的内部管理。通过司法行政机关和司法鉴定行业协会的双重管理、监督和指导，加强鉴定机构的内部管理，这是规范司法鉴定执业活动的重要基础。首先是设立主体的监督和管理，主要从机构负责人的任免、职责划分、仪器购置、财务管理和人员管理等方面进行，保障鉴定机构能独立开展鉴定活动。其次是机构负责人的管理职责，其对内负责管理机构内部事务和执业活动，对外代表鉴定机构，应当依法履行职责并承担相应管理责任。然后是在鉴定机构设立过程中的一些程序化管理，对其鉴定人及助理的聘用、执业手续的备案、执业场所区域划分、鉴定仪器的配置标准、执业信息的公示等进行严格规制。最后，也是最为关键的，鉴定机构应该建立完备的业务管理制度、质量管理制度、内部讨论复核制度、重大事项报告制度、教育培训和业务考评制度等，规范业务办理流程，保证鉴定质量，保障持续发展。

第四，取缔法院的"册中册""册外册"。所谓"册中册"是指法院从司法行政机关编制的名册中选录而自设的鉴定主体名册，而"册外册"是指法院在司法行政机关编制的名册以外增加鉴定主体而设立的名册。"册中册"和"册外册"问题是加重司法鉴定行业趋利性的根源，也是众多腐败产生的根源。法院名册中同类鉴定机构数目较少，容易产生地方垄断和价格协同问题，早应取缔。2010年4月专门出台的《司法鉴定人和司法鉴定机构名册管理办法》再次明确，未经省级以上司法行政机关批准或者委托，任何部门不得编制、公布和出版、印发《国家司法鉴定人和司法鉴定机构名册》或者类似名册。一方面要完善司法行政机关鉴定名册的编制，另一方面考虑梯层分类编制名册，更利于选取和信任。

第五，完善鉴定投诉与处理机制。加大监管力度，严格管控鉴定质量，对支付回扣、介绍费以及虚假宣传等不正当行为进行投诉，打击"人情鉴定"

"关系鉴定""金钱鉴定"等暗箱交易，打击"鉴定黄牛""层层分包"等不良现象。严格规范鉴定时限，避免鉴定拖沓，造成案件耗时过长，影响案件审理进程，妨碍当事人权利的及时救济。弥补责任追究机制的缺失，加强对鉴定机构的行业管理和鉴定意见的评查工作，探索建立鉴定机构和鉴定人推出机制。

第六，控制社会鉴定机构数量。司法鉴定行业应当坚持总量控制、统筹规划、合理布局、有序发展的原则，不应盲目扩增数量。应当鼓励部分社会鉴定机构做大做强，而不是全面铺开，完全推向市场化、商业化。关乎公平正义的司法鉴定业务，不能完全推向社会，下一步应该推进鉴定机构的国有化，由国家统筹设立一些规模化的国有独立鉴定机构，以规避如今众多的鉴定项目单一化、鉴定人员兼职化、鉴定设备简易化的鉴定机构的趋利性倾向。

三、非正常死亡鉴定机构的遴选和推荐

2010年9月30日，最高人民法院、最高人民检察院、公安部、国家安全部、司法部联合发布《关于国家级司法鉴定机构遴选结果的通知》（司发通〔2010〕179号），遴选了10家国家级鉴定机构，这其中大半数来自公安、检察、国安侦查机关鉴定机构。国家意图通过这样的行政等级遴选，逐步建设、形成一批"技术领先、布局合理、功能齐全、资源共享"的国家级司法鉴定机构，来促进司法公正，提高司法效率，树立司法权威，及时解决多头重复鉴定、久鉴不决和鉴定意见"打架"等突出问题。

2005年《关于司法鉴定管理问题的决定》第8条明确了各个鉴定机构之间没有隶属关系，进而确立了鉴定机构没有层次等级之分的制度，这符合鉴定意见作为证据的法律本质要求，也符合科学无等级的基本规律。[①] 在我国现行司法鉴定体制下，鉴定机构无行政级别划分，且执业不受地域限制，不同机构之间出具的鉴定意见也无证据效力高低之分，这样才有助于树立鉴定意见的证据形象，加强对其进行审查判断的程序规制，而不是意图通过行政等级化来"终局鉴定"一了百了。遴选国家级鉴定机构的行政等级化的做法，确实能够解决"重复鉴定""久鉴不决"所带来的困扰，但这会促使当事人及其案件都往高级别鉴定机构集中，而各地中小鉴定机构惨遭业务抛弃，长此以往势必会损害整个司法鉴定行业的利益。权威鉴定机构形象的树立，在于其对重大、疑

---

① 参见郭华：《健全统一司法鉴定管理体制的思路转向》，载《中国司法鉴定》2015年第1期。

难、复杂的鉴定案件的准确把握和严密程序,而不是所有案件不论大小、不管不顾的都蜂拥而来。"细大不捐"会造成"贪多嚼不烂",事多而繁,精力必然有所不逮,笔者不止一次听鉴定人抱怨,这样的抱怨竟然与员额内司法人员的抱怨如出一辙,那就是案件太多了,就会导致每个案件分配的精力下降,案件质量就无法保障。我们都想寻找权威,却忽视了,如果过度消耗权威,其权威性也在慢慢消散。

2017年《关于健全统一司法鉴定管理体制的实施意见》出台,针对时疾专门提出要加强对公民非正常死亡鉴定的管理。为完善公民非正常死亡法医鉴定管理制度,确保由具备法医病理鉴定资格且具有较高能力水平的鉴定机构和鉴定人实施相关鉴定活动,司法部专门评审并遴选了一批死亡鉴定机构。2019年4月22日,司法部颁布《关于公民非正常死亡法医鉴定机构遴选结果的通知》(司发通〔2019〕50号),经过各地推荐、集中评审和现场评审,共遴选出28家鉴定机构,优先推荐承办公民非正常死亡法医鉴定工作。这28家鉴定机构绝大部分来自实力雄厚的高校鉴定机构,这种推荐结果其实和笔者一直提倡构建的侦查机关"内部检视 + 外部鉴定"机制不谋而合,高层也意识到死亡鉴定是亟须变革、力求突破的关键点。

从国家级鉴定机构遴选到专业化死亡鉴定机构的推荐,我们可以看出一种趋势,那就是从综合的行政等级划分到专门领域的优秀能力推荐,这才是未来司法鉴定行业健康发展之路。以某一领域的突出业绩评选来打造鉴定机构品牌,为全民进行推荐而不强调其等级和效力,以先进带动后进继而淘汰不足,以优先推介社会鉴定来弥补死亡鉴定的中立性,以推荐雄厚实力的高校鉴定机构来分化侦查机关死亡鉴定职能,健全统一司法鉴定管理体制的改革大戏已然悄悄上演。接下来,要充分发挥推荐死亡鉴定机构的模范带头作用,切实保障死亡鉴定的客观公正,要加强对推荐机构的监督管理和能力评估,建立动态管理机制,督促推荐机构持续改进鉴定质量和服务水平。

综上所述,在现有体制下,办案机关对于鉴定意见存在认证困难、选择困难,这并不意味着只有推行鉴定机构行政等级化才是解决问题的唯一出路,完全可以通过程序规制来找到破解之路,而这也正是本书写作的出发点。

四、未来死亡鉴定机构的国有化与专门化

司法鉴定机构,因为带有"司法"之前缀,而饱含或被人为赋予"准司法性",学界为此给出的理由是它与国家的司法活动有紧密的联系,与司法机关有密切合作,工作结果也往往成为司法机关定案的证据。但需要注意的是,

鉴定意见本质上与其他证据材料一样，并没有预设的证明力，是否采纳取决于司法人员及法定程序，与谁委托、谁提供并无干系。因此，不能因为司法鉴定机构与司法活动关系密切就认为其有准司法性。从这一点来说，2005年《关于司法鉴定管理问题的决定》倡导鉴定机构的"社会性"，没有问题，但该决定同时又推进鉴定活动的"市场化"就有问题了。有学者批评指出，鉴定机构的社会化并不能等同市场化，将司法鉴定机构完全按照市场经济的要求设立和运行，是一种错误认识。[①] 司法鉴定机构的"社会性"，一方面是指其不能由国家垄断设立，而应由包括国家资本在内的社会资本出资设立；另一方面指包括国家出资设立在内的所有鉴定机构都是独立运行，不隶属任何机关，也不受其法外干预。社会性突出的是鉴定机构的社会地位，并不意味着禁止国家出资直接设立鉴定机构。学界近年来还在热议鉴定机构的"中立性"，甚至将中立性等同于非国有化，这种"国家机构泛牵连论"的观点认为，凡是国家机构都有某种牵连或利益关系，只有斩断国家与鉴定机构之间的出资关系，才能保持鉴定机构的中立性。殊不知，世界各国之法院都是国家财政维持运转的，但各国都无不承认法院中立性的本质属性。

在比较视野下，域外鉴定机构的运作也没有推行完全市场化，国家投资设立也比比皆是。一般认为，英美法系分散型的鉴定管理体制比大陆法系集中型的鉴定管理体制更趋市场化，但即便是高度发达的市场经济国家，其鉴定机构或实验室的设立及运行也没有完全市场化。美国就由政府财政投资设立了许多公立实验室。截至2002年底，美国公立犯罪实验室已达351家，从联邦到州、特区直至县市各自设立数目不等的公立实验室，并且美国大力推行法医局制，这种专门、独立的法医鉴定机构直接由政府投资设立，国家承包公立实验室和法医局的所有预算和开销。[②] 英国鉴定机构市场化运作的失败经验从反面也进行了佐证。英国的法庭科学服务部（Forensic Science Service，FSS）曾经是世界最大的知名鉴定机构，在1991年之前属于英国内政部辖下的公立实验室，1991年剥离出来推向市场，2010年因经营亏损严重而被关闭，短短20年FSS就轰然倒塌的教训也在告诫人们，鉴定机构完全市场化之路行不通。[③]

近年来，随着鉴定市场化运作暴露出来的问题越来越多，国内学者对掀启

---

① 参见顾永忠：《论司法鉴定体制建立的依据及进一步改革的重点》，载《中国司法鉴定》2011年第1期。

② 参见常林：《司法鉴定专家辅助人》，中国政法大学出版社2012年版，第94页。

③ 参见李苏林：《我国司法鉴定公益性问题省思与改革探究》，载《中国司法鉴定》2019年第3期。

司法鉴定改革大幕的 2005 年《关于司法鉴定管理问题的决定》也颇多微词。简单说来，就是司法鉴定关乎公平正义，而公平正义不能按照市场规律来规范，这就如同知识和健康一样要严控，我国对于学校和医院的管控也是公立为主、私立为辅。如果这些可贵的东西都推向市场，那么它们都可以被作为商品一样被明码标价，都会被资本追逐、价高者得，都会成为市场的暴利行业。近几年司法鉴定行业的蓬勃发展，甚至可以看作资本对鉴定产业的逐利行为，这种逐利性正在被逐渐放大。

就死亡鉴定而言，由司法部遴选推荐的 28 家非正常死亡鉴定机构名单可看出，死亡鉴定机构大都属于公立高校、科研机构设立的鉴定机构，这都是国家投资设立的公立型鉴定机构。这些机构鉴定能力水平较高，在各自领域都是重大鉴定承办者，但也不可忽视的是，这些鉴定机构大都是兼职鉴定人，除承担司法鉴定职责外，还有教学、科研方面的任务。这在一定程度上决定了，如果属于争议较大的案件，闹鉴闹访严重的，很可能出于某种考虑将案件拒之门外，不予受理，那样将会严重影响诉讼效率和司法裁判。还有就是，兼职鉴定人必然受制于设立单位的其他任务需求，难免分心旁顾，这对于司法鉴定行业来说，也是一种潜在损害。从这个角度出发，也需要国家大力投资设立国有化的、独立的、专门的鉴定机构。

未来，我们应该改变在鉴定机构设置上的误区，大力倡导规划建设一批独立的、专门的国立司法鉴定机构。国家投资建设应当考虑我国幅员辽阔、区域发展不均衡的特点，有计划、有重点地建设一批高规格鉴定机构或实验室。在合理布局方面，早有学者建议，可以考虑在长江以南（东部）、长江以北（东部）、西北地区、西南地区各设置一个国家级水平（一级资质）的中心实验室，通过这四个地区的实验室进行辐射，逐步形成以此为中心带动周边的区域性（省市级或二级资质）的重点实验室，由中心实验室指导周边区域性重点实验室开展业务工作并受理其复核鉴定。① 更有学者从诉讼案件委托的角度，主张民间资本设立的社会鉴定机构主要承担民事、行政诉讼中的鉴定事项，而国家出资设立的社会鉴定机构主要接受刑事诉讼中的鉴定事项和民事、行政诉讼中其他鉴定机构不能解决或不宜委托的鉴定事项，在此基础上鼓励国家重点建设一批国家级鉴定机构，承担"国家队"的职责，专门解决司法活动中那些疑难、复杂、争议大、影响广的鉴定事项，可以投资新建，也可以利用高等

---

① 参见杜志淳、霍宪丹：《中国司法鉴定制度研究》，中国法制出版社 2002 年版，第 94 页。

院校、科研院所现有的鉴定机构进行改造发展。①

第三节 严格死亡鉴定人的资质控制

司法鉴定兼具法律性和科学性的双重属性,而掌握鉴定科学技术、具有专门知识和技能的鉴定人是司法鉴定活动中的关键因素,可以说,鉴定人制度是司法鉴定制度的核心,严格把控鉴定人资质不仅是完善鉴定人制度的前提,更是保障司法鉴定质量所必需。

一、鉴定人资质控制的重要性

对鉴定人进行严格资质控制,源于司法鉴定制度产生根源的本初,因为需要对诉讼过程中所涉及的专门性问题进行鉴定,这当然就要求鉴定人必须具备相应的专业知识或技能。任何活动的质量高低都离不开主体因素的影响,司法鉴定活动也不例外,研究符合当前国情和司法改革趋势的鉴定人资质控制机制,就成为保障诉讼视角下鉴定意见质量的重要内容。

前文对域外两大法系鉴定人制度的不同进行了比较,对于鉴定人资质的检验和控制,两大法系国家存在不同的做法。英美法系国家对专家证人基本采取的是"法庭控制"的做法,对于专家证人的资格,法律并无专门限制,只需具备相应知识或技能即可。而是否具备就某一专门问题提供专家证言的能力,则要在法庭上接受双方的交叉询问来进行专家资格的认定,诉讼双方可针对专家的教育背景、技术水平、综合素养、执业履历等方面展开质询,最终由法官决定其能否担任专家证人。与此不同的是,大陆法系国家往往采取"庭前控制"的方式,提前赋予鉴定人相对固定的鉴定资格,该资格在庭审程序之前要经过法定程序审查。大陆法系鉴定人需要通过特定的考证程序,预先进入鉴定人名册,实行严格的"资格证书+登记入册"管理,然后再经过一定程序才能获取个案鉴定人的资格。两大法系国家对鉴定人资质的控制措施各自不同,但相比较而言,大陆法系国家的庭前控制更为严格。

在我国,司法鉴定管理的"双轨多元制"导致鉴定人队伍参差不齐,对

---

① 参见顾永忠:《论司法鉴定体制建立的依据及进一步改革的重点》,载《中国司法鉴定》2011年第1期。

于全国鉴定人缺乏统一的、有效的管理。当前,正是因为对鉴定人资质控制不严,导致实践中出现了许多问题。

1. 缺乏资质违规鉴定。尽管法律规定要由鉴定机构统一受理案件,不准鉴定人私自接受案件,但机构也是由人来操控,出于鉴定机构自负盈亏的营利需要以及关系案、金钱案等受托原因,导致实践中很多超范围鉴定、错误鉴定、虚假鉴定等。当事人对鉴定人不具备鉴定资质的投诉很是多见。就死亡鉴定而言,往往需要鉴定人具备法医病理鉴定资质,涉嫌中毒需要移交实验室毒化检验的,鉴定人需要具备法医毒物鉴定资质,而社会鉴定人往往只是具备法医临床鉴定资质,这样的鉴定人是不能从事死亡鉴定工作的。

2. 鉴定人准入把关不严。目前司法鉴定行业"多头管理"之现状,导致对鉴定人准入审核多元化,没有全国统一的鉴定人职业资格和执业资格考试,缺乏统一的鉴定人资格认定标准,仅以申请人提交的书面材料来进行审核。这种书面审核方式隐患很大,仅仅是表面形式的审核,并没有对其资质能力进行严格把握。缺乏实质审查。在鉴定活动中暴露出来的一系列的"错鉴""误鉴"等,鉴定人具备相应鉴定资格证,但鉴定能力之低下,实在不敢恭维。

3. 缺乏动态监管措施。当申请人获得鉴定人登记,取得鉴定人资格证书之后,在其执业过程中,缺乏有效的动态监管措施。法庭科学、鉴定理论以及相应技术等都在日益更新,更趋先进,如果只是停留原处、吃老本显然是不够的。还有就是鉴定人遭遇投诉及受到处罚的情况,并没有及时信息共享和被严格执行下去,导致被投诉或被罚鉴定人仍旧在"带病上岗",如此这般,一旦被当事人揪住,可想后果是非常严重的。

4. 缺乏鉴定人退出机制。有准入就应有退出。社会鉴定人更多是公、检、法机关的鉴定人退休后进入社会鉴定机构继续发挥余热,尽管近年来司法行政机关开始关注鉴定人年龄老化所带来的弊端,但目前尚未建立相应的鉴定人正常退出机制。并且,在技术考核、能力验证方面鉴定能力持续不达标的,虚假鉴定、金钱鉴定等违法乱纪的,我们缺乏相应的惩罚性退出机制。执业过程中的动态监控与退出机制如何衔接,都是值得研究的话题。

鉴定人是司法鉴定的实施主体,其通过鉴定活动向人民法院提供鉴定意见,该鉴定意见要作为证据材料呈交法庭接受各方质证,鉴定质量的高低直接影响着司法裁判结果,而鉴定人的能力和素质是保障鉴定质量的重要条件。长期以来,因为我国对鉴定人资质缺乏严格准入、动态监管、退出机制等统一管理,导致鉴定人队伍鱼龙混杂,整体素质不高,鉴定意见也屡屡出现矛盾和冲突。鉴定实践中,围绕鉴定人资质所产生的众多问题,提示我们要不断提高鉴定人执业水平、操作技能、品行操守等内在素质以及提高其从事鉴定工作的主观能动性，从而进一步构建我国鉴定人资质控制的严格机制，完善对鉴定人的管理，净化鉴定人队伍，提高鉴定人素质，进而保障鉴定活动的成果——鉴定意见的质量。①

二、严格鉴定人的准入机制

鉴定人从事鉴定活动应该具备一定的准入门槛，首先应当统一进行入口把关，不管是侦查机关鉴定人还是社会鉴定人，应该是相同的资质标准统一管理；其次是加强实质性审查，摒弃过去仅仅是对提交的书面材料等进行形式审查的做法，更加注重其执业能力。从这两点出发，我们可以找到一个完美的参照物——律师准入。2002年之前，律师资格考试与初任法官、初任检察官考试也是各自进行、分头考核，而自2002年起统一要求参加国家司法考试（2018年起更名为国家统一法律职业资格考试），通过资格考试后，律师还必须经过一年的实习锻炼，通过实习考核后才能正式获颁律师执业资格。鉴定人与律师同属司法行政机关进行管理的对象，举办统一的全国鉴定人资格考试对司法行政机关来说，可谓轻车熟路，其实际上难就难在鉴定专业门类太多，无法进行统一性的要求。可以考虑先行解决在司法鉴定法律法规、诉讼与鉴定程序、鉴定职业伦理以及一般鉴定科学理论方面的统一考核，借机解决鉴定人当前普遍法律水平低下的问题；继而再以一定实习或助理考核期限，进行专业门类鉴定执业能力方面的考核。换句话说，就是将鉴定人的职业资格与执业资格区分开来，实行二次准入。

对于普通鉴定人而言，应该具备以下几方面的基本要求：（1）具有相应专业门类的专门知识。2005年《关于司法鉴定管理问题的决定》基于当时转型态势为此给出了三种路径，即职称、学历和工作经历，申请人满足其中一项

---

① 参见杜志淳、罗良忠、孙大明：《司法鉴定质量监控研究》，法律出版社2013年版，第33页。

即可成为鉴定人。① 现在来看，当初人员短缺、转型不力的紧张态势已经过去，应当统一要求具备相应专业门类大学本科以上的学历要求。首先是明确专业门类，其次是具备相应专门知识。（2）具备必需的法律知识。司法鉴定活动是为司法服务，鉴定意见是作为法定证据，鉴定人还需要出庭质证等，这些都表明鉴定人掌握法律知识的重要性，尤其是对诉讼法、证据法、司法鉴定法律法规、刑法、民法等基本法律知识，应当有一定的掌握。（3）具备足够的鉴定专业实践经验。司法鉴定工作需要很强的实践性和经验性，熟能生巧，因而需要根据不同专业门类分别划定一定的实践期限，另外，还需要一定的专业检案数量，这样才可以通过专业实践的考核。（4）具有良好的职业伦理。从事司法鉴定这种牵涉司法程序的活动，需要鉴定人具有较强的工作责任心和良好的职业修养，能够抵御来自金钱、关系、面子、上级等各方面的诱惑或压力，坚持实事求是、客观公正地实施鉴定，这都是来自司法鉴定职业伦理的要求。②

对于死亡鉴定人来说，往往还需要额外的法医病理鉴定资格的取得。我们鼓励的职业资格和执业资格"二次准入"模式，就是更加注重鉴定人的实践能力，这是鉴定人开展鉴定活动的基础。以德国举例，德国法医鉴定人经由医学院毕业后，还需要经历五年专业培训，其中三年在法医学研究所，一年半在病理学研究所，半年在精神病院，一般要求完成法医解剖500例，临床病理解剖100例，复杂法医学书面鉴定30例，有关法医心理病理学问题的书面鉴定20例，复杂因果关系书面鉴定10例，出庭作证200次，进修结束后通过口头考试获得法医学医师证书。③ 因此，鉴定人取得职业资格后，并不意味着就可以从事鉴定业务，应当附加以必要的执业限制，应经历一定期限的实习期，在此期间以助理鉴定人的身份参与检案，并完成一定数量的检案数量。对于死亡鉴定人来说，需要完成尸体解剖一定数量，完成病理阅片一定数量，协助完

---

① 2005年全国人大常委会《关于司法鉴定管理问题的决定》第4条规定，具备下列条件之一的人员，可以申请登记从事司法鉴定业务：（1）具有与所申请从事的司法鉴定业务相关的高级专业技术职称；（2）具有与所申请从事的司法鉴定业务相关的专业执业资格或者高等院校相关专业本科以上学历，从事相关工作五年以上；（3）具有与所申请从事的司法鉴定业务相关工作十年以上经历，具有较强的专业技能。因故意犯罪或者职务过失犯罪受过刑事处罚的，受过开除公职处分的，以及被撤销鉴定人登记的人员，不得从事司法鉴定业务。

② 参见杜志淳、罗良忠、孙大明：《司法鉴定质量监控研究》，法律出版社2013年版，第39页。

③ 参见吴梅筠、吴家馼：《英国、德国、日本及美国的法医学体制》，载《中国司法鉴定》2001年第2期。

成死亡鉴定一定数量，方可算完成专业能力实践考验。

以上是对我国职业资格型鉴定人的准入设计，形成一支常规、稳定的鉴定人队伍。另外，我们还有必要设计特殊情况下"一事一聘"的专聘资格型鉴定人制度，特殊领域、特殊情况或特殊案件下往往需要特殊人才，制度上需要留有口子。专聘资格型鉴定人一般都是领域内专家里手，或者具有特定科学技术手段及丰富的实践工作经验，所接受的鉴定任务也往往是临时性、特殊性，一般就是一次性的工作，完成鉴定任务后，其专聘鉴定人资格即取消。①

综上所述，司法鉴定人的准入流程是：明确专业门类—具备基本条件—经历统一考试（或考核、特聘）—授予职业资格—通过实习或助理工作期间考核—取得执业许可（专职或兼职）—正式从事鉴定活动。

三、确立动态考核评价机制

科学技术飞速发展、日新月异，司法鉴定领域的新知识和新技术也发展很快，鉴定人也需要与时俱进，同步发展，这样才能不断适应新形势的发展需求。鉴定人准入之后，并不意味着永远保有鉴定资质，有必要建立动态考核评价机制，督促鉴定人不断进步，并淘汰落后、不称职的鉴定人。

（一）加强继续教育及培训机制

加强对鉴定人的继续教育和业务培训，不断更新鉴定人知识储备和提高其鉴定技术能力，这是动态考核评价机制的重要组成部分。国外鉴定人的资格管理一般也包括继续培训教育或称信任教育的内容，信任教育一般包括参加专业学习报告会、科研总结报告会、新技术新进展的学习与培训等。② 其实相类似的，我国早已开展针对医生的继续教育培训要求，并以学分制加以细化，分为Ⅰ类学分和Ⅱ类学分，Ⅰ类学分的获得需要参与国家级、省级继续教育项目、推广项目以及参加国际学术交流；Ⅱ类学分的获得需要参与市级继续教育、自学、发表论文、科研立项、学术活动以及案例讨论等活动。我们应当针对司法鉴定行业的特点，建立相应的继续教育及培训机制，分年或分阶段设置一定数量的学分要求，完不成者不达标，年检审核不予通过。鉴定机构应当积极配合，定期组织或安排鉴定人参加相关的继续教育及培训，在时间上和物质上给

---

① 参见杜志淳、霍宪丹：《中国司法鉴定制度研究》，中国法制出版社2002年版，第113页。

② 参见孙业群：《司法鉴定制度改革研究》，法律出版社2002年版，第86页。

予充分保障，并争取将参加继续教育和培训的情况作为内部业绩考评依据之一。至于教育培训的内容，主要分为两大类：一是分门别类进行的业务培训，可由司法行政机关会同司法鉴定行业协会共同组织举办，可以专题讨论、成果报告、学习沙龙等形式，主要加强对国内外鉴定领域新知识和新技术的学习；二是法律知识的培训，主要是加强对司法鉴定法律法规及外围相关法律的学习，以及证据运用和证明实务的学习，这其中关键是增强鉴定人出庭质证的能力。

（二）以能力验证带动资质审查与撤销

司法鉴定活动的特殊性，决定了对鉴定人的专业性和技术性要求都很强，鉴定人应当不断学习并自觉提升鉴定所需的专业知识和技术能力。准入之后，如果不加强业务学习，不及时更新知识储备，一味"吃老本"，势必会造成其专业知识的落后和鉴定资质的下降，会逐渐无法适应鉴定实践的需求。对于其学习和培训的效果，应当加以考核，这就是能力验证的方式。当前我国的能力验证主要针对鉴定机构展开，导致现实中串通作弊、弄虚作假情况很严重，下一步应当积极开展针对鉴定人个人的能力验证，创新能力验证的模式，探索现场集中测评、飞行检查等方式，不断提高能力验证活动的效率和质量。针对鉴定人个人进行的能力验证，也会促使鉴定人不断加强学习、及时总结经验教训、积极参与交流和培训，以能力验证促进鉴定能力的提高，从而形成良好的互动。同时，要逐步探索能力验证结果与动态监管工作相结合，切实提高鉴定管理工作的科学性和针对性，把能力验证结果作为对鉴定人资质日常监督管理的重要内容，定期进行考核、评价和整改，连续不合格的可以考虑撤销其鉴定人资格。

（三）以投诉和处理加强职业伦理建设

加强司法鉴定的投诉处理机制，是完善司法鉴定监督管理的重要内容，是管理主体及时发现问题、解决问题的重要前提。随着人民群众法治意识和证据意识的提高，"打官司就是打证据""打证据就是打鉴定"等观念逐渐深入人心，人们对鉴定意见的重视导致围绕司法鉴定产生的投诉不断增多。有鉴于此，为了规范司法鉴定执业活动投诉处理工作，加强司法鉴定执业活动监督，维护投诉人的合法权益，司法部在2019年4月颁布新修改后的《司法鉴定执业活动投诉处理办法》，并自2019年6月1日起实施。从实践来看，针对鉴定人的投诉大多是：一是鉴定程序问题，如违规受理、违反回避原则、超时限鉴定等；二是鉴定资质问题，即超范围鉴定、无相应资质等；三是违法乱纪问题，如超标收费、私收钱财、接受吃请、拒绝出庭作证等；四是工作不认真、服务态度差，如打印错误、格式不规范、错字漏字等，以致双方引发争执，又缺乏沟通技巧，导致冲突升级；五是故意虚假鉴定。① 从上可以看出，当事人属于专业的外行，所以很多投诉都是针对鉴定人的职业操守和服务意识。鉴定人尊重科学、实事求是、恪尽职守、奉公守法，是其职责所在，应当加强职业伦理建设。强化鉴定人的职业伦理建设，是以自我约束为主、外部惩戒为辅，不断提升鉴定人的责任感、使命感和荣誉感。司法行政机关应当以投诉和处理结果为基础，建立鉴定人职业伦理的动态考评机制，根据考评结果给予奖励或惩戒。对于多次被投诉且被调查核实的鉴定人，可以考虑列入黑名单进行公示，严重者给予相应处罚，直至开除鉴定人队伍。

四、完善鉴定人的退出机制

有准入就有退出，有申请正常退出，也有惩戒性的责令退出，这就需要完善鉴定人退出机制。建立鉴定人退出机制，鉴定人可自愿申请退出，也可以因违反法律规范、职业伦理或达不到鉴定能力要求而责令退出，这里主要讨论的是鉴定人非正常淘汰机制，以此来净化鉴定人队伍。

（一）伦理检视制度

司法鉴定职业伦理就是指从事司法鉴定活动的主体应该具有的道德品质和应该遵循的行为准则的总和。职业的特殊性，也就决定了鉴定人应当具有高于一般人的职业伦理要求。《关于司法鉴定管理问题的决定》第 12 条指出，鉴定人从事司法鉴定业务，应当遵守职业道德和专业纪律。可见，职业伦理的要求，在法律规范中已经有所体现。我们可以构建司法鉴定职业伦理检视制度，来监督和制约鉴定人的鉴定活动，规范其执业行为。根据《司法鉴定人登记管理办法》第 27 条的规定，司法行政机关依法建立司法鉴定人诚信档案，并对司法鉴定人进行诚信等级评估，评估结果向社会公开。具体评价指标包括鉴定人技术职称、学术成果、赏罚情况、鉴定案件数量、错误鉴定率、法官采信率、鉴定能力等级等，全面反映鉴定人的综合素养和鉴定能力，考虑现阶段

---

① 参见熊平：《司法鉴定投诉处理机制的建立和完善》，载《中国司法鉴定》2015 年第 1 期；杨进友：《司法鉴定投诉制度研究——以鉴定机构和鉴定人为视角》，载《中国司法鉴定》2015 年第 2 期。

软硬件不足的情况，错误鉴定率和职业道德水平应设置为关键指标。① 对鉴定人诚信等级要定期评价，对评估结果要公开宣示，以便接受全社会及行业的监督。以诚信等级评估促进市场竞争选择，以诚信等级评估规范鉴定执业行为，以诚信等级评估加强职业伦理建设，以诚信等级评估衔接鉴定主体惩戒退出。

（二）投诉监督制度

司法鉴定活动的专业性和独立性，不应成为暗箱操作的掩护外衣。应该积极构建投诉监督机制，及时获取鉴定人违法、违规鉴定的第一手信息。开通内外信息交流平台，建立双向信息反馈机制，一是在当事人与鉴定管理部门之间，二是在鉴定使用部门与鉴定管理部门之间。首先，依照《司法鉴定执业活动投诉处理办法》的规定，当事人或利害关系人可以就司法鉴定执业活动中的不当行为进行投诉。畅通了投诉举报通道，就带来了来自民间的第一手信息反馈，以此为依托，展开对鉴定人实施鉴定活动的事前、事中、事后的全程动态监督。通过对投诉事项的调查核实，给予相对应的处罚，处罚结果及时告知投诉人和司法鉴定行业协会，并向社会公开，投诉处理结果还要记入司法鉴定执业诚信档案。其次，依照《关于建立司法鉴定管理与使用衔接机制的意见》，人民法院要与司法行政机关之间建立常态化的沟通协调机制，开展定期和不定期沟通会商，以此来协调解决司法鉴定委托与受理、鉴定人出庭作证等实践中突出问题。同时，人民法院和司法行政机关要积极推动信息化建设，建立信息交流机制，开展有关司法鉴定程序规范、名册编制、公告等政务信息和相关资料的交流传阅，加强鉴定机构和鉴定人执业资格、能力评估、奖惩记录、鉴定人出庭作证等信息共享，推动司法鉴定管理与使用相互促进。综上，通过上述两方面的双向信息反馈机制，规范司法鉴定执业行为，促使行业内部优胜劣汰，严肃惩处鉴定人的不良行为。

（三）错鉴追究制度

鉴定过程中，鉴定人独立进行鉴定，并在鉴定书上签名或盖章，不受外界的干扰，对鉴定结果有不同意见的应当注明。为此，《关于司法鉴定管理问题的决定》第10条树立了鉴定人负责制，对于错误鉴定，视情况不同，鉴定人应当承担一定的责任。司法鉴定作为一种复杂的科学验证活动，本身就带有很

---

① 参见张纯兵：《医疗损害司法鉴定质量控制研究》，法律出版社2016年版，第71页。

高的不确定性，因此，并不是所有的错误鉴定都要由鉴定人来承担责任。并且，对于错误鉴定本身认定就非常困难，所以，多年来在追究法律责任时，仅对鉴定人三种容易判断的过错行为（故意作虚假鉴定、违反鉴定技术操作规程导致严重错误、毁失鉴定材料导致鉴定或诉讼不能进行）作出承担法律责任的规定。[①] 关于鉴定人的责任，我国法律规定了暂停执业、撤销登记等行政处罚，构成犯罪的追究刑事责任，造成损失后果还可能追究民事责任，但责任追究不宜扩大化，并且我国也规定了补充鉴定、重新鉴定等鉴定意见纠错机制，因而鉴定人只有在因主观过失造成重大不利后果的，才考虑追究其法律责任。对错鉴责任的追究应符合主客观相一致的标准，既要考虑客观的损害事实，也要考虑鉴定人是否符合鉴定操作规范，是否尽到了合理注意义务。对于鉴定人故意为之的金钱鉴定、关系鉴定、虚假鉴定等，应当严厉追究其法律责任，情节严重的吊销其执业资格，构成犯罪的移交刑事处理。

（四）能力评价制度

我国现实中已经在打造针对鉴定机构的能力评价机制，通过标准化建设、认证认可和能力验证来构建能力评价和质量控制体系，这也是目前行业内公认的鉴定能力评价和鉴定质量保证的技术手段。但是，我们需要看到，司法鉴定机构的能力也主要取决于鉴定人的能力，我们应当对鉴定人所受教育、培训、经验、技能、专业资格和实际能力等方面进行量化评价，以此作为鉴定人资质等级评估或晋升的依据，通过参加能力验证活动来检验鉴定人的技术能力和专业判断能力。另外，还可以通过对鉴定书形式和内容的评判，构建对司法鉴定过程质量的评估，进而评价鉴定人的鉴定能力。通过能力评价制度，及时淘汰司法鉴定执业活动中鉴定能力低下的鉴定人，定期清理长期持证不执业的兼职鉴定人，同时推动鉴定主体注重自身技术能力的提高，保障司法鉴定质量。通过能力验证而进行能力评价，不但要严把鉴定人的入口关，还要以此推动鉴定人退出机制的构建，提高司法鉴定行业的整体水平，最终保障工作成果鉴定意见的质量。

对鉴定人一定要严管、构建完善监管制度的同时，我们也要辩证地发现，对于鉴定人的工作要给予相对的宽容。再严格的医疗流程还是会死人，再规范的教学过程也不免会出事故，而司法鉴定活动更是有其特殊性在内，如果在严管的基础上对鉴定人没有相对的宽容，只会导致畏难、拒鉴、退案等现象，那

---

① 参见邹明理：《错误鉴定结论（意见）及其认定标准与主体》，载《山东警察学院学报》2012年第4期。

会更加不利于我国司法保障活动。对于死亡鉴定这种更依赖主观判断的鉴定活动，这其中死因分析、伤病关系和因果追溯都是纷繁复杂的，很多情况下都是劳心费神吃力不讨好的工作，并且从鉴定收益上来说，这也是性价比相对比较低的鉴定活动，应当在鉴定意见难免不出错的前提下给予适当的宽容和鼓励。必须要相信，现在的鉴定人队伍，绝大多数鉴定人都是经过专业的学习和严格的训练的，大都秉持着职业尊荣感，讲究职业伦理。如果不能给予适当宽容，作为专业出身的鉴定人势必会在鉴定书中加强刻意保护，甚至追求鉴定求稳甚于求真，这直接会影响诉讼效率，直至影响最终的证据采纳和司法裁判。因此，出于对鉴定质量的综合考虑，出于对司法鉴定与司法活动的良好互动考虑，对于鉴定人的管理应该"严管厚爱"。

第四节　完善死亡鉴定的规范操作

死亡鉴定工作的重中之重是尸体检验，可是当前我国尸体检验方面存在较多问题，亟须完善尸体检验的规范操作。另外，针对当前死因分析的混乱也需要加以重塑，对伤病关系分析和因果关系推理也要加以规范。完善死亡鉴定的规范操作，可以更加令当事人信服，增强鉴定意见的科学性、逻辑性，排除当事人的"合理怀疑"。

一、尸体检验存在的常见问题

尸体检验时死亡鉴定中的重要环节，目前我国在尸体检验方面存在的问题典型表现如下：

（一）尸体解剖率不高

长期以来受到封建迷信、世俗偏见、传统习惯等因素的影响，导致目前我国尸体解剖工作的开展尚未普及，尸体解剖的铺开阻力很大，中国传统孝文化甚至视解剖长辈尸体为大逆不道。再加之我国强制鉴定及强制解剖制度的缺失，没有实证的疑似犯罪案件没有家属的配合很难进行解剖，这导致我国尸体解剖率一直很低，尤其是在广大农村地区，很多暴力死或可疑暴力死的尸体往往未经专业人员的解剖甚至未经尸表检查，就被草草处理掉（烧掉或埋掉）。还有一些被认为是工伤死亡、自杀死亡、医疗纠纷等的尸体，也经常未经尸体解剖、未经死亡鉴定就被处理。

（二）尸体检验不全面

尸检不全面是造成疑案的重要原因，鉴定人在听过案情介绍之后，就先入为主地未检先断，或者是尸检时乍一发现可以构成死因的变化，就不再全面、系统地进行尸体解剖，以致漏掉了真正的死因。比如前文所述的2000年辽宁鞍山"连丽丽猝死案"，案发后连续几次法医鉴定都给出死因系"急性胰腺炎"，结果在死者母亲锲而不舍的上访控告下，才终于揭开强奸杀人案的面纱。实践中有许多隐蔽暴力致死，比如投毒、电击、用软物衬垫扼颈、用软物压闭口鼻、用塑料袋罩住头面等，如果不认真细致地实施尸检，就很容易造成遗漏，而如果此时恰好又找到了如冠心病等可能猝死的病因，就很容易误鉴为猝死而放纵了杀人凶手。尸体检验时，未进行系统解剖而只是局部解剖、未进行三腔（颅腔、胸腔和腹腔）查验、重要部位漏检等都很容易造成鉴定结果的偏差。实践中，经常容易犯错的是：颈部不作分层解剖而漏诊机械性窒息；多数尸体只是根据案情进行重点部位解剖而忽视其他部位；只是常规打开胸腔和腹腔进行查验，而忽视了打开颅腔；经常忽视对脊髓的常规剖验而造成漏检；重要器官不按常规作多层、逐段检验；心脏和冠状动脉未完成常规检查即仓促报告有或无阳性发现。另外，检查不细致还容易导致：只观察到明显外伤，却没有看到隐蔽伤（如针眼、蛇咬痕等）；尸斑、死后伤掩盖生前伤，损伤掩盖中毒；等等。以上的疏漏，经常会导致片面、错误的鉴定结果，进而误导司法案件进程。

（三）尸体检验操作不规范

尸体解剖操作的不当可使尸体因外来因素作用而造成人为现象，而这些人为现象常被误解为生前损伤或病理改变，进而导致死亡鉴定意见的错误。例如，一女被发现缢死后，旁人立即剪断绳索送医院抢救，结果已经死亡，死后三天尸检，初次鉴定未仔细查验颈部索沟及损伤，只是检见颈部皮下及肌肉出血，以及用力过猛不慎造成的一侧舌骨大角骨折，就疑为他杀窒息死亡；重新鉴定见左外耳道出血，左颈总动脉内膜横裂，改为自缢死。还有就是，在剪断第一肋骨与分离胸锁关节前，如未先检查胸腔有无积血，易把切断锁骨下及胸廓内血管注入胸腔的血液误判为血胸。这些人为现象的发生，常常影响死因的分析结果，如果法医在尸体检验时不严格按照常规的剖验方法、步骤和规范进行，就难以避免人为因素导致的鉴定出错。

(四) 提取与保存检材不当

许多情况下，尸表检验和解剖检验对判断死因、死亡性质还是不够的，还必须按常规在尸检时提取检材，根据工作需要留取适当和适量的组织、器官标本及有关检材，备作病理组织学或毒物分析等方面的检验与复查。留取检材时，保存固定的器皿要有唯一性标识，避免不同尸体的标本相混淆。为了防止后续进行重新鉴定，所有有价值的人体组织检材、需送毒化检查的检材，都必须保留备份。有条件的要将全心、全脑、全肾都留下来，以备当时取材不当，在无法明确死因时，可用于重新取材、检验和鉴定。取材不当的常见原因有：仅凭个人粗浅的观察、理解，无目的地取几个组织块送检；识别病变的能力较差，取材部位不当或根本就没有送来病变部位；收藏检材的容器太小，固定不佳，失去检验的条件；送毒化检验检材时只送胃内容物，而不送血、尿及肝、肾、脑等组织器官。检材提取、保管不妥对化验的结果影响是送检人不可忽视的问题，也是毒化人员在判断检测结果时必须考虑的因素，另外还需要注意的是，检材保管不当可能造成假阳性或假阴性结果，毒化检材在普通冰箱中会有部分降解破坏，需要低温速冻保存。①

二、完善尸体检验的规范操作

鉴于我国目前尸体检验存在的问题，应重视和加强对尸体检验的规范化工作，可以考虑从以下几点进行完善：

(一) 进行全面、系统的尸体剖验

死亡鉴定必须通过系、全面的尸体解剖才有把握探寻真相，仅靠尸表或局部检查就出具鉴定意见，难免会造成错误的鉴定结果。要强调全面、系统进行尸体剖验的重要性，对任何涉及人身死亡的存疑案件，我们都应坚持尸体解剖，绝大多数尸体均可明确死因，即使少数尸体无法得到确切死因，也可提示部分指向性意见。在某些特殊情况下，如尸体已被处理、尸骨不全、白骨化等，根据部分检查的结果，结合案情分析与死前经过表现等，大多数仅能得出分析性、倾向性意见。全面、系统、及时的尸体解剖检验在死亡原因确定、死亡方式判断以及其他问题分析中，其重要作用不可或缺，但同时也要意识到，

---

① 参见杜志淳主编：《司法鉴定概论》（第三版），法律出版社 2018 年版，第 226~227 页。

尸体解剖检验在许多情况下还要结合有关案情和现场情况综合分析，这样才能对死因等问题作出正确的鉴定。要注意宣传尸体解剖的重要意义，改变人民群众的偏见，对死因不明的尸体大力提倡接受尸体检验，查明死亡原因。

（二）规范尸体检验程序

要注意尸检程序的规范化，规范化的操作能够使得尸体剖验更加全面、仔细、无遗漏，这有助于死亡鉴定结果的准确性。尸体解剖检验要及时、尽早，应严格规范化地查验尸体四腔：胸腔、腹腔、颅腔和脊髓腔，必要时还要注意解剖尸体颈部、皱褶隐蔽部等部位。对于尸体检验应严格分四步走：尸表检验、尸体解剖、法医病理组织学检查、实验室辅助检验及化验，尤其是后两步很有必要。要注重法医病理实验室与其他实验室（如法医物证实验室、法医毒物分析实验室等）之间的相互配合，不能单纯根据尸体解剖及病理所见就作出死因认定，特别是在病理检查结果不能充分说明死因时，即使在尸检中发现致死性所见，因为可能存在其他死因竞争情况，如尸体解剖发现有致死性颅脑损伤，但同时可能存在摄入毒物的情况，因此，常规的生化检测、毒物分析等实验室辅助检验是十分必要的。在尸检中要严格按照操作规程进行尸体检验，绝不能随意简化尸检程序敷衍了事，更要避免由于人为因素作用而使得鉴定出错。

（三）提取、利用、保存检材的规范化

要注意检材的提取、利用和保存的规范化。尸体解剖检验涉及主要器官及存在可疑损伤、病变部位的组织检材的提取，以及血液、尿液和胃内容物等生物学物质以备检测；甚至还可能涉及玻璃体液、脑脊液、胆汁、毛发、肌肉等检材。进行法医病理组织学检查，原则上要求尸体解剖时提取全部脏器和主要腺体作为检材；怀疑过敏致死的尸体应额外注意提取心血以备实验室化验；怀疑中毒致死的尸体要提取胃肠内容物、血液和肝脏等进行毒物分析。对各种生物性检材的提取过程、检后归属、保存期限等均应当细化。在国家、行业无明文规定的情况下，鉴定机构应出台相应规范进行明确，以利于复检和后续重新鉴定为原则，对于检材浪费严重、保管不力、丢失、遗漏的鉴定人，应当承担一定责任。

（四）重视法医病理组织学检查

强调全面系统的法医病理学尸体检验，重点在于病理组织学检查及某些特殊检查，这在死亡鉴定中的重要性和必要性是毋庸置疑的。那种仅在被怀疑的

伤、病局部作解剖，或者仅凭肉眼观察就对死因作出鉴定意见的做法是错误的，常常会因此而误导司法工作。病理组织学检查在显微镜下观察组织细胞水平上的变化，可以大大提高对病变组织的分辨率，分子病理学与生物技术的应用也会提高死因的诊断能力。

（五）鉴定人的法医病理学资质要求

应注意对尸体剖验实施者以及死亡鉴定人的规范化要求。医院病理科医师以救死扶伤见长，而对死因判断尤其是伤病并存、多因一果等死因竞合案例，显然缺乏经验。涉及诉讼案件的法医病理组织学检查，应在专业的法医病理学实验室由专门的法医病理学工作者来进行。因为专业性质及经验的差异，普通医院的病理科医师及医学院校的普通病理学教师一般难以胜任这项工作。

（六）加强尸体检验工作的规则建设

规章制度建设对于确保尸体检验工作顺利进行、死亡鉴定意见的正确得出、为司法实践提供科学证据等具有保障作用。应加强尸体检验的程序制度、质量保证和控制制度建设，并且尸体保存、运输的管理制度建设等，对确保尸体检验工作的正确履职也非常重要。以制度化带动规范化，以规范化提高准确率。需明确尸体检验应尽快进行，避免出现因自溶、腐败以及动物毁损和环境因素影响而破坏解体，直接影响检验效果，如果不能及时解剖的，应将尸体冷冻保存。[①]

三、死因分析的混乱及重塑

死亡原因有时简单明确，有时却很复杂，需要经过详细的法医学检查，并加以综合分析，分清原因的主次及相互关系，称为死因分析。死因分析是死亡鉴定工作的核心，关系到当事人的名誉，甚至罪与非罪，必须在认真检查、掌握大量资料的基础上分析论证，得出正确的死因鉴定，为民事案件的调处、刑事案件的侦查、审理提供科学证据。

当前死亡鉴定中一个突出问题，就是死因分析非常混乱，抓不住重点和核心所在，给出的鉴定意见以及分析论证过程并不能满足司法办案的需要。造成这一局面的主要原因，在于没有区分好众多死因的概念及参与程度，没有分清死亡与相关的各种因素之间的关系。单一死因的案件难度并不大，但是在损伤

---

① 参见杜志淳主编：《司法鉴定概论》（第三版），法律出版社2018年版，第228页。

与疾病、器质性病变与诱因、疾病与中毒、损伤与医源性因素同时并存时，导致死亡原因存在两种以上因素互相竞争或联合，如果理论不清就会导致死因分析混乱，给案件处理带来困难。另外，涉及损伤或疾病致死的问题时，常把死亡原因、死亡机制、死亡方式、主要死因、直接死因、辅助死因等互相混用，结果同一死亡案件经不同鉴定人进行鉴定后作出了不同的鉴定意见，直接影响案件的及时正确处理。最值得注意的是，死亡鉴定中经常把死亡原因和死亡机制相互混淆。死亡鉴定中，不能将心、肺、脑等器官的衰竭当作根本死因，它们只是死因导致的并发症或终末机制，比如风湿性心脏病、冠心病、心脏外伤等不同的疾病或暴力因素最后都可因心力衰竭致人死亡，此时的心力衰竭应属于死亡机制而非死因。各种死因引起的病理生理变化，主要通过同时或分别影响心、肺、脑这三个生命器官的功能活动，导致机体死亡，死因是指某具体的疾病或损伤，而不是某一病理生理过程，故不能将"某某器官功能衰竭"作为死因。分析疾病或损伤致死的机制，对认识伤、病的危害以及挽救生命都有重要意义，但绝不能将死亡机制混同于死亡原因。

首先，在死亡鉴定中，应当明确各种死因的概念及相互关系。具体案件具体分析时，需要分清根本死因、直接死因、中介死因、辅助死因、死亡诱因、联合死因等。例如，机械性外力造成机体损伤，引起细菌感染致使败血症死亡时，细菌感染继发败血症是直接引起死亡的原因，为直接死因，而机械性外力是引起死亡的初始原因，为根本死因。另外，尸体解剖时可发现多种脏器存在病理所见，有时致死原因复杂，在发现有2种或2种以上难区分主次的死因时，可以作出联合死因的鉴定意见。死亡鉴定实践中，常有法官或律师要求解释各种死因情况的主次关系，或者与死亡的责任大小，划分各责任方对死亡事件应负的责任大小，以期指导司法审判以及后续的量刑、赔偿等。我国法医学界曾提出并探讨过各种死因的责任"参与度"，但是目前尚无统一、规范的标准。一般情况下，根据各种死因在促进死亡进程中的作用大小，可划分不同死因的责任"参与度"：将全部死亡责任提前预设为100%，以此划分各死因参与度，那么根本死因占60%～80%，死亡诱因占10%～20%，中介死因占30%～40%，辅助死因占30%～40%，仅有单独的直接死因应为100%，联合死因的各种情况负同等的死亡责任。[①]

其次，死亡鉴定中，应注意区分死亡原因与死亡机制。单纯进行死亡机制的病理生理学功能性诊断，仅能提示不同根本死因引起的机体继发致命性病理生理过程，不能明确死因中最初的原发性疾病或损伤情况，这对法医学死因分

[①] 参见刘敏主编：《法医学》（第四版），四川大学出版社2013年版，第21页。

析，特别是明确根本死因及其他因素的责任认定和参与度划分没有实际意义。这是因为同一死因可以通过不同的死亡机制导致死亡，如同样的机械性损伤的根本死因，可以通过失血性休克机制而死亡，也可以通过继发感染性休克机制而死亡，还可以引发创伤性休克机制而死亡；另外，不同死因也可以通过同一死亡机制导致死亡，如根本死因为机械性损伤、消化性溃疡、异位妊娠、大动脉瘤破裂等损伤或疾病情况，均可因大出血继发失血性休克机制而导致死亡。因此，从死亡鉴定的角度，应当要求鉴定人对死亡案件进行全面的死因分析，而不仅仅是描述死亡机制。

最后，死因分析的过程，应当注意分析思考的逻辑方向及进程。应在尸检前尽可能多地了解有关死亡发生的信息，如死者年龄、性别、职业、既往病史；死亡发生的时间、地点、死前表现；死者的家庭及社会状况、夫妻关系等，从而在头脑中形成有关死因和死亡方式的几种可能或假设，使法医尸检能做到有的放矢、重点突出。随着尸检的进行，上述假设有的可能被否定，有的则可能进一步被肯定，或者又出现新的假设。案情和现场勘验可以被尸检结果来检验，尸检所见又可被案情和现场勘验来评价，头脑中一直要有一个动态的思维反馈链条。尸检结束时可能得出一种明确的死因和死亡方式的观点，即被尸体解剖形态上的变化所证实，如锐器刺创导致内脏破裂致使急性大失血。但很多情况下，尸检结束时并不能形成一个明确的死因鉴定意见，只是排除某些可能，进一步支持了某种或某几种可能。这还需要进一步确定死因，进一步进行实验室检验，如病理组织学检查、毒物分析、物证检验，以及其他必要的特殊检查如血液生化、细菌培养、免疫功能检测、分子诊断等。有时以前在头脑中形成的假设会被全部否定，此时则需进一步案情调查和现场勘验，或重新进行尸体检验，在一个新的基础上开展又一次判断分析的动态思考过程。总之，死因分析是一个由实践到认识的辩证思维过程，当掌握的实践材料越多，实践经验越丰富，作为分析思考基础的理论知识越广博，其最后的鉴定意见成功的机会就越大。现实中，没有一个死亡是完全相同的，因此，要具体问题具体分析。还需要强调的是，不是所有的尸体都能明确死亡原因，由于受到各种主客观因素的影响，少量尸体在接受系统解剖检验及相关实验室检验后仍无法得出确切死亡原因，在死亡原因鉴定意见中可作出"死因不明"的鉴定意见，无须牵强附会。①

---

① 参见丛斌主编：《法医病理学》（第五版），人民卫生出版社2016年版，第33~34页。

四、伤病关系分析的完善与规范

外部损伤所导致死亡的案件中，相当一部分由于同时存在一些疾病，不仅可由此引起诉讼纠纷，而且确实也成为死亡鉴定中必须考虑的问题。损伤与疾病的正确评价，关系到合理地衡量刑事责任，也涉及工伤事故、交通事故、人身保险、医疗纠纷、劳保赔偿等问题的正确解决。要正确评价损伤与疾病的相互关系，不仅要充分掌握有关案情和现场材料，还有赖于全面细致的尸体检验并对所有材料进行正确合理的辩证分析，即依照不同情况，具体分析损伤与疾病的关系。

近年来，伤病关系分析不当、混淆或疏忽造成很多争议案件，伤病关系分析越来越引起大家关注。在死亡鉴定中，损伤、疾病和死亡之间的关系十分复杂，但作为鉴定人必须明确：在死亡过程中，损伤与疾病有无相关？是否由二者联合构成死因？还是以损伤为主，疾病为辅；或是疾病为主，损伤为辅？通常大致可分为四种情况：单纯因损伤致死；单纯因疾病致死；损伤是主要死因，疾病是潜在的辅助因素；疾病是主要死因，损伤是促进因素。

（一）单纯因损伤致死

死亡系因心、肺、脑等生命器官遭到致命性损伤，虽罹患某种疾病，但疾病并不参与构成死因，这类损伤称为致命伤。致命伤又可分为绝对致命伤和条件致命伤两类。绝对致命伤是指不论在何种条件下，也不论对何人，都毫无例外足以致死的损伤，例如头部被砍断、颅腔或胸腹腔爆裂、躯干离断、心及大血管破裂等。有时，单一损伤不一定致死，但数个损伤联合构成绝对致命的死因，例如单一肢体断离或单一脾破裂并非绝对致死，但多处肢体断离合并多个内脏器官破裂，则可致命。条件致命伤是指只有在某种条件下才能致命的损伤。其中又分为个体致命伤和偶然致命伤，其中前者是指个体自身条件欠佳（如年老多病、酒精中毒、疲劳体虚等）致使损伤成为致命伤，后者指由于某些外在条件的存在（延误救治、伤后感染、诊疗不当）使得损害成为致命伤。有时既有内在条件也有外在条件，共同促使损害成为致命伤。判断某一具体损伤是否致命伤时，须谨慎从事，既要看到损伤的严重性，也要看到个体的差异性，如此才能为诉讼提供可靠的科学证据。

（二）单纯因疾病致死

对有明显病理形态改变，病情较重的疾病死亡，一般不会引起争议。但有时肉眼所见形态学改变不明显，未做法医病理组织学检查，而死前又有某种损伤时，易被怀疑为伤害致死，甚至要求追究致伤者的法律责任，因此必须进行死亡鉴定。常见的致命性疾病有严重冠脉粥样硬化及其合并症（心肌梗死、心室壁瘤破裂）、高血压性心脏病、孤立性心肌炎、原发性心肌病、心传导系统致死性疾病、脑出血、颅内肿瘤等，这些病是死亡的致命性死因。同时鉴定人必须确认损伤与死因无关。比如驾驶途中，司机冠心病发作猝死，导致汽车失控而发生猛烈撞击，其表面符合外部暴力损伤致死，但其实是疾病死亡在先。另外，还要注意有些检见损伤，是不小心造成的人为现象，比如医源性损伤，持续性胸外按压极易导致胸部多发性肋骨骨折、心脏挫伤，应注意鉴别。

（三）损伤为主因、疾病为辅因

一般情况下，外部损伤多属于条件致命伤，不会直接致命，但自身内在的疾病可加重损伤的后果，而该疾病本身并没有达到可致死的程度。这样的内在疾病常见于慢性病，比如慢性肺结核、肝硬化、脾肿大、出血性疾病等。例如一老年男性，身患严重肺气肿在先，现因外伤致左股骨骨折，继发相当程度的肺脂肪栓塞，肺功能障碍死亡，死亡的主要原因无疑是由损伤造成，但原有的严重肺气肿使肺代偿功能障碍，也在死亡的发生上起了辅助作用。

（四）疾病为主因，损伤为辅因或诱因

疾病为主因、损伤为辅因，这主要是指存在较重疾病有潜在致死的可能，外部损伤较轻而不能直接单独致死，更重要的是死亡发生在受伤后较短的时间内。因为这类损伤的程度较轻，对伤者的有害影响一般是短暂而不持久的，例如某老年男性，患有冠心病及原发性高血压，在臀部遭受钝器打击中突然昏厥、抽搐、死亡，死亡尸检发现臀部广泛挫伤深达肌层，但伤不致死，而本例死亡急骤，导致死亡的主要原因是缺血性心脏病致心跳停止，臀部钝器损伤起着辅助促进作用。疾病为主因、损伤为诱因，是指损伤对死亡具有诱发或促进作用，分为局部性和全身性两种。局部的诱发或促进作用与致命性疾病的部位紧密相关。如打击胸部诱发冠心病急性发作；打击上腹部致显著肿大的脾破裂等。全身性作用指机体对局部损伤的全身反应，可以影响多个器官出现严重病变直至功能衰竭，最后促进死亡的发生。

在对损伤、疾病和死亡三者之间建立联系时，一定要根据损伤程度、时机和条件进行综合判断。如果是致命伤，则应判为主要死因；如果是非致命伤，则应判为诱因或辅因，其死因与潜在性病变有关；如果损伤是死亡过程或抢救过程的伴随现象，则应判为与死因无关，有时医源性损伤即便很重，但通过全

面尸检可以发现原来因素导致死亡已经不可避免。伤后死亡的间隔时间，既和损伤程度有关，也取决于身体素质和外界因素。致命伤（尤其是绝对致命伤）一般作用于人体不久即死亡。损伤后的迁延性死亡多见于损伤后继发的合并症；大多数案例伤后立即产生合并症，但也有缓慢逐渐产生的。所以对死亡的伤病关系分析，必须结合案情、伤情、病情和炎症反应、组织修复等过程情况综合进行。损伤、发病症状、死亡经过也是分析伤病关系的主要依据。单纯因损伤致死的案例，其疾病多尚在代偿阶段，故死亡前可无任何临床表现，而主要表现为损伤症状；单纯因疾病致死的症状不一，死亡经过类同于猝死；损伤的继发病或合并症所导致的死亡，在损伤与死亡之间往往有一个或多个中心环节。①

五、因果关系及推理的科学建构

探寻死亡事实所蕴含的因果关系，推理与死亡之间的科学规律，这是死亡鉴定的根本任务。虽然科学的不确定性，会存在因果关系的不确定，并且我们对许多领域是未知的，无法用概率或相当因果关系来进行解释，但我们还是可以找寻其中的科学规律，从大量证据和材料的集合来推断其中的奥秘，进而有助于司法机关的逻辑认定。

（一）死亡鉴定中的理性认知

通过详细了解案情、认真勘查现场和系统检验尸体、科学检验物证和毒物，所获得的各种信息都还是一些表面现象。要想掌握事物的本质，必须就丰富的感性材料进行认真的思考，推进到理性认识。分析时应着重注意以下几点：

1. 主要矛盾和次要矛盾的关系。在死亡鉴定工作中，每个案件存在几个问题需要解决，其中就有一个是主要的，这就是主要矛盾。抓住主要矛盾并解决好，一切问题便容易得到解决。在死因不明案件中，死因就是主要矛盾。案件死因比较清楚，而死亡性质不清，死亡性质就是主要矛盾。例如，溺死、缢死、勒死、中毒死等，经过检验，其死因明确，而死亡性质究竟是自杀、他杀，还是意外，则不清楚，这时死亡性质就是主要矛盾，需要进一步查清。

2. 局部和整体的关系。局部和整体是统一的，不可分割的。对死因、案件性质等的分析研究，不能离开案情、离开身体各部位的整体联系去研究，否

---

① 参见赵子琴主编：《法医病理学》（第三版），人民卫生出版社 2004 年版，第 248～252 页。

则就会形成认识上的局限性和片面性。例如，只要胃内容中检出某种毒物就认为是该毒物中毒致死，就是一种离开整体的片面的观点。因为用其他方法杀害以后，可以用向胃内灌入毒物的方法伪装自杀。死亡鉴定时必须做到对掌握的案情、临床经过、尸体检验、实验室检验等资料进行全面的综合分析，反对孤立地、片面地看问题。

3. 一般和特殊的关系。人的认识是从特殊到一般，又从一般到特殊的过程。只有在认识了若干个别事物的特殊本质以后，才有可能进行概括，从个性中总结出共性，使之成为一种共同性的认识，然后又用这种共性的认识对尚未解决的问题进行研究，揭示其特殊的本质。死亡鉴定中，对死因和凶器等的认识无不遵循这一认识过程。例如，通过对各种锐器所造成的损伤逐一进行研究，得出锐器损伤的共同特征，又用这种共性认知去指导其他案件中对损伤的判断，判定是否为锐器所致。再如，在某一案件中发现的锐器损伤有新的特征，反映出所用的锐器有新的特点，明确这一特殊性，亦有助于后续案件中对凶器的认定。

（二）死亡鉴定中的因果关系

在死亡鉴定中，最终正确的鉴定意见，离不开对因果关系的正确判断与分析。普通的"一因一果"的案例，其因果关系还易于判断，但死亡鉴定中，常见到"一因多果"或"多因一果"案件，并且还经常有其他介入因素的参与，从而使鉴定复杂化。事件都是在一定条件下发展起来的，但有时却会把条件误认为原因。原因与结果之间在时间上"先后承继"的特点，但绝非一切有时间先后的现象都有因果联系，这些都反映了因果联系的复杂性。一般情况下，因果关系通常分为直接因果关系和间接因果关系。

1. 直接因果关系。事件的结果由特定的原因所引起。如因棍棒打击头部造成头皮挫裂创、颅骨凹陷骨折，棍棒打击头部便是造成这些创伤的特定原因，即棍棒打击与这些创伤之间有直接因果关系。如同时引起硬脑膜外血肿并致死，则棍棒打击与硬脑膜外血肿及死亡均有直接因果关系，这就是"一因多果"。所谓特定的原因，是其作为引起这些损伤后果的原因是充足的、唯一的，并且经常能引起这一后果，即有其必然性。类似的，如右心空气栓塞都是由于静脉破损有空气侵入的结果，心脏压塞都是由于外力或疾病造成心脏破裂的结果。直接原因引起死亡后果须达到一定条件，如棍棒打击头部需要强大外力方能造成死亡，如力度不足可能仅发生头皮损伤。外力的大小就是作用的条件，这是容易认识的。在"多因一果"情形下，则须判明主要原因和次要原因。

2. 间接因果关系。原因通过某种中间因素起作用引起的后果。这种中间因素（如原有疾病、个人体质、医疗失误等）使得原因与后果之间的链条造成中断，原因与后果之间的联系存在偶然性。但需要注意的是，间接因果关系只是分析论证死亡过程所需，但并不能以此造成中断的中间因素作为追责的基础，毕竟这里面存在两个因果关系，这是死亡鉴定过程中经常混淆的问题。例如，某男受棍棒打击腿部骨折而住院，长期卧床后直立行走，导致栓子脱落而死于肺栓塞，不能据此认定医疗过失应对死亡负全责。因果关系理论需要与死因分析理论结合起来，具有因果关系并不代表就需要负全责。

（三）死亡鉴定中的推理方法

推理分为必然推理和或然推理，而死亡鉴定中一般只能是必然推理，或然推理没有太大意义，反而会混淆视听。必然推理就是从前提必然推出结论，主要分为三段论、假言推理、选言推理和归纳推理。不论哪一种推理，如果前提是真实的，又遵守了各自的推理规则，则结论一定是合理的。

1. 三段论必然推理。三段论是形式逻辑间接推理的基本形式，由大前提（M 是 P）和小前提（S 是 M）推出结论（S 是 P）。例如，凡盲管枪弹创必有弹头存留于体内（大前提），今被检查的创伤为盲管枪弹创（小前提），所以，应能由体内查出弹头。又如，凡悬吊尸体其索沟必有提空痕迹，如某尸体为悬吊尸体，其索沟也应有提空痕迹。

2. 假言推理。常用的是充分条件假言推理，其特点是"有前必有后、无后必无前"，又分为肯定式和否定式两种。（1）肯定式。小前提肯定前件，则结论肯定后件。其推理形式为：如果 p，则 q；今为 p，所以 q。例如：如果死者双侧眼球结膜有出血点，颈部有指甲印，且颈部有椭圆形瘀斑（p），则死者必遭扼颈（q）；今被害人双侧眼球结膜可见出血点，颈部有指甲印和椭圆形瘀斑（p），所以，死者颈部曾被扼压（q）。假言推理的大前提能容纳许多判断，而三段论只能容纳一个判断，所以假言推理最适于对复杂事件的推理。假言推理通常使用省略式，即省略大前提，如上例可以表述为："死者两眼球结膜有出血点，颈部有指甲印和椭圆形瘀斑，说明颈部曾被扼压。"（2）否定式：小前提否定后件，则结论否定前件。其推理形式为：如果 p，则 q；今非 q，所以非 p。例如：如果不是死后被移尸，其尸斑只能出现在尸体的前面或后面；今尸体的前、后两面都有尸斑，所以是死后被移尸。其省略式是："死者是死后被移尸的，否则，尸斑不会在前、后两面都出现。"在使用假言推理时，欲使其结论真实、可靠，必须遵守两个基本条件，即大小前提必须真实，推理形式必须正确。

3. 选言推理。常用的分为一般选言推理和连续的选言推理。(1) 一般选言推理。其推理形式为：A 或是 P，或是 Q，或是 R；今 A 不是 P 和 Q，所以 A 是 R。这种推理的大前提是选言判断，要使推理的结论是真实的，则选言必须穷尽一切可能，如 A 只有是 P、Q、R 三种可能，绝无第四种可能，否则结论就不能真实。这种形式的推理常用于猝死的鉴定，以病死为死因，必须排除损伤和中毒，否则不能定为死因。其推理为：某甲之死（A）或是损伤死（P），或是中毒死（Q），或是自然猝死（R）；经检验排除损伤死和中毒死，所以死因是自然猝死。其大前提也可以省略，可以表述为："经检验排除损伤死和中毒死，所以死因是自然猝死。"这也常用于死亡方式的推断："该人之死不是由于他杀或自杀或病死，所以是意外死。"(2) 连续的选言推理。连续使用一般选言推理进行的推理。其推理形式为：A 或是 P，或是 Q，或是 R；今 A 不是 P 和 Q，所以 A 是 R。因为 R 又分为 L、M、N，所以 A 或是 L，或是 M，或是 N；今 A 不是 L 和 M，所以 A 是 N。如此，可连续进行推理直到问题的解决。如有一中年妇女夜间被杀害于自己的家中，推定凶手是死者的丈夫。其连续的选言推理为："凶手或事先藏在室内，或拨门而入，或叫门而入；今室内不能事先藏人，门也不能由外面拨开，所以凶手是叫门而入的。叫门而入的有情夫、公婆或丈夫，经查死者没有情夫，公婆也未作案，所以凶手是死者丈夫。"

4. 归纳推理。特殊的必然推理，根据事物的一些个别特征进行归纳所得出的判断。在推定凶器性质和寻找痕迹的产生原因时常被使用。例如："根据头部的 5 处创口均较长较浅，深度仅达颅骨表面，创缘和创角锐利，各创呈平行排列，推定为由较重有刃锐器所致的试验性砍创。"又如："死者身上有多处挫伤，右大腿有挠伤，两膝有泥土，室内足迹凌乱，说明死者曾与凶手有过比较激烈的搏斗。"孤立地就上述的各个个别特征进行观察，很难判断是"试验性砍创"和"激烈搏斗"，只有联合各个个别特征进行观察，才能做出上述的判断。①

---

① 参见丁梅主编：《法医学概论》（第四版），人民卫生出版社 2009 年版，第 97～100 页。

第六章
死亡鉴定外部规制机制的健全

通过外部规制给予死亡鉴定一定的生存压力和行动压力，迫使其规范运行，提高质量，如果违法违规或不当行使鉴定职权，就会承担不利的后果。以健全死亡鉴定的外部规制机制，来反向促进死亡鉴定活动的不断完善和进取，这主要体现在确立公民非正常死亡鉴定制度、死亡鉴定工作的质量监控、死亡鉴定材料的保真规范、死亡鉴定意见审查判断的完善等方面上。

第一节　确立公民非正常死亡鉴定制度

死亡是重要的法律事实，会带来一系列的法律后果。非正常死亡一般系指因疾病以外的原因导致的死亡，例如自杀、他杀、自然灾害或人为事故致死等，又称作"外因死亡"，一般需要移交警方进行刑事侦查以弄清事实真相。公民的非正常死亡事件极易引发社会关注，死亡调查处理不周全，死者家属一方往往与调查主体矛盾对立、激化，不可调和。因此，应当妥善做好非正常死亡的死亡调查工作，而这其中，死亡鉴定工作又是重中之重。

一、确立死亡鉴定制度的必要性

死亡鉴定作为查明死因等特定事实的重要举措，在命案侦查与审判中作用非凡，于法律内直接影响事实认定与刑责判别，于法律外则关乎对逝者生命及家属感情的尊重。[①] 2017 年，中央深化改革领导小组审议通过了《关于健全统一司法鉴定管理体制的实施意见》，这是继 2005 年全国人大常委会《关于司

---

① 参见王星译：《死因鉴定意见审查判断规则之反思与重塑》，载《证据科学》2017年第 4 期。

法鉴定管理问题的决定》后的一次堪称具备"承上启下、继往开来"功效的指引性文件，围绕该意见的主旨，有学者提出"确立公民非正常死亡鉴定制度"的主张。① 确立公民非正常死亡鉴定制度，在当前阶段有着非常重大的现实意义。

（一）及时的死亡鉴定是查明事实、还原真相的需要

死亡鉴定主要是通过对尸体及其生物物证的法医学检验，提供有关死亡原因、死亡方式、死亡时间、致伤物体、伤害程度、死者身源和作案人等信息的证据，它为后续侦查、起诉、审判提供充分、有力的线索和证据。但是，死亡鉴定与其他鉴定相比有一定特殊性，如果不及时、充分地进行，也许会带来不可弥补的损失。人体死亡后，死后机体组织蛋白质会因腐败细菌的作用而导致分解。尸体腐败会破坏生前形成的损伤和病变，给辨认损伤和鉴定死因带来困难，因此，对于需要进行死亡鉴定的尸体，应尽早解剖进行尸检，因故不能尸检的应冷冻保存，防止腐败。尸体腐败会导致实施死亡鉴定非常困难，而实践中很多情况下，尸体保存不周全甚至被火化，这将给死亡鉴定带来难以弥补的损失。死亡鉴定不但应当及时地进行，还应当充分地进行，诉讼程序是有一定期限的，如果后续程序中对前面侦查阶段的鉴定结果不认可导致重新鉴定的话，会增加案件疑难程度，引发争议。及时的死亡鉴定能够确定案件性质，为侦查立案提供客观依据，甚至可以排查、筛选犯罪线索和嫌疑人，有效缩小侦查范围，积极推进侦查工作，为制订侦查方案、措施提供科学依据。同时，及时的死亡鉴定还可以为揭露、证实犯罪，确认犯罪嫌疑人提供法律依据，鉴定意见是法定诉讼证据，死亡鉴定工作不但为侦查破案提供技术支持，还为事实认定、定罪量刑提供科学证据。许多命案中，鉴定结果可谓牵一发而动全身，死亡鉴定能帮助法官发现真实，使得司法更为理性和慎重。

（二）严格的死亡鉴定是消弭争议、化解矛盾的途径

非正常死亡案件能否妥善处理，取决于许多因素比如责任追究、及时赔偿等，但最为关键的是令人信服的死亡鉴定结果，而之所以能"令人信服"，恐怕需要建立"过程导向"的严格规制的死亡鉴定程序。许多关注度颇高的非正常死亡案件，舆情演化存在"纠纷异化"的过程，死者家属及社会各界对

---

① 参见郭华：《健全统一司法鉴定管理体制的实施意见的历程及解读》，载《中国司法鉴定》2017年第5期。

死亡真相的考问，往往使得死者家属与死亡真凶之间存在纠纷，转化为死者家属乃至社会公众与公权力机关之间的"纠纷"，甚至严重的"对立"。如前文所述的历经6年6次鉴定的辽宁鞍山"连丽丽猝死案"，以及历经3次解剖、5次鉴定、死因仍然成谜的浙江余姚"幼童方一栋死亡案"等，都是在实务中引起较大争议、明显矛盾对立、社会影响较大的死亡案件。死亡鉴定相对复杂，鉴定结果又极其重要，这使得在案件处理中占有重要地位的死亡鉴定，在实务中极易引发当事人和公权力之间的争议，甚至引发社会各界的质疑。正是因为死亡鉴定涉及利益相关方比较多，容易激化矛盾，故而实行严格的死亡鉴定，高标准、严要求地进行死亡鉴定，是来自司法实践中消解争议和对抗的诉求。特殊案件之中的特殊之举，严格的死亡鉴定以其超强大的专业性，能够弥补司法权威的缺失，消除社会公众对司法机关不信任带来的不稳定因素。

（三）死亡鉴定为"以审判为中心"的诉讼活动所必需

随着和谐社会的构建和依法治国的推进，国家层面和社会各界都越来越多地将各种疑难复杂问题纳入法治的轨道上来解决。"以审判为中心"的诉讼活动面临的各类问题日趋专业化、复杂化和精细化，我们不可能拥有全知全能和先知先觉的法官，面对可疑死亡、不明死亡等老百姓看来可谓天大的事情，往往束手无策、无计可施，这就急需专业的死亡鉴定工作来及时有效地解决诉讼中的专门性问题。首先，死亡鉴定是开启刑事诉讼与否的前置工作。死亡鉴定虽然不涉及相关人员的责任追究，但这种以揭示死亡真相为己任的工作及其工作成果——鉴定意见，很有可能成为刑事立案的重要线索和材料来源，从而启动刑事诉讼程序。其次，死亡鉴定能有效减免当事人单方举证的难度。很多命案后的刑事排查及鉴定，都是由国家负担，免除了老百姓自己查找真相的苦楚和力不从心。国家公权力强有力地介入非正常死亡案件中，一方面保证了对刑事犯罪的有力打击，另一方面将举证责任转移给公权力，减免了当事人的举证难度，只有其对死亡鉴定结果不服的，可以自行举证、自行委托鉴定。最后，死亡鉴定有效地弥补了法官在专门性问题上的认识不足。非正常死亡涉及的信息量远远超出一般的经验范围和普通的认知程度，缺乏专业背景的法官离不开死亡鉴定的介入和帮助，对法官知识欠缺的弥补，使得死亡鉴定成为命案诉讼中不可或缺的一项保障措施。并且，强制进行的死亡鉴定还增强了诉讼的对抗性，成为当事人或辩护人增强话语权的工具，辩方肯定会以更积极的态度参与其中，进而更好地保障当事人的基本权益。①

二、明确强制死亡鉴定的范围

用比较研究的视野审视域外两大法系，不管是实行验尸官制的英格兰、我国香港特区，还是实行检察官制的苏格兰，它们对待死亡的审慎态度和规范程序，很是值得我们学习。验尸官制度之下，凡是不明死亡的事件发生，只要接到责任人的报告，验尸官就须启动死亡调查程序，由其委托病理专科医师进行尸检，并且决定是否需要陪审团参与法庭研讯。验尸官法庭专门负责查清死者身份和死亡原因，其调查范围主要有：（1）因意外、暴力或在可疑情况下致死的事件；（2）突然死亡的事件；（3）不明死亡的尸体；（4）调查在狱服刑犯人和在押嫌疑人的死亡原因。大陆法系之苏格兰有一项公开的"死亡事故调查程序"，多在起诉后进行，亦可在起诉前举行，该程序可分为强制调查和裁量调查两种。根据苏格兰《1976年致命事故和猝死调查法案》，死亡案件必须提交检察官的包括但不限于以下五种情形：（1）暴力死亡或非正常死亡（包括意外或自杀）；（2）猝死或死因不明；（3）死于监狱或警方拘留中；（4）被投诉的医疗或牙科事故死亡；（5）造成严重公共健康危险的工业死亡或传染疾病致死。② 强制调查有两种情形：一是死于职业场所，二是死于监狱或警方拘留中，检察官必须进行调查而无裁量权，其有权决定尸检，无须家属同意，可要求进行尸表检验或尸体解剖，解剖须由法医病理医师执行。

当前有许多学者提出设立强制鉴定制度，但必须考虑我国司法现状，考虑适用条件与诉讼效率、司法资源的平衡问题，而正是由于命案和死亡关乎重大，可以考虑先行限定一定范围的强制鉴定，典型如强制死亡鉴定。2017年，中央出台的《关于健全统一司法鉴定管理体制的实施意见》中指出，依据相关法律法规，已经查明案件性质、死亡原因，不涉及刑事诉讼的公民非正常死亡，其监护人、近亲属对死亡原因有异议的，可以申请委托具有法医病理鉴定资格的鉴定机构和鉴定人进行法医鉴定。鉴定机构鉴定意见与办案机关不一致的，鉴定机构应及时通报相关部门；对于公民在传唤、拘传、羁押、监所服刑、强制隔离戒毒、强制医疗期间以及执法过程中死亡的，除法律另有规定

---

① 参见卞建林、李婵媛：《刑事强制鉴定制度初探》，载《中国司法鉴定》2010年第3期。

② Medical Protection Society（MPS），*the Procurator Fiscal and Fatal Accident Inquiries*，p.1，advice correct as of September 2013.

外，应当在检察机关主持下，委托具有法医病理司法鉴定资格的鉴定机构和鉴定人进行死亡原因鉴定。并且明确指出，要建立公安、法院、检察院、国家安全机关和司法行政机关的联合工作机制，稳妥开展公民非正常死亡法医鉴定。

必须指出的是，尽管强制死亡鉴定主要指向的是非正常死亡（外因死亡），但需要强调的是，即使某些死者看起来像是病故（内因死亡），若属于未就医而死，或是明明身康体健却突然暴毙等存有疑点的死亡情形，也应先看作非正常死亡而移交警方，强制进行死亡鉴定。本书借鉴学习其他学者的观点①，认为需要规范强制死亡鉴定的范围如下：

1. 公安等机关执法中死亡事件，如"北京雷洋死亡事件"等；
2. 监管场所的被羁押人死亡事件，如"躲猫猫死亡"以及"看守所系列死亡事件"等；
3. 质疑较大的疑似自杀事件，如"贵州瓮安事件""湖北石首事件"等；
4. 引发社会关注的责任事故，如"浙江钱云会事件"等；
5. 对无名尸体的身份确认，防止"亡者归来"的尴尬结局，如"佘祥林案""赵作海案"等；
6. 其他不明死因的争议案件，如"黄静裸死案""连丽丽猝死案"等。

我们只是事先明确需要强制进行死亡鉴定的范围，但很多类案件都存在一定的主观判断（比如质疑、争议等），死亡鉴定又需要严格的管控，这其实就涉及后文的鉴定的启动和实施程序的规制。

三、死亡鉴定启动过程的规制

死亡鉴定的启动程序一般分为申请与决定，其关键在于鉴定决定权的赋予，而鉴定的实施程序是从受理开始，死亡鉴定实施过程中的关键是对鉴定主持主体的规制。我国三大诉讼法都有关于平等保障当事人诉讼权利的内容，而死亡鉴定既可以作为公检法三机关侦查、检察以及审判的手段，也可以作为当事人维护自己权利的手段。程序公正要求当事人诉讼平等参与，进程平行推进，维权平等抗辩，当事人的诉讼权利和人格尊严得到平等与充分的保障。当前，在以审判为中心的诉讼制度改革背景下，重视当事人主义的积极作用，合理配置死亡鉴定的启动权，弥补当事人对鉴定启动权的缺失等，已经成为亟须面对的问题。

---

① 参见时延安、王雪莲：《死因查明、认定制度的构建》，载《法学杂志》2017年第6期。

（一）赋予当事人诉前鉴定启动权

从死因鉴定争议引发的"瓮安事件""石首事件"等案例可以看出，这些大都由于死因被认定为自杀，从而未进行刑事立案而被排除在刑事诉讼程序之外，死者家属不服鉴定结果而引发的群体性事件。鉴于此，我们应当考虑从当事人诉讼权利的角度去看待死亡鉴定的启动问题，死亡鉴定不仅是公权力机关"发现真相、实现正义"的司法工具，更是当事人"维护权利、对抗诉求"的证明手段。也就是说，我们不仅需要从权力范畴去限定死亡鉴定的启动权，更应该从权利范畴去完善死亡鉴定的启动权。过去职权主义模式下的公权力"垄断"鉴定启动权，应当随着"以审判为中心"的诉讼制度改革而有所变革，如今重视举证责任的对抗化、质证责任的实质化，死亡鉴定已然是死亡案件中掀起诉讼大幕的重要诉讼权利，其必然需要从过去单纯的权力行为变为权力与权利相结合的行为，继而反映出诉讼活动的规律，体现出诉讼构造中诉与讼的关系。

我们提倡赋予当事人在诉前的死亡鉴定启动权，就是考虑死亡鉴定的启动实质上与举证责任的承担相一致，符合司法鉴定启动权设置的一般化原则。鉴定意见作为法定证据种类之一，因其专业性的特征而独受诉讼各方的宠爱，鉴定意见对诉讼的走向和最终结果都起着至关重要的作用。因此，本书建议诉前鉴定由当事人启动，主要包含两层意思：一是平等地赋权于潜在的或显在的诉讼双方当事人，这当然包括刑事诉讼中的公安机关和检察机关，双方当事人都具有启动死亡鉴定的权力（权利）；二是在双方的鉴定结果发生冲突或者难以采信时，上级（公安或检察）机关或人民法院视诉讼阶段所属可以启动复核鉴定。

之所以如此构建，主要基于以下两点进行考虑：首先，平等赋予双方鉴定启动权，与其说是权力的赋予，不如说是权利的回归，有权利更意味着义务。死亡鉴定的启动，受制于法律对举证责任的强制规定，举证责任不仅是法定义务的承担，更是有着相应的举证不利的法律风险。涉及死亡的案件中，与证据取舍密切相关的利益关系人是死者家属、犯罪嫌疑人或被告人等，从某种意义上讲，他们对证据的处分往往意味着对自己权益的处分，因而他们才可能担负最为审慎的注意义务。其次，上级机关或人民法院启动复核鉴定，与其所应担负的异议审核责任相一致。不管是顺利进入诉讼之后的人民法院，还是行政争议、行政复议或行政诉讼中的上级机关，其都通过不同的审查程序对异议证据承担着复核乃至确定的义务。赋予上级机关或人民法院的复核鉴定启动权，与诉前鉴定的当事人启动制并不冲突，反而会促进当事人审慎地选择鉴定主体，进而保证初次鉴定的鉴定质量。①

当然，赋予当事人启动死亡鉴定的权利，一定要注意对其启动权的监控，我们要注意区分鉴定启动主体和鉴定主持主体两个概念的不同。尽管诉前鉴定中赋予了当事人在死亡大事上启动鉴定的权利，但死亡鉴定实施的主持权仍旧被控制在公权力机关手中，视情况不同而不同。比如涉嫌一般刑事案件，应当在公安机关的主持下进行死亡鉴定；涉嫌在传唤、拘传、羁押、监所服刑、强制隔离戒毒、强制医疗期间以及执法过程中死亡的，除法律另有规定外，应当在检察机关主持下进行死亡鉴定。鉴定启动权和主持权是可以分离的，过去一直被混为一谈，强调公权力对死亡鉴定的主持权，也是防止随着鉴定主体的社会化、中立化而带来的鉴定过程的失控，防止鉴定主体为了追逐经济利益而罔顾鉴定质量问题的发生，同时也是赋予死亡鉴定准司法化的表现途径。

（二）建议统一诉中鉴定启动权

这是由死亡鉴定的特殊性决定的，死亡鉴定中许多鉴定事项都需要尽早、一次性地权威认定，许多检材甚至不具备二次鉴定的机会，因而死亡鉴定往往成为直接影响案件事实认定的关键所在，也往往成为法官借以查明案情、定分止争的核心证据。

一旦立案之后，不管是刑事诉讼，还是民事诉讼、行政诉讼，需要进行死亡鉴定的，建议实行严格意义上的法官启动制。当然，需要强调的是，在当今世界诉讼模式均吸收当事人参与的前提下，诉中死亡鉴定的法官启动制也是建立在当事人参与基础之上的，人民法院的法官既可以依职权决定启动鉴定，也可以依公安机关、检察机关或当事人的申请决定启动鉴定。平等地赋予且保障各方当事人（包括公安机关、检察机关）的死亡鉴定申请权和建议权（比如对鉴定主体的选择建议）；法官在拒绝当事人的申请或建议时，应当在合理期限内作出书面说明；当事人对法院的拒绝可以采取必要的救济措施。

在立案后的诉中程序确立死亡鉴定的法官启动制，主要考虑：首先，这是一脉相承的，与我国在传统职权主义基础上借鉴当事人主义合理因素的总体思路一致，有利于鉴定改革与其他制度改革的相互契合。其次，可以兼具职权主义鉴定客观、公正、容易获得公众信任的优势，以及对抗式下当事人参与程度较高、有利于监督和制约的长处。

"以审判为中心"诉讼制度的改革，更加强调审判的中立与公正，我们提

---

① 参见杜志淳、霍宪丹：《中国司法鉴定制度研究》，中国法制出版社 2002 年版，第 130 页。

倡诉中死亡鉴定的法官启动制，也是为了防止对控辩不平等的质疑。审判之公正，关键在于从制度上保证法院在需要鉴定时能决定鉴定、委托鉴定，并在不同鉴定人之间对鉴定结果发生争议时通过适当的方法进行审查。将诉中鉴定启动权赋予当事人一方（侦控方如公安、检察机关），反而一方面容易形成"侦查中心主义"，另一方面也不能保证审判人员能准确地审查判断鉴定意见。创设诉中死亡鉴定的司法官启动制，平等地赋予当事人鉴定申请权，这种申请权并不具有约束力，其是否被采纳，完全取决于法院（法庭、法官）的自由意志。为了避免当事人的死亡鉴定申请权流于虚设，可借鉴国外相关经验，在当事人提出死亡鉴定申请后，法院的法官应给予充分重视和认真对待，以附理由的裁定或决定的形式答复申请是否采纳，并应允许当事人有异议的申请复议一次。在此需要配合前文所述的强制鉴定制度，法官综合全案情况给予仔细审查，如若属于强制死亡鉴定的范畴，则法官无自由裁量权，应该立即启动死亡鉴定。

四、死亡鉴定实施过程的规制

通过域外两大法系国家对鉴定实施过程的诉讼规定，可以发现其共同点在于，诉讼当事人以及其他诉讼参加者、法官、检察官、侦查人员等在鉴定实施过程中均有不同程度的介入，其目的就在于通过对鉴定实施过程的诉讼监督来保证鉴定意见形成过程的公开与公正。

（一）强化诉讼双方对鉴定过程的参与

诉讼双方平等对抗是司法公正的基本要求，鉴定实施过程是诉讼程序的组成部分，也应体现过程参与的平等对抗性，并赋予诉讼双方同样的机会和权利。诉讼双方当事人、与鉴定结果有利害关系的人、聘请的专家和证人等，都应有权参与到鉴定实施过程之中。鉴定主持者应对各方的意见给予平等的关注，认真听取各方的意见和建议，允许他们提出有利于自己的证据材料以及反驳对方的证据材料。强化诉讼双方对鉴定过程的参与，是为了保障当事人利益能够得到充分重视，是为了体现程序正当性进而使得鉴定结果更易被接受。当事人参与到死亡鉴定的实施过程中来，对实现程序公正与公开，以及构建"过程导向信任"的鉴定争议解决机制都具有重大意义，可以提升鉴定结果的公信力和可信性。[①] 一方面，让当事人及其聘请的专家辅

[①] 参见陈如超：《迈向"过程导向信任"的刑事死因鉴定争议解决机制》，载《证据科学》2014年第4期。

助人有机会充分参与到死亡鉴定实施过程中,以鉴定实施的程序公正而保证其实体公正,这是对当事人知情权和参与权的尊重,同时也督促鉴定实施的公正与可靠。另一方面,当事人的参与,使得死亡鉴定的神秘面纱被揭开,有利害关系的各方都可以直面鉴定结果的导出过程,增加了各方当事人对鉴定结果的认可度,这会使得后续重新鉴定的概率大大降低,有利于提高鉴定效率进而缩短诉讼耗时,维护科学证据的权威,同时也能够使得当事人的质证权落到实处。[①]

(二) 鉴定过程公开的硬性要求

鉴定实施过程的公开与当事人对鉴定实施过程的参与,是一个问题的两个方面。实施鉴定的过程并非一个封闭的科学实验过程,它是诉讼程序的一部分,应当像司法程序一样公开、透明,通过鉴定过程的公开以及其他人员的参与来实现对其实施过程的监督。涉及死亡的命案,往往牵动社会公众的眼球,所谓社会公众,其并不只是与案件相关的利害人,而是囊括那些与案件没有任何利害关系的普通民众、新闻媒体和职业法律人。社会公众参与司法的途径一般包括新闻媒体、网络平台和专家意见等,但从云南"躲猫猫事件"中的网民调查团到浙江"钱云会事件"中的公民观察团,可见死亡真相查明的公众参与之势愈演愈烈,这是转型时期社会制度结构性矛盾在司法领域的反映。当前,各类死亡事件不断被媒体热炒,死亡调查及死亡鉴定工作要想得到公众的理解、认同与支持,就必须重视司法能动主义,为公众的有效参与开辟制度通道,这就要求死亡鉴定过程的硬性公开。要及时把鉴定实施过程与鉴定结果进行公开,方便利害关系人的参与,也便于社会公众的监督。必要时,可以考虑吸收第三方群体以监督员的身份参与到鉴定过程中,畅通死亡鉴定过程与外部关注群体双向反馈通道。网络时代的来临,扩展了公民参与、监督命案的可能空间,也给新形势下司法工作带来了崭新课题。随着依法治国、打造法治社会等基本方略的不断推进,人民群众知情权、参与权、表达权等意识不断增强,司法机关不能只是被动应对,而应主动出击、创新思维、健全机制,力争在司法工作中形成良好的官民互动,维护司法公信力。

(三) 完善专家辅助人的提前介入

2012 年修改后的刑事诉讼法与民事诉讼法都强烈表达了对鉴定人出庭作

[①] 参见郭金霞:《鉴定结论适用中的问题与对策研究》,中国政法大学出版社 2009 年版,第 221 页。

证的明确要求，同时，为了保障鉴定人出庭作证获得预期的实质性效果，保证鉴定意见作为定案根据的质量以及维护公正的审判程序，两大诉讼法的修改均不惜额外添加诉讼参与人以及再次投入诉讼成本，增加了"有专门知识的人"出庭对鉴定意见或者专业问题提出意见的制度，即"专家辅助人制度"。[1] 专家辅助人制度的建立，使得专家辅助人参与诉讼、参与庭审不存在任何问题，但问题是何时介入、什么阶段介入？是仅仅庭审前介入，通过对鉴定意见及相关材料的书面审查参与到案件中？还是提前到鉴定实施前后就介入其中，亲身参与并监督死亡鉴定的实施？显然，在鉴定实施前后就提前介入，会使得专家辅助人更能及时、全面地把握鉴定及案件情况，更有利于对鉴定意见或专门问题形成深刻认识。例如，在北京"雷洋死亡事件"中，北京市检察机关全程主持并监督，委托中立的社会第三方鉴定机构——"北京明正司法鉴定中心"实施死亡鉴定，死者家属委托张某某作为专家辅助人，全程见证并监督了整个尸检过程。专家辅助人的提前介入，其实是当事人在场权的延伸，当事人对鉴定实施过程的知情权和参与权，是以具备专门知识为前提必需的，欠缺专门知识的当事人即便赋予其在场权，也无法保障其实质上的介入与监督，而仅仅保留在形式意义上。为了弥补当事人专业知识的不足，防止当事人对鉴定实施过程的监督流于形式，应完善专家辅助人提前介入制度，使得专家有权提前参与到死亡鉴定过程中，及时发现问题、提出问题，及时给当事人以专家意见，并有权复制鉴定资料，对鉴定过程和鉴定方法进行记录。死亡鉴定实施过程中的专家介入，既可以帮助当事人了解相关的专门问题，又可以评估检验方案、鉴定方法、仪器设备是否妥当，还可以保障和监督所使用的鉴定材料的原始性和真实性，这都有助于当事人真正实现自己的鉴定参与权，同时专家的提前介入，更易发现死亡鉴定过程中的不足与漏洞，进而促进死亡鉴定工作的质量和改善。

五、死亡鉴定听证制度的构建

真理越辩越明的司法程序的交涉性特征，决定其显然是一个注重辩论和协商的过程。现实中，死亡鉴定争议经常惹起各方不满，因此有必要建立一种互动协调、动态平衡的争议各方"面对面"辩论，进而使得死亡鉴定工作更加规范、提高质量。鉴定听证制度就此应运而生，让当事人充分参与是赋予鉴定结果公信力的程序保证，也是理论界所主张的程序正当原则。在众多争议四起

---

[1] 参见郭华：《专家辅助人制度的中国模式》，经济科学出版社2014年版，第2页。

的死亡案件中，往往是通过新闻发布会、记者会等来公布鉴定结果，但是这种单方面通报的形式，并不能充分体现当事人对抗之效果，仅仅是将社会大众和新闻媒体当成了受众。综观听证在我国之实践，主要是以法律形式在行政和立法领域确立了听证制度，如1996年确立的行政处罚听证、1997年确立的价格决策听证、2000年确立的立法听证、2003年确立的行政许可听证、2005年确立的信访听证等。作为舶来品，听证实践在我国暴露出听证的适用范围狭窄、听证组织者独立性不足、听证主持人选任不合理、听证笔录的约束性不强等一系列的问题。但是，在我国扩大发展听证的适用无疑具有重大的理论和现实意义，有学者指出，我国发展听证制度不能照搬西方经验，应倡导试验精神，独立思考，不断摸索，推进听证理论创新和实践创新，以实践作为检验的客观标准。[①]

（一）鉴定听证会的适用范围

鉴定听证会如同案件的法庭审理的外在形式一样，需要耗费大量的时间和精力。并非所有的鉴定案件都需要列入鉴定听证的范畴，司法鉴定活动也要追求公正高效，因此鉴定听证制度应当根据鉴定实务的需要，明确需要进入听证程序的案件范围。结合前文的强制死亡鉴定的范围，适用鉴定听证的案件应主要考虑：第一，疑难复杂、牵涉面广、有较大社会影响的案件；第二，当事人、死者家属等对立情绪较大并多次闹访缠诉的案件；第三，诉讼双方当事人对鉴定材料有异议的案件；第四，对鉴定意见存在很大争议的重新鉴定案件；第五，需要进行现场调查或走访调查的案件。[②]

（二）鉴定听证会的启动程序

鉴定听证会也许会涉及多方主体，有学者建议鉴定听证程序的启动采取"复合"启动模式，即办案单位可以依职权启动，当事人也可以申请启动。[③]至于死亡鉴定，我们在规制死亡鉴定之启动，构建诉前鉴定的当事人启动制和诉中鉴定的司法官启动制的同时，应当考虑将鉴定听证会的启动权交由鉴定实

---

① 参见丁越华：《发展中国听证制度的哲学思考》，载《广西社会科学》2011年第3期。

② 参见王云介、沈洁：《论构建我国司法鉴定听证制度》，载《中国司法鉴定》2011年第5期；王俪睿、沙万中：《听证制度在我国司法鉴定中的应用研究》，载《中国公共安全（学术版）》2017年第3期。

③ 参见王云介、沈洁：《论构建我国司法鉴定听证制度》，载《中国司法鉴定》2011年第5期。

施的主持主体。死亡鉴定实施的主持主体视情况不同而有所不同，比如，在诉前程序中，一般刑事死亡鉴定，应当由公安机关主持，而涉嫌在传唤、拘传、羁押、监所服刑、强制隔离戒毒、强制医疗期间以及执法过程中死亡的案件，其死亡鉴定一般由检察机关主持；在诉讼程序中，死亡鉴定的实施应由人民法院主持。因此，死亡鉴定听证会的启动，由公、检、法机关视阶段不同和情况需要而享有决定权，其他当事人只是拥有申请权。

但不能忽视的是，鉴定主体享有对鉴定听证会的启动建议权。毕竟，死亡鉴定的实施过于专业化，是否需要召开鉴定听证会，恐怕鉴定人最有发言权，因此有必要赋予鉴定机构一定的主动权，鉴定机构在受理鉴定委托、查验鉴定材料后可以根据鉴定需要提出召开鉴定听证会的建议。但需注意，这仅仅是建议权，如果鉴定机构不经主持单位（办案单位）同意就擅自组织听证的话，其效果和价值将被大大打了折扣，甚至是空忙一场。因此，鉴定机构仅仅享有鉴定听证的建议权，而非决定权，但是，鉴定机构完全可以强化这种建议权的力度，如果办案单位将鉴定机构的鉴定听证建议驳回，鉴定机构可以不受理、退案或拒绝鉴定。[①]

（三）鉴定听证会的召开时间

在前面第二章提到过，我国目前在死亡鉴定的启动上存在"老大难"问题，主要原因有二，一是移交的鉴定材料、委托的鉴定事项等有问题，二是鉴定机构"趋利避害"怕惹祸上身而拒绝受理。因此，很多学者提出鉴定听证会应在鉴定受理前召开，其主要目的是明确争议焦点、确定鉴定事项、认证鉴定材料等，要防止出现受理鉴定后再退案的尴尬局面。[②] 但是，如果鉴定听证会限制在受理鉴定前召开，那就将面临一个两难问题：根据现有法律规定，只有本案鉴定人才有权查阅、调取与鉴定事项有关的案件材料，才可以询问相关当事人、证人等，而在鉴定受理前显然还没有获得鉴定人的资格，恐怕不具有组织听证以补充收集鉴定材料的权利；而一旦先受理后进行听证的话，又有可能导致退案的结局。因此，构建死亡鉴定的听证制度，需要对鉴定听证的主持权和组织权进行规定。至于听证的召开时间，正是因为不管是实施死亡鉴定的

[①] 参见王建强、陈光耀：《司法鉴定听证制度若干问题研究》，载《中国司法鉴定》2013年第4期。

[②] 参见夏文涛、程亦斌等：《医疗纠纷司法鉴定的程序设计》，载《中国司法鉴定》2008年第S1期；王云介、沈洁：《论构建我国司法鉴定听证制度》，载《中国司法鉴定》2011年第5期。

案件，还是启动鉴定听证的案件，都是疑难复杂、有争议的案件，鉴定听证会的召开时间是在受理鉴定前还是受理鉴定后，影响并不是太大，只需根据鉴定需要进行决定即可。

（四）鉴定听证会的参与主体

要从死亡鉴定听证会的召开目的出发，明确需要解决的诉讼中的专门性问题，确定死亡鉴定的具体委托事项，同时确保鉴定主体能够收集到全面、充分的鉴定材料，进而决定鉴定听证会的参与主体的范围。一般情况下，与案件有利害关系的人员都应该参加鉴定听证会，包括办案单位、鉴定主体、当事人、死者家属以及其他利害关系人、证人、专家辅助人等。

听证主持人对听证会的进行负有组织和指挥职责，其应当充分了解案情，并且具备一定的专业知识。一般情况下，由当事人双方共同协商确定主持人，在刑事死亡鉴定中，由死者家属一方和犯罪嫌疑人、被告人及其辩护人一方共同协商确定，如果双方当事人无法达成合意，则由听证启动主体进行指定，一般情况下由鉴定机构的负责人或者鉴定受理人员担任主持人，而鉴定人一般需要回避。

听证人在鉴定听证过程中属于中立的第三方，其参与听证会的目的在于听取双方当事人的陈述和辩解，分析补充的鉴定材料，对要解决的问题作出评估和初步判断，类似于西方法庭中的陪审团。听证人一般由熟悉案件的办案人员和本案的鉴定人担任。

听证各方当事人是听证会的主体，包括双方当事人、利害关系第三方及其代理人、聘请的专家等。听证程序设计的原则是要平等地对待听证的各方参与者，在听证过程中给予他们平等参与的机会，让各方参与者都有平等的机会提出己方的主张和理由，并为此进行论证和申辩。为提高听证会的召开质量，增强当事人之间平等对抗的实质性，有必要吸收律师和专家辅助人参与到鉴定听证会之中，这有助于有的放矢、明晰争议焦点和明确表达意见等，有助于化解不必要的误解、提高鉴定听证效率等。

鉴定听证会一旦准备召开，听证的准备、组织和协调工作也主要由鉴定机构来负责，毕竟鉴定机构及其鉴定人才是后续的死亡鉴定工作的实施主体，他们最为深知鉴定听证会的重大意义，也最为关心听证会的召开质量和最终结果。

第二节　死亡鉴定工作的质量监控

鉴定质量是死亡鉴定工作的根基所在，如果排除鉴定材料对鉴定活动的影响，死亡鉴定工作的质量主要体现在鉴定意见的采信率上，体现在鉴定意见能否正确解决诉讼活动中遇到的专门性问题，能否经得起法庭质证，为当事人所接受，被法官采信。相应地，鉴定质量就可以外延为几方面的要求：合法性、可靠性、可信性和适当性，质量监控的主要工作也主要围绕这几点目的而展开。

一、司法鉴定的标准化管理

2015年3月，国务院颁布《深化标准化工作改革方案》（国发〔2015〕12号），明确了国家标准化战略是全面深化改革和推进治理现代化的重要举措。2018年1月，新修订的《标准化法》开始实施。在国家标准化战略和全面依法治国的大背景下，司法鉴定的标准化工作也迎来新的机遇和挑战。

（一）司法鉴定标准化的含义

我国司法鉴定缺乏统一的鉴定标准，司法鉴定标准化工作严重滞后等因素，已经成为影响司法鉴定科学性和可靠性的重要因素之一。实践中的突出问题主要有：技术操作无据可依，技术方法五花八门，鉴定标准政出多门，部分标准技术陈旧等。那么，究竟什么是司法鉴定标准？有学者指出，司法鉴定标准应该包括两部分，即鉴定意见的形成标准和鉴定意见的运用标准。[①] 还有学者仿照GB/T 2000.1-2002《标准化工作指南》第一部分：标准化和相关活动的通用词汇中"标准"的定义，给司法鉴定标准下了一个定义：所谓司法鉴定标准，是指为在司法鉴定行业内获得最佳秩序，经协商一致制定并由公认机构批准，共同使用和重复使用的一种规范性文件。[②] 进一步讲，司法鉴定的标准化是一种活动，所谓司法鉴定标准化，是为在司法鉴定行业内获得最佳秩序，对司法鉴定活动的现实问题或潜在问题制定共同使用和重复使用的条款的

[①] 参见程军伟：《论司法鉴定的标准化》，载《理论导刊》2008年第2期。

[②] 参见杜志淳、罗良忠、孙大明：《司法鉴定质量监控研究》，法律出版社2013年版，第29页。

活动；该活动主要包括制定、发布及实施司法鉴定标准的过程；这项活动过程不是一次就完结了，而是一个不断循环、螺旋式上升的运动过程；每完成一个循环，标准水平就提高一步。① 另有学者指出，司法鉴定标准化工作从广义上讲，既包括管理层面的规范化工作，也包括专业层面的标准化工作；既包括技术标准的编制，也包含法律法规的完善等内容。② 总之，司法鉴定的标准化既是提高鉴定质量、减少重复鉴定且为诉讼活动提供可靠技术支撑的需要，也是司法鉴定统一管理进程化的重要步骤和举措，这需要结合司法鉴定实际，逐步建立和完善司法鉴定标准化体系。

（二）建立统一的鉴定标准管理机制

当前鉴定实务中，所使用的鉴定标准和方法包括技术法规、公共安全行业标准、医疗卫生行业标准、金融行业标准、司法部技术规范、机构自编方法等。③ 司法鉴定标准化之混乱现状与司法鉴定管理体制的"多头管理"问题有关。2005 年之前，出于打击犯罪的便利和鉴定资源的匮乏，我国公检法三机关内部各层级均设立有鉴定机构，由各机关分头管理，早期的鉴定主要力量呈现出公务员化和职权化的特点。2005 年全国人大常委会《关于司法鉴定管理问题的决定》出台，取消法院鉴定机构、限缩侦查机关鉴定机构受案范围的同时，明确指出"国务院司法行政部门主管全国鉴定人和鉴定机构的登记管理工作"。这原本是形成司法鉴定统一管理体制的大好时机，却被公安部 2005 年 4 月 20 日一纸通知而改变了走向，后续公安、检察、国安机关内鉴定主体实行"内部管理＋备案登记"制度，从此与社会鉴定主体走上不同的管理途径。④

正是因为长期以来，没有理顺司法鉴定的管理体制和组织架构，司法行政

---

① 参见杜志淳、罗良忠、孙大明：《司法鉴定质量监控研究》，法律出版社 2013 年版，第 30 页。

② 参见陈军、王旭：《法庭科学/司法鉴定标准化建设工作的探索与思考》，载《中国司法鉴定》2018 年第 6 期。

③ 参见何晓丹、沈敏：《司法鉴定标准化管理的路径探讨》，载《中国司法鉴定》2018 年第 1 期。

④ 2005 年 4 月 20 日，公安部发布《关于进一步加强公安机关刑事科学技术工作的通知》，认为公安机关所属的鉴定机构和鉴定人不属于《关于司法鉴定管理问题的决定》规定的"司法鉴定机构"和"司法鉴定人"的范畴，故而不在司法行政机关登记之列。2008 年 11 月，"两高三部"联合发布《关于做好司法鉴定机构和司法鉴定人备案登记工作的通知》，司法鉴定管理体系仍旧难改"多头管理"之顽疾。

部门和国家标准化委员会未能建立有效衔接机制，司法鉴定标准化管理工作没有纳入国家常态化的标准化管理工作范畴，这直接导致司法鉴定行业没有自己的标准化统一管理机构，行业标准研制和修订工作迟滞。基于解决鉴定实践之迫切需求，从 2010 年到 2015 年，司法部集中优势专家力量先后出台 74 项司法鉴定技术规范，在本系统内部推广使用，反映一片良好，但此举只是搭建了司法鉴定标准的初步框架，技术规范并没有纳入国家标准化管理的范畴，还不是严格意义上的标准。① 至于死亡鉴定方面，2015 年 11 月 20 日司法部办公厅下发通知（司办通〔2015〕65 号），称为进一步规范司法鉴定执业活动，推进司法鉴定标准化建设，保障司法鉴定质量，推荐适用《法医学尸体解剖规范》《法医学虚拟解剖操作规程》等多项司法鉴定技术规范。

健全统一司法鉴定管理体制，需要统一鉴定标准，应当建立统一的国家司法鉴定标准委员会。2017 年 10 月审议通过的《关于健全统一司法鉴定管理体制的实施意见》，明确提出要统一司法鉴定标准，设立全国司法鉴定标准化技术委员会，统一制定、发布、解释司法鉴定标准，同时加快建设形成司法鉴定标准化体系。一方面，对现有已经发布的技术规范和标准进行完善，加强鉴定标准的体系化建设；另一方面，要强化鉴定标准在适用和执行上的统一，对于不执行统一的司法鉴定标准的，要对所作出的鉴定意见统一予以排除，还要追究不执行统一标准的鉴定主体的责任。②

（三）诉讼视野下的几个关键问题

司法鉴定兼具科学性和法律性的双重属性，司法鉴定标准化归根结底是为诉讼活动服务。

1. 厘清强制性标准和推荐性标准的关系定位

政府主导制定的标准，大多为强制性标准，体现的是政府意志。这一类标准大多涉及利益相关方众多，比如法医学鉴定中的伤残鉴定标准，伤残等级的评定直接涉及双方当事人的利益、涉及法院裁判赔偿的依据，甚至伤重可能涉及刑事责任而关涉公安、检察院，还有保险公司的核付保费等，像这类标准适宜以国家强制性标准予以公布，涉及各方应严格遵行。还有与定罪量刑有关的比如酒驾标准、毒驾标准、毒物分析与检验，还有程序性要求比如尸体解剖规

---

① 参见何晓丹、沈敏：《司法鉴定标准化管理的路径探讨》，载《中国司法鉴定》2018 年第 1 期。

② 参见郭华：《健全统一司法鉴定管理体制的实施意见的历程及解读》，载《中国司法鉴定》2017 年第 5 期。

范等，都适合纳入强制性标准的范畴。但是，死亡鉴定的特殊性，在于更多依靠法医病理性检验鉴定这种主观性较强的技术方法，死亡的复杂性和多样性，使得很难有统一的强制性标准来适用，更多的是经验的积累和传承。死亡鉴定领域，更多的是行业或团体的推荐性标准，甚至是该专业领域多数专家认可的技术方法。应当发挥政府主导、行业或团体辅助的司法鉴定标准制定过程，并要及时将经过实践检验、得到广大认可的标准及时转化为国家标准、强制性标准。当前，厘清强制性标准和推荐性标准，建立协调配套的标准化体系是未来很长一段时期鉴定标准化工作的重点任务。

2. 加强鉴定标准与认证认可的衔接

面对每年百万计数的鉴定案件，司法鉴定管理机关不可能针对每一个个案直接进行监管和控制，而引入认证认可，则可以通过对司法鉴定机构质量管理体系有效性的核查，实现对司法鉴定质量要素的间接控制，从而实现对鉴定质量的监管。司法鉴定标准化是开展鉴定机构认证认可的前提和支撑，鉴定标准的制定应坚持符合认证认可体系的原则和要求，避免后续标准在使用中的波动，如对环境、人员、设备的要求等。注重鉴定标准与认证认可标准之间的衔接关系，综合体现标准的统一性、科学性和合理性。一方面，在内审、现场评审、能力验证、监督评审等一系列验室认可/资质认定的评审工作中，观察司法鉴定机构能否准确选用适宜的标准、能否准确实现标准方法的验证、能否准确对非标准方法进行确认，并将鉴定意见书中描述的方法与体系文件中确认的方法逐一对照，观察其是否一致，从而判断机构的方法控制程序是否符合要求；另一方面，方法评价作为认证认可活动的输出之一，通过不符合项发现方法运行中存在的问题，以实现对方法的监督检查、持续改进。①

3. 鉴定标准的实践性和国际化

司法鉴定是一项实践性很强的活动，在鉴定标准的统一制定过程中，要充分考虑到理论与实践的差异、科研成果与标准转化的适用性等问题。有学者统计分析了我国法庭科学标准的项目立项、批准和撤项情况，其指出高达9%的标准被撤项，是因为在立项阶段没有进行足够的调研和科学的规划，进而导致执行过程中出现各种障碍而无法继续下去。② 鉴定标准主要用于指导司法鉴定实践，其标准制定需求应该来源于实践、反馈于实践，任何脱离司法鉴定实践

---

① 参见何晓丹、李成涛、沈敏等：《比较法视野下我国司法鉴定标准化制度的完善研究》，载《标准科学》2019年第4期。

② 参见焦贺娟、强毅、王长林等：《我国法庭科学标准适用性评价分析》，载《刑事技术》2016年第6期。

的鉴定标准将形同虚设。另外,在科技全球化的今天,很多国际化标准的出台,便利了各国相互交流、传播经验。我们应该正视这种标准的全球化、国际化趋势,积极学习和借鉴国外先进的、成熟的国际标准、区域标准、团体标准等,并结合我国实际情况进行采用和转化,进而实现我国标准和国际标准的一致性和融合性。① 另外,我们还要积极参与国际标准化工作,达到资源共享、学习借鉴,进而实现国家标准与国际标准的互认互信,这将对我国涉外司法鉴定案件得到国际认可带来便利,同时使得我国一些涉外诉讼的结果更容易被接受。

二、死亡鉴定机构的认证认可

为了使司法鉴定行业进一步得到规范,近几年,全国上下都在如火如荼地开展鉴定机构认证认可的工作。我国的鉴定机构主要区分为三种类型:从事检测活动的鉴定机构、从事检查活动的鉴定机构和两种活动都从事的鉴定机构,分别都要进行实验室和检查机构的认证认可。作为规范管理和质量保证的重要手段,认证认可工作的开展在司法鉴定领域也非常重要,这是鉴定机构管理走向标准化、规范化、科学化与国际化的重要手段和途径。我国认证认可制度的建立,也是顺应时代潮流的要求和对法律规定的呼应。

(一)司法鉴定领域认证认可的法律依据

司法鉴定,鉴定人通过对专门性问题采用技术性手段进行专业分析得出相应的意见,是社会公认的具有科学性的司法证明活动。司法鉴定意见作为法定的证据之一,由于有专业的鉴定机构和鉴定人员进行分析,得出的鉴定意见影响着法官对于案件事实的认定、其他证据的采纳以及最后案件的判决,因此,保障鉴定意见的可靠性,对于案件最后的公平公正处理至关重要。作为一种依靠科学技术和专业知识作出证明的手段,司法鉴定还应当符合科技活动和证明活动的规律,有鉴于此,国家运用认证认可开展对司法鉴定行业的质量监控发挥着重要作用。

2003年颁布、2016年修正的《认证认可条例》第16条规定:"向社会出具具有证明作用的数据和结果的检查机构、实验室,应当具备有关法律、行政法规规定的基本条件和能力,并依法经认定后,方可从事相应活动,认定结果

---

① 参见陈军、王旭:《法庭科学/司法鉴定标准化建设工作的探索与思考》,载《中国司法鉴定》2018年第6期。

由国务院认证认可监督管理部门公布。"2006 年颁布的《实验室和检查机构资质认定管理办法》，后被 2015 年的《检验检测机构资质认定管理办法》所取代，其第 3 条规定："检验检测机构从事下列活动，应当取得资质认定：（一）为司法机关作出的裁决出具具有证明作用的数据、结果的；（二）为行政机关作出的行政决定出具具有证明作用的数据、结果的；（三）为仲裁机构作出的仲裁决定出具具有证明作用的数据、结果的；（四）为社会经济、公益活动出具具有证明作用的数据、结果的；（五）其他法律法规规定应当取得资质认定的。"

2005 年全国人大常委会《关于司法鉴定管理问题的决定》第一次将认证认可制度引入司法鉴定行业，其第 5 条规定，法人或者其他组织申请从事司法鉴定业务的，应当具备的条件之一是"有在业务范围内进行司法鉴定所必须的依法通过计量认证或者实验室认可的检测实验室"。由此可见，在司法鉴定领域，主要是分为资质认定和实验室认可两个方面。司法鉴定活动是在司法鉴定专业领域向社会出具具有证明作用的数据和结果的检验检测活动；司法鉴定机构是在司法鉴定专业领域从事检验检测活动的检查机构、实验室，因此，既要符合国家关于司法鉴定机构从业的特定要求，也要符合国家关于检验检测机构的资质管理要求。在司法鉴定领域中，法医物证、微量、法医毒物鉴定等主要是运用仪器设备对检材、样本进行分析并出具数据，可以纳入检测活动；法医病理、法医临床、文书、痕迹鉴定等主要是在专业判断的基础上，对特定检材作出结论，可以纳入检查活动。①

（二）鉴定机构资质认定和实验室认可

根据《认证认可条例》第 2 条所下的定义，认证是指由认证机构证明产品、服务、管理体系符合相关技术规范、相关技术规范的强制性要求或者标准的合格评定活动；认可是指由认可机构对认证机构、检查机构、实验室以及从事评审、审核等认证活动人员的能力和执业资格，予以承认的合格评定活动。在司法鉴定领域，通常将鉴定机构资质认定和实验室认可统称为认证认可。

资质认定是指国家认证认可监督管理委员会和省级质量技术监督部门依据有关法律法规和标准、技术规范的规定，对检验检测机构（包括司法鉴定机构）的基本条件和技术能力是否符合法定要求实施的评价许可。检验检机构资质认定包括计量认证，也有人因通过资质认可加盖 CMA 标识，因此俗称资质认定评审为 CMA 评审。司法鉴定机构资质认定的评审实施分为国家级和省级资质认定，分别由国家认监委和省部级质量监督管理部门组织

---

① 参见霍宪丹主编：《司法鉴定管理概论》，法律出版社 2014 年版，第 156 页。

实施、管理和发证。

实验室是指进行校准或者检测的实体，如果某实验室是一个除了进行校准和检测工作以外，还进行其他活动中的组织的一部分，则"实验室仅指该组织为从事和检测工作的那一部分"。实验室认可通常是由经过授权的认可机构对实验室的管理能力和技术能力按照约定的标准进行评价，并将评价结果向社会公告以正式承认其能力的活动。① 中国合格评定国家认可委员会（CNAS）是由国家认证认可监督管理委员会批准设立并授权的国家认可机构，统一负责对认证机构认可、实验室认可和检验机构认可，司法鉴定/法庭科学机构认可属于实验室认可的一种基本认可制度。我国的鉴定实验室认可始于2003年，北京市公安局法医中心是中国第一家通过实验室认可的鉴定机构。

（三）司法鉴定认证认可制度建立的必要性

司法鉴定机构资质认定和实验室认可能够进一步规范鉴定程序，规范鉴定人的鉴定活动，保证检验鉴定的科学性、客观性和准确性；依靠认证认可管理体系进行管理，可以极大地提升司法鉴定行业的管理水平，使鉴定质量管理步入规范化、标准化、科学化的管理轨道，这是司法鉴定行业未来发展的方向。在司法鉴定领域开展认证认可工作有其必要性，理由如下。

其一，这是法律法规的强制性要求。2005年全国人大常委会《关于司法鉴定管理的决定》的硬性规定，首次将司法鉴定认证认可工作写入法律。紧随其后，司法部、公安部、最高人民检察院先后出台了《司法鉴定机构管理办法》《公安机关鉴定机构登记管理办法》和《人民检察院鉴定机构登记管理办法》，三部法规中均规定鉴定机构应具有"在业务范围内进行鉴定必需的依法通过计量认证或者实验室认可的检测实验室"。从2008年开展司法鉴定机构认证认可试点工作，到2012年正式下发《关于全面推进司法鉴定机构认证认可工作的通知》，再到2013年《司法鉴定机构资质认定评审准则》的实施，这些法规与文件在为司法鉴定机构认证认可工作确立指导原则、提供工作依据的同时，也让司法鉴定机构取得认证认可由自愿转变为强制要求，从而拉开了全面推进司法鉴定机构认证认可工作的帷幕。至2018年，司法部和国家市场监督管理总局联合印发《关于规范和推进司法鉴定认证认可工作的通知》，明确规定到2019年底，从事法医物证、法医毒物、微量物证、环境损害鉴定的司法鉴定机构，必须具备相应的通过资质认定或者实验室认可的检测实验室，

---

① 参见肖良：《中国实验室和检查机构认证认可概述》，载《中国司法鉴定》2008年第5期。

对到期未达到要求的司法鉴定机构限期整改，限期整改后仍不符合要求的，依法注销其相应的业务范围。近年来，我国对于鉴定行业认证认可工作不断出台法律规定，将该制度的适用从点到面，变为强制性规定，因此当下司法鉴定行业积极实施认证认可工作是对于法律规定的积极回应。

其二，这是建设高资质、高水平鉴定机构的需要。随着社会大众的公民意识、法律意识、维权意识的不断增强，司法机关和当事人对司法公正的要求越来越高，这从客观上要求鉴定质量必须既可靠又可信，要求鉴定活动既要追求实体公正，又要实现程序公正。同时，国际上对司法鉴定的技术标准、程序规范和质量保证等方面也提出了新的要求，在涉外纠纷处理中，鉴定意见的国际间互认直接关系到证据的可采性和争议的有效处理，最终涉及维护我国的司法主权和国家利益。经过近几年的努力，司法鉴定行业已经步入规范提高、稳步发展的阶段。一方面，司法鉴定公共服务体系基本覆盖全国，布局结构不断优化，执业类别不断健全，鉴定机构、鉴定人以及鉴定业务量稳步增加，基本满足了诉讼活动的需要。另一方面，一些鉴定机构的管理水平、技术能力和资质条件还不能适应司法机关和人民群众的鉴定需求，仪器设备落后，鉴定技术陈旧，管理松散，鉴定能力和鉴定质量有待进一步提高。对此，要以认证认可工作为载体和动力，推动鉴定机构的资质建设、能力建设和规范建设，具体来说：一是要把工作重心从关注数量、规模向重视质量、水平转化，切实加强司法鉴定机构规范化、制度化、体系化建设，不断提高司法鉴定机构的核心鉴定能力；二是要从单一的行政管理手段向法律手段、行政手段与技术手段的综合运用转变，实现对司法鉴定活动综合评价和过程管理，不断提高管理的科学性、针对性和有效性；三是要从管理控制向约束引导转变，建立起司法鉴定机构内部质量控制与外部质量监管的衔接机制，全面建立和有效运行司法鉴定质量监控体系，推动司法鉴定行业实现可持续发展。①

（四）死亡鉴定机构认证认可的预期目标

当前司法行政机关对于鉴定机构的管理手段还是以传统的行政管理手段为主，主要是通过对鉴定机构的资产、装备、人员条件、实施程序等方面进行准入管理、执业监管和行政处罚，这能够发挥一定的作用，但是要对鉴定质量进行管理和控制，就必须引入认证认可制度，只有将内部质量控制和外部质量控

---

① 参见霍宪丹主编：《司法鉴定管理概论》，法律出版社2014年版，第156页。

制相结合,技术手段与行政手段相衔接,才能实现司法鉴定行业的有效管理。① 死亡鉴定主要是建立在专业判断的基础上,死亡鉴定机构申请资质认定或认可的,一般是按照《检查机构能力认可准则》(CNAS – CI01:2012;等同采用 ISO/IEC17020:2012)及其在相关领域的应用说明进行检查机构资质认定或者认可评审。通过对死亡鉴定机构的认证认可,引导死亡鉴定机构加大投入,加强建设,充分整合并应用其人员、设备、管理等资源,提高鉴定效益;促进鉴定仪器设备更新换代和鉴定机构的转型升级,不断提高死亡鉴定机构的资质等级和能力水平;激励有实力的死亡鉴定机构不断做精做强、做专做优,充分发挥其主渠道、主阵地作用;加大整治力度,从而做到规范一批、做强一批、淘汰一批,吐故纳新,确保整体保持较高发展水平,避免"劣币驱逐良币"的不利后果。并且,通过认证认可这一具有国际可比性的公认手段,促使鉴定机构提高检验鉴定技术水平,增强鉴定意见的科学性和可靠性,逐渐形成既符合国际标准,又符合鉴定专业特殊性,适应我国司法鉴定发展状况的死亡鉴定认证认可制度和评价机制,为死亡鉴定机构的登记管理、资质管理和监督管理提供客观依据。②

三、死亡鉴定的能力验证

能力验证也叫水平测试,是指利用机构/实验室间结果的比对来判定机构/实验室在指定业务范围内的能力。目前,能力验证已经成为一种国际公认的评价和持续监控机构/实验室技术能力的有效手段,而司法鉴定领域的能力验证活动对于评价鉴定机构技术能力和改进鉴定机构工作质量的作用日益显著。

(一)死亡鉴定能力验证的意义及作用

在对死亡鉴定工作进行质量监控过程中,尽管鉴定机构的资产、装备、人员条件和鉴定人的学历、职称、经历条件是其行业准入的基本要求,但鉴定人的个体鉴定能力和机构总体的技术能力才是保证死亡鉴定质量的决定性因素,因此,监控并确保死亡鉴定机构及其鉴定人的持续鉴定能力才是死亡鉴定工作质量监控的核心。能力验证作为我国司法鉴定质量管理的重要手段之一,既符

---

① 参见司法鉴定认证认可调研组:《司法鉴定认证认可调研报告》,载《证据科学》2008 年第 2 期。

② 参见霍宪丹:《证认可是司法鉴定科学性、可靠性的重要保障》,载《中国司法鉴定》2008 年第 5 期。

合国际上行业管理通用的做法和惯例，也是前几年我国司法鉴定技术管理工作不断探索与实践的结果。① 首先，能力验证与认证认可相互衔接。法律规定鉴定机构必须通过国家认可，而参加能力验证是对机构认可的强制性要求。其次，能力验证是评价死亡鉴定能力和水平的有效手段。通过能力验证，可了解鉴定机构的能力高低，为遴选和推荐死亡鉴定机构提供客观信息；可发现、分析并解决死亡鉴定中存在的问题，促进机构之间共同提高鉴定能力和水平；可协调规范死亡鉴定活动，有效监控死亡鉴定机构的持续发展。最后，参加能力验证是死亡鉴定实施质量控制的有效措施。对于死亡鉴定而言，其具有检查活动的特点，鉴定人主要通过检验检查、专业判断的方式，对涉诉的死亡原因、死亡方式等专门性问题进行检验、鉴别和判定，通常带有一定主观成分。因此，通过能力验证这种外部措施，补充机构内部的质量控制，使得不同死亡鉴定机构的检验系统、鉴定过程及鉴定意见具有可比性，进而可以对死亡鉴定实施质量控制。总之，死亡鉴定机构参加能力验证活动，对取得机构认可、获得行业公认、赢取法庭和社会的信任、开展有效质量监控、发现自身问题、提高鉴定能力等方面都具有积极意义。

（二）死亡鉴定能力验证的组织实施

能力验证活动由司法部司法鉴定管理部门统一部署，由 CNAS 认可的司法鉴定领域能力验证者——司法鉴定科学研究院（即原司法部司法鉴定科学技术研究所，2017 年 10 月更名为此）具体组织实施，各地司法厅（局）司法鉴定管理部门组织鉴定机构参加。目前能力验证实施方式有两种：一种是常规的邮寄验证，即通过邮寄样本，鉴定机构完成鉴定将鉴定意见寄回，专家评审后确定验证结果（"满意""通过"或"不通过"）后反馈回来；另一种是非常规的实地验证，又分为集中测评、飞行检查和现场考核三种形式，都是提供测试样本当场测试并出具鉴定意见，再统一交由专家评审。

对于死亡鉴定这种依赖经验，具备检查活动特征的专业能力评价，主要依靠定性方案和部分过程方案的验证。所谓定性方案验证，是指为评价机构/实验室对特定物品某一特性的识别能力而设计定性认定方案，如属于哪种类型、含有什么成分等。其主要特征为：（1）目的在于评价机构/实验室的特定识别能力；（2）可有较少机构/实验室参加；（3）检验样品为专门制备或已知特性的；（4）适用于实验室的定性认定和检查机构的检查项目。所谓部分过程方案验证，适用于评价机构/实验室对检测全过程的一部分或若干部分的执行能

---

① 参见霍宪丹主编：《司法鉴定管理概论》，法律出版社 2014 年版，第 162 页。

力,该方案也无须多个实验室参加。①

(三) 死亡鉴定能力验证评价体系的完善

当前,我国司法鉴定能力验证工作起步较晚、发展较快,暴露出来较多问题。第一,鉴定机构缺乏参与的积极性和主动性,主要还是靠行政强制性手段组织参加。鉴定行业内通过认证认可的机构比例较低,没有必须参加能力验证的机制约束;能力验证的增值效应尚未被充分认知;部分小、散鉴定机构无持续发展的追求;部分机构信心不足,担心误判风险,以及来自上级组织和社会舆论的压力。第二,结果串通和作弊问题严重。能力验证结果应反映机构的常态鉴定能力,但目前存在参加机构刻意追求良好结果的现象,结果串通和作弊时有发生。虽然有些地方采用集中测试的方式来加强监控,但由于受到集中方式的时间、空间限制,很难普及适用。第三,能力验证项目建设和评价技术仍需完善。我国目前司法鉴定能力验证工作尚处于探索和改进的初级阶段,在项目体系、方案设计、结果评价运作管理方面仍存在完善和提升的空间,尤其对于死亡鉴定这种检查性质判断型专业的能力验证模式和评价技术,在国际司法鉴定领域和国际认可领域仍基本处于空白,没有可参照的规范性文件和可借鉴的成熟模式,需要加强探索研究和开拓创新。②

为了准确评价死亡鉴定机构的鉴定能力,实现能力验证的应然作用,完善死亡鉴定能力验证评价体系,我们可以考虑从以下几个方面入手:第一,将鉴定机构和鉴定人的准入与能力验证相结合,新设立或延续登记前必须通过相应项目的能力验证。第二,将能力验证评价体系与鉴定业务培训相结合,完善继续教育体制,不断加强鉴定主体的实务能力。第三,逐步实行能力验证的现场集中测评,全面、准确检验鉴定机构的水平。第四,开展隐蔽能力验证,以虚构案件的检材和样本,按照日常案件送检流程委托鉴定,鉴定机构和鉴定人员在毫不知情的情况下进行鉴定,真实反映司法鉴定机构及其人员鉴定能力。第五,加强能力验证结果利用与整改,不合格的责令鉴定机构进行整改。强制性地推进鉴定机构鉴定能力的持续改进,必要时可以建立以能力验证结果引导鉴定主体退出的机制。

---

① 参见杜志淳、罗良忠、孙大明:《司法鉴定质量监控研究》,法律出版社 2013 年版,第 62~63 页。

② 参见沈敏:《以能力验证引领司法鉴定机构的科学发展》,载《中国司法鉴定》2012 年第 6 期。

四、死亡鉴定的外部监督

司法鉴定监督的客体是唯一的,即鉴定机构、鉴定人所进行的鉴定活动,但司法鉴定的监督主体是多元的,受到来自司法行政机关、司法鉴定行业协会、司法机关和其他社会监督力量的广泛监督。监督内容包括鉴定主体的执业资质情况,遵守鉴定实施程序和技术标准、技术规范的情况,遵守职业道德、执业纪律和行业规范的情况,等等。但不同监督主体在监督内容上各有侧重,监督形式也各有差异,从而共同组成了对司法鉴定执业的全方位监督体系。

(一)司法行政机关的行政监督

根据全国人大常委会《关于司法鉴定管理问题的决定》,以及司法部《司法鉴定机构登记管理办法》和《司法鉴定人登记管理办法》的相关规定,司法行政机关作为司法鉴定主管机关,是法定的司法鉴定监督机关,依据法律法规授权开展监督工作。司法行政机关的监督具有职权性,既可以通过专项检查、考核评估等多种方式主动进行监督和检查,也可以根据投诉、举报等依职权进行调查。司法行政机关主要是对鉴定机构和鉴定人展开监督,对二者的监督有相同之处也有差别。在是否遵纪守法,是否符合鉴定程序、技术操作规范、技术标准等事项上,都是相同的;不同的是,因鉴定机构负有一定管理责任,司法行政机关当然要对其是否有效管理下属的鉴定人员,是否有效地对本机构内部进行规范化管理,包括财务管理、技术管理、设备管理等进行监督。而在监督形式上,对鉴定人的监督可以采用受理举报、投诉并加以调查,依法查阅或者要求鉴定人报送有关材料,建立鉴定人诚信档案并公开信用等级评估等多种形式。对鉴定机构的监督所采用的形式主要是监督检查,可以依法查阅或要求被检查的鉴定机构报送有关材料,组织对鉴定机构的设备和实验室进行认证,对鉴定机构进行资质审核和鉴定质量评估等。

(二)司法鉴定行业协会的自律监督

中央关于司法体制和工作机制改革的初步意见和《司法鉴定机构登记管理办法》《司法鉴定人登记管理办法》明确了司法鉴定管理实行行政管理与行业管理相结合的管理模式,司法鉴定行业协会在司法行政机关的监督指导下,依法进行自律管理。司法鉴定行业协会自律管理的重要内容就是对会员及其执业活动进行自律监督,它不是依照法律法规的授权,而是依照协会章程进行监督。总体来说,主要通过以下几个方式进行自律监督:第一,通过建立纪律委员会，制定行业惩戒办法，对会员违反职业道德、执业纪律或技术标准、行业规范的执业行为进行调查，情况属实的给予行业处分；第二，通过组织开展案卷评查、质量评议等专项活动，对会员遵守行业技术标准、技术操作规范的情况进行监督检查；第三，协调解决会员之间存在的技术争议，完善相关的技术标准、行业规范、鉴定流程等，规范执业活动；第四，协助和配合司法行政机关开展执业监督工作；第五，建立司法鉴定机构和司法鉴定人的信用档案，定期对司法鉴定机构和司法鉴定人的信用情况进行评估。

（三）司法机关对司法鉴定执业活动的监督

司法机关的监督，主要是指公检法机关对鉴定机构和鉴定人在执业过程中的违法、犯罪活动依法追究法律责任，或者就其发现的鉴定机构和鉴定人可能存在的违法违纪执业行为向司法行政机关提出司法建议。公安机关和检察机关作为刑事追诉机关，主要依法对鉴定人员可能触犯的刑事犯罪①进行侦查、提起公诉，通过追究刑事责任的形式达到监督的目的。人民法院对司法鉴定执业活动的监督，通常是以审理相关的民事诉讼、行政诉讼和刑事诉讼的方式实现的，在三类诉讼中，通过施加一定法律责任的方式达到监督司法鉴定执业活动的目的。除此之外，人民法院的监督还有其他形式，比如对鉴定人在法庭内的活动进行监督，在其出庭作证时有扰乱法庭秩序等行为，可以采用罚款、拘留等司法强制措施；对应当到庭而无正当理由拒不到庭的鉴定人所出具的鉴定意见，可以直接排除其证据效力，不作为定案根据，给其鉴定结果给予否决性的处罚；在法庭质证过程中，发现鉴定人故意做虚假鉴定，或违反鉴定的标准、程序，首先应当不予采信，事后应及时向司法行政机关提出司法建议来实现监督。鉴定机构和鉴定人的一切活动，最终都必须在法庭上接受检查。人民法院作为鉴定使用方，其对鉴定主体是否违法乱纪最有发言权，而司法行政机关作为鉴定管理方，应当与法院积极建立沟通、协调机制，合作建立动态的监督网络，构建司法鉴定管理和使用的有效衔接机制。

（四）其他主体对司法鉴定的社会监督

来自社会层面的监督，主体广泛、监督全面、方式多样，尽管社会监督明显不具备强制性，但其监督的全方位和多样性可以弥补国家机关监督方式的不足。广泛的社会监督对于规范司法鉴定行业的健康有序发展、促进鉴定机构和

---

① 根据刑法的有关规定，司法鉴定执业活动中，鉴定人员可能触犯的罪行有故意泄露国家秘密罪、伪证罪、帮助毁灭、伪造证据罪等。

鉴定人树立遵纪守法的意识、提高司法鉴定社会公信力等都具有重要意义。社会监督主要分为两大类：其一，公民、法人和其他组织的监督，主要以举报、投诉、提起民事诉讼的方式进行。对于鉴定机构及其鉴定人有违法、犯罪之嫌时，可依法行使举报的权利；对于自身利益因鉴定机构或鉴定人的违法乱纪行为遭受损失的，可以选择向司法行政机关投诉，或者直接向人民法院起诉追究其责任。其二，新闻舆论的监督。除了传统新闻媒体的监督，随着信息技术的发展、自媒体时代的来临，社会中每个人都拥有话语权，都可成为"现场记者"和"新闻评论员"，监督无处不在。新闻舆论对司法鉴定执业活动的监督以公开报道的方式进行最为常见，既可以批评的方式对鉴定机构、鉴定人违法乱纪的行为进行曝光，也可以对诉讼中有关鉴定事项和进程进行纯粹的客观描述，还可以是对涉及司法鉴定执业的法律法规进行宣传性报道等。其中，批评性的新闻报道是舆论监督的主要形式，是启动行政调查和责任追究的常见动因之一，对司法鉴定执业监督能起到立竿见影的效果。当然，新闻舆论的监督还有一定副作用，在缺乏专业知识背景下，非理性的错误报道，加之较强的情感代入和加工，"外行看热闹"，极易形成舆论压力，存在干扰司法鉴定活动正常进行之嫌，对此我们要保有清醒认识。①

第三节　死亡鉴定材料保真的规范

鉴定材料是鉴定过程中直接用于检验鉴定的一切材料的总称，通常包括检材和样本。鉴定结果的正确可靠与否，除了与鉴定机构的仪器设备、当时的技术条件、鉴定人的鉴定能力、鉴定流程的规范程度等因素有关之外，还与鉴定材料的质和量有着密切相关性。可以说，鉴定材料能否保证其同一性和真实性，这决定了鉴定意见的客观可靠性，因此，如何确定鉴定材料的不失真，这非常值得加以重视和深入研究。

一、鉴定材料保真的必要性

"鉴定人对实物证据做出可信鉴定的前提条件，应当是该证据是真实可靠的检材，而不是那种被替换、伪造、变造、剪裁、篡改过的实物证据。在实物证据的真实性无法得到保证的情况下，即使鉴定人再具有专业上的权威性，鉴

---

① 参见霍宪丹主编：《司法鉴定管理概论》，法律出版社2014年版，第172～179页。

定设备再先进，鉴定的操作程序再合乎规范，也无法保证鉴定意见的可靠性。"① 虚假的鉴定材料将会从源头上就对鉴定结果产生实质不利影响，后续鉴定过程即使再规范、鉴定人再谨慎细致等，都将无济于事。鉴定材料的保真，是非常必要的，其具体理由如下：

（一）原始材料的不真实将直接导致鉴定意见的偏移

全面、真实、充分的鉴定材料是保障鉴定意见可靠性的基础。如果鉴定所依据的原始材料都存在虚假，那么据此得出的鉴定意见将不具备可采性。典型如涉及死亡的医疗事故案中，医方篡改病历资料之事并不少见，而作为非专业的死者家属和被蒙在鼓里的司法者，对此往往都是束手无策。病历资料既可以证明医患之间诊疗关系的客观存在，又可证明整个医疗行为的客观过程，其在医疗损害鉴定中的证明作用非常大，具体到个案中，往往涉及对病历资料真实性的认可问题。② 有这样一起真实的案例，女性患者因腹部疼痛去医院就诊，据病历记载，其被诊断为全腹膜炎、急性阑尾炎和盆腔炎，急诊行阑尾切除术，术中见阑尾脓肿形成，无穿孔，切除阑尾，术后诊断为急性化脓性阑尾炎（无穿孔）。结果术后2小时突发呼吸困难，经抢救无效死亡。后患者尸体经法医系统解剖，发现阑尾尚未切除，且肉眼及显微镜下均未见炎性改变，也没有发现阑尾有周围脓肿的形成，手术记录与解剖所见明显有出入，病历涉嫌造假。③ 本案好在后续还有全面、系统的尸体解剖，通过解剖为评判前期就诊病历提供了一种科学、客观的依据。死亡鉴定中，被鉴定对象往往已经逝去，其无法亲自陈述鉴定材料是否真实可靠，甚至取材后就被火化，都没有二次取材的机会，这就需要借助外部规制，确保资料来源可靠、取证过程规范，进而确保鉴定材料真实。许多的冤假错案中，鉴定意见就是最为关键的证据，而非真实的鉴定材料，导致经鉴定出来的结果往往与真实情况偏移甚远，从而影响了正确的判断。

（二）取证不合法将使鉴定意见失去证据能力

鉴定资料分为检材和样本，检材大多是来源于现场或尸体的证据，对其提

---

① 陈瑞华：《实物证据的鉴真问题》，载《法学研究》2011年第5期。
② 参见施庆喜、沈雪、何洪波：《病历资料在医疗事故技术鉴定中的地位》，载《中国法医学会全国第十次法医临床学学术研讨会》2007年8月。
③ 参见李雷波、刘敏、黄培军等：《尸检证明虚假临床病历1例》，载《法律与医学杂志》2002年第3期。

取、保管和运送都有严格的程序规制,而样本是来源于被怀疑对象的证据,是用来和检材作比对的,其在收集、提取过程中也必须严格规范。鉴定材料的取证过程不合法,将直接影响据此得出的鉴定意见的合法性和可靠性。无论是公安司法机关取证,还是当事人提供,都不能采用不合法的手段。我国法律对此有严格的规定,比如《刑事诉讼法》第 52 条规定:"审判人员、检察人员、侦查人员必须依照法定程序,收集能够证实犯罪嫌疑人、被告人有罪或者无罪、犯罪情节轻重的各种证据。严禁刑讯逼供和以威胁、引诱、欺骗以及其他非法方法收集证据,不得强迫任何人证实自己有罪。必须保证一切与案件有关或者了解案情的公民,有客观地充分地提供证据的条件,除特殊情况外,可以吸收他们协助调查。"《民事诉讼法》第 64 条规定:"当事人对自己提出的主张,有责任提供证据。当事人及其诉讼代理人因客观原因不能自行收集的证据,或者人民法院认为审理案件需要的证据,人民法院应当调查收集。人民法院应当按照法定程序,全面地、客观地审查核实证据。"以上法律规定都为收集、调取鉴定材料提供了相应的依据,也对鉴定材料的合法性提出了要求。鉴定材料是鉴定工作的前提保障,如果其来源不合法,将导致鉴定意见的不合法,其将失去证据能力。

(三)鉴定材料失真将会导致鉴定意见不得作为定案根据

鉴定检材一般都是在案发之前或案发之中所形成的实物证据,它真实地存在于案件环境之中,而样本则是来源于案件环境之外的同类比对之物,它们不能"被制造",而只能被发现并收集。严格的死亡鉴定,不仅要求鉴定材料的来源是真实可靠的,还要求鉴定材料得到了规范妥当的收集、提取和保管,其同一性和真实性的重要性不容置疑。作为鉴定对象的检材和样本,一旦存在失真的巨大风险,或者对其真实性难以确认的,那么据此得出的鉴定意见就面临着被排除的结果。最高人民法院、最高人民检察院、公安部、国家安全部和司法部(以下简称"两高三部")《关于办理死刑案件审查判断证据若干问题的规定》第 24 条规定:"鉴定意见具有下列情形之一的,不能作为定案的根据:……(五)鉴定对象与送检材料、样本不一致的;(六)送检材料、样本来源不明或者确实被污染且不具备鉴定条件的;……"鉴定材料的失真,将使其不再具备被鉴定对象的合法性和适格性,在诉讼中,可以适用非法证据排除规则,这主要是避免法庭受到不可靠证据误导风险的考虑。另外,从宪法和法律所规定的人权保护的角度出发,如果非法取证严重违背程序正义的话,鉴定材料的收集程序不具备"可补正的条件"的话，鉴定材料将被"强制性的排除"①，其都无法进入后续的鉴定程序中，"被挡在大门之外"，也就不会有据此出具鉴定意见的后话。

（四）依据失真的鉴定材料得出的鉴定意见将导致错判的风险

鉴定意见作为科学证据，其对于法官来说是极具冲击力的，换句话说，鉴定意见作为证据种类之一，其往往受到法官的青睐。依据法律规定，鉴定意见一经查证属实就可以直接作为定案根据，这将对案件事实认定的实体问题产生影响。尽管说，鉴定意见的错误不一定导致裁判结果的错误，但许多错判的源头都是因为鉴定意见的错误。从鉴定人出具鉴定意见，到鉴定意见被赋予证明力而应用于案件事实的认定，这中间是裁判者对证据进行审查判断的一个过程。法官在这个过程中责任巨大，其通过审核来认定鉴定意见是否可信可取，这本身就是一个去伪存真、淘汰错鉴的"过滤"过程，法官也许会将错误的鉴定意见淘汰出局，进行正确的选择，从而化险为夷，避免一起错判；法官也可能没有将错误的鉴定意见过滤出去，这就有可能导致最终的裁判出问题。② 作为鉴定意见从备料到生产，到产出，再到应用，整个过程中，法官仅仅参与了最后的应用前的质控把关阶段，而之前的鉴定材料的收集环节根本就没有参与，法官有时很难审查出鉴定意见的虚假，那么最终错判的风险就会非常大。

（五）实践中对鉴定意见的审查往往忽视鉴定材料的保真

鉴定主体只有掌握了鉴定所必需的真实可靠的鉴定材料之后，才能作出正确的鉴定意见，因此，审查鉴定意见的一个重要内容，就是对作出鉴定意见所依据的鉴定材料进行审查，主要审查其是否真实、可靠、充分。英美法系国家实行当事人主义的诉讼模式，这种模式下，对鉴定所依据的材料的审查可以通过法庭之上交叉询问的方式进行，而这往往也成为胜诉与否的关键。英美律师非常重视对鉴定材料来源的真实、可靠、充分展开质疑，其对鉴定材料的严格把关，使得鉴定材料取证过程中的瑕疵都会被放大，都会被揪住不放，进而使

---

① 陈瑞华教授指出，我国非法证据排除规则分为"强制性排除"与"自由裁量的排除"两种，并对那些违法情节不严重的"程序瑕疵"确立了"可补正的条件"。参见陈瑞华：《非法证据排除规则的中国模式》，载《中国法学》2010 年第 6 期。

② 参见郭金霞：《鉴定结论适用中的问题与对策研究》，中国政法大学出版社 2009 年版，第 152 页。

得鉴定意见被推翻或不被采纳。比如著名的"辛普森杀妻案"中,就有许多警方取证过程的问题被揪住而无法说清,进而导致辛普森被无罪释放。[①] 该案提示了一定要重视鉴定材料的保真,否则会导致鉴定意见无法通过法庭的严格审查。在我国,法官对鉴定意见较为依赖,同时由于鉴定检材和样本大都是公安司法人员依职权调取,再加上立法的不完善等因素,往往忽视对鉴定材料保真的审查。[②]

二、鉴定材料保真审查的范畴

对鉴定材料的保真要依法审查、实质审查,这就要求首先审查行为是要有明确的法律依据的,其次才是如何进行审查。所以,下面要从对鉴定材料保真审查的法律依据和实质化内容两个方面进行阐述:

(一)对鉴定材料进行保真审查的法律依据

我国立法尚未专门针对鉴定资料的同一性和真实性作出明确规定,但由于鉴定材料多以物证或书证的形式存在,我们对其进行审查判断时可以参照物证、书证的相关规定,包括但不限于以下法律规定。

《刑事诉讼法》第 54 条规定:"人民法院、人民检察院和公安机关有权向有关单位和个人收集、调取证据。有关单位和个人应当如实提供证据。……凡是伪造证据、隐匿证据或者毁灭证据的,无论属于何方,必须受法律追究。"第 133 条规定:"勘验、检查的情况应当写成笔录,由参加勘验、检查的人和见证人签名或者盖章。"

《人民检察院刑事诉讼规则(试行)》第 233 条规定:"调取物证应当调取原物。……调取书证、视听资料应当调取原件。……调取书证、视听资料的副本、复制件和物证的照片、录像的,应当书面记明不能调取原件、原物的原因,制作过程和原件、原物存放地点,并由制作人员和原书证、视听资料、物证持有人签名或者盖章。"第 249 条规定:"人民检察院应当为鉴定人进行鉴

[①] 辛普森案的亲历者、号称"华裔神探"的李昌钰博士在多次讲课或采访中,均提到过本案警方取证过程中的许多问题无法解释,比如死者手臂上原有三个血手印,结果均未提取便被冲洗掉了;辛普森血液样本有莫名的短缺,且血液样本中检验出了防腐剂;发现现场有第二种血鞋印,警方称是勘验时不慎造成的,但却没有任何人和此鞋印相符;现场的两滴血一干一湿不符合常规;现场提取的作案手套,辛普森戴起来非常紧;等等。

[②] 参见郭金霞:《鉴定结论适用中的问题与对策研究》,中国政法大学出版社 2009 年版,第 153 页。

定提供必要条件,及时向鉴定人送交有关检材和对比样本等原始材料,介绍与鉴定有关的情况……"

《监察法》第25条规定:"监察机关在调查过程中,可以调取、查封、扣押用以证明被调查人涉嫌违法犯罪的财物、文件和电子数据等信息。采取调取、查封、扣押措施,应当收集原物原件,会同持有人或者保管人、见证人,当面逐一拍照、登记、编号,开列清单,由在场人员当场核对、签名,并将清单副本交财物、文件的持有人或者保管人。"

《民事诉讼法》第70条规定:"书证应当提交原件。物证应当提交原物。提交原件或者原物确有困难的,可以提交复制品、照片、副本、节录本。"

《公安机关办理刑事案件程序规定》第241条规定:"侦查人员应当做好检材的保管和送检工作,并注明检材送检环节的责任人,确保检材在流转环节中的同一性和不被污染。"第246条规定:"经审查,发现有下列情形之一的,经县级以上公安机关负责人批准,应当重新鉴定:……(五)检材虚假或者被损坏的;……"

最高人民法院《关于审理医疗损害责任纠纷案件适用法律若干问题的解释》第10条规定:"委托医疗损害鉴定的,当事人应当按照要求提交真实、完整、充分的鉴定材料。提交的鉴定材料不符合要求的,人民法院应当通知当事人更换或者补充相应材料。在委托鉴定前,人民法院应当组织当事人对鉴定材料进行质证。"

"两高三部"《关于办理死刑案件审查判断证据若干问题的规定》第23条规定:"对鉴定意见应当着重审查以下内容:……(四)检材的来源、取得、保管、送检是否符合法律及有关规定,与相关提取笔录、扣押物品清单等记载的内容是否相符,检材是否充足、可靠。……"

我国诉讼法律及相关司法解释围绕证据的客观真实性,进行了较为丰富、详细的规制,这都为我们鉴定材料的保真审查提供了重要的参照依据,后文对鉴定材料保真规则的建构和程序规制,也都是基于现有法律规定的具体机制的完善。

(二)对鉴定材料保真审查的实质化内容

鉴定材料保真审查,实际上就是审查鉴定所依据的材料是否真实可靠且充分。提供真实可靠并且充分的检材和样本,是后续鉴定工作顺利进行的前提基础。只有检材和样本真实可靠,并且至少达到当前科技水平最低的数量要求,才有可能作出正确的鉴定结果。如果鉴定材料不真实、数量不充分、质量不满足,据此得出的鉴定意见肯定是不可靠、不可采的。因此,审查鉴定资料真实性的时候，要从实质上进行审查，不但要审查鉴定材料的来源是否合法，即是否合法收集证据，而且还要审查鉴定材料的客观真实性和充分性。对鉴定材料保真的实质化审查，主要包括以下几方面内容的审查：

1. 来源与发现：对鉴定材料来源进行审查意在两个方面，一是强调其要出处清楚，二是强调其要合法获取，而死亡鉴定中，鉴定材料被调查、被发现的方式主要有三：勘验、检查、搜查。因此，本项审查，首先，要审查鉴定材料是否附有勘验笔录、检查笔录、搜查笔录，如未附有，不能证明鉴定材料来源的，不能作为后续鉴定的依据；其次，要审查勘验笔录、检查笔录、搜查笔录所记载的收集位置和当时状况与实际情况是否相符，程序瑕疵的应当及时补正或作出合理解释，如若对鉴定材料的来源及收集过程有疑问且不能作出合理解释的，该鉴定材料不能作为后续鉴定的依据。

2. 提取与扣押：鉴定材料的提取应注意科学性和合法性，要用科学的方法，最大限度地保持其原初状态，避免因提取不当而失真，同时要严格依照法律规定和技术规范进行提取，既要避免非法提取，也要避免提取的不规范。扣押是强制性证据收集方法，针对的是"可用以证明犯罪嫌疑人有罪或者无罪"的特殊客体，扣押行为的合法性与被扣押证据的真实性是密切相关的，需要在扣押前认真甄别，在扣押后严格审查。因此，本项审查，首先要审查鉴定材料是否附有提取笔录、扣押清单，需认真核验检材提取的部位是否准确；其次要审查鉴定材料提取的具体方法是否科学、可行；最后要审查提取笔录、扣押清单与后续保管链条的相互对应。

3. 保全与固定：证据保全是民事诉讼与行政诉讼中常见且法律明文规定的诉讼行为，是在证据可能灭失或以后难以取得情况下采取的紧急措施。我国刑事诉讼法中没有专门规定证据保全的内容，但这不意味着刑事诉讼活动中就没有证据保全。2007 年《关于进一步严格依法办案确保办理死刑案件质量的意见》第 10 条就明确提出要"加强证据的收集、保全和固定工作"。2012 年修订后的《公安机关办理刑事案件程序规定》第 209 条强调要"妥善保护犯罪现场和证据"。这些规定都强调了刑事诉讼中的证据保全与固定。鉴定材料的保全与固定，就是指对已经发现或提取的鉴定材料要及时加以妥善固定，防止毁损或者灭失，以确保鉴定材料不失真，其主要方法有拍照、录像、冷冻、化学浸泡等。本项审查，首先是审查保全和固定的措施是否科学、得当，其次是审查鉴定材料能否和相应照片、视频、标本等相互印证。

4. 保管与送检：鉴定材料保管及送检链条的完整，是保证其不失真的关键，因为诉讼或后续鉴定间隔过长，前面收集提取的活动固然重要，但是保管和送检过程中出了差错，也终将前功尽弃。故而，需要做好鉴定材料的保管和送检工作，注明保管、送检环节的各个责任人，确保每个环节责任都具体到个人，确保鉴定材料在流转过程中的同一性、真实性，以及不被污染、灭失或变质。本项审查，主要是审查检材在储存、运送和保管过程中是否遭遇损坏或污染；审查检材有无变形、缺损或伪装；审查样本是否可能混杂外来干扰物质；审查鉴定材料的保管和送检是否符合法律及有关规定，与相关提取笔录、扣押物品清单等记载的内容是否相符。

三、鉴定材料保真的规则建构

鉴定材料是死亡鉴定活动的起点，保证其真实可靠性，是死亡鉴定活动准确、公正的质量保障。但是针对鉴定材料保真的规则，只是散见于司法解释和部门规章中，且都是原则性规定，我们需要借鉴相关经验进行很好的建构。

（一）笔录、拍照、录像互证规则

死亡鉴定中的鉴定材料多为物证或书证形式的实物证据，具有较强的客观性，但是其被动性和依附性也非常明显，应当以笔录、拍照、录像三种方式同时记录在案，相互印证。之所以采取三种方式共同互证，是因为它们各有千秋、又有不足，比如笔录通过感知、语言描述的方式进行固定，难免因为记录人的主观心态、感知能力、表达水平的不同而有所差异，而拍照和录像却能形象而客观地记录下原始情况。[①] 实物类鉴定材料的收集，大多通过勘验、检查、搜查、扣押、调取等方法进行，收集活动应当依法进行，应当将收集、提取的过程通过笔录、拍照和录像的方式同时予以固定，以备审查所需。

（二）刑事诉讼中侦查人员出庭作证制度

死亡鉴定大多附随于命案的刑事诉讼之中，在审查鉴定材料来源真实与否的时候，还需要侦查人员出庭提供证言加以佐证。侦查人员由于参与了鉴定材料的收集、提取、固定的过程，掌握着相关的笔录、照片或视频，其最有能力证明鉴定材料的同一性和真实性，所以应当确立侦查人员出庭作证制度。另外，刑事卷宗中所附笔录、照片或视频等大多是倾向于收集并提供被

[①] 参见郭金霞：《鉴定结论适用中的问题与对策研究》，中国政法大学出版社2009年版，第160页。

告人有罪或罪重的证据，法官若过分依赖这些卷宗材料将会增大误判的风险，借由侦查人员出庭机会，法官可以通过控辩双方的交叉询问发现问题所在，减轻对侦查卷宗材料的依赖性，避免"侦查中心主义"而转向"以审判为中心"。

（三）民事诉讼中鉴定材料开示制度

关涉死亡的民事诉讼中，死亡鉴定前，需要由当事人对鉴定材料进行出示、交换、质证和认证，进而固定用于后续鉴定的材料，并依据固定后的鉴定材料出具鉴定意见。鉴定材料开示制度的设立，意在保障鉴定材料的真实、合法、完整和充分，同时又争取提高诉讼效率，防止证据突袭，尤其是避免在鉴定前仅仅提供部分鉴定材料，发现鉴定意见对己不利后再补充提供新的鉴定材料，从而导致足以影响、推翻、改变鉴定意见的事情发生。鉴定材料开示，应当由人民法院组织诉讼双方当事人参加，必要时可吸收鉴定主体参与进来，因为作为鉴定活动的具体实施者，为了后续鉴定的准确，其有权了解所需要的鉴定材料，必要时可询问当事人、证人。①

（四）医疗纠纷中的限时提交规则

尽管《侵权责任法》第58条第2项规定，医疗机构隐匿或者拒绝提供与纠纷有关的病历资料的，推定其为有过错，但是依照"谁主张谁举证"的一般规则，患者一方对此承担举证责任，而在实践中往往难以举证。但是，2017年最高人民法院《关于审理医疗损害责任纠纷案件适用法律若干问题的解释》第6条第2款规定了，因为与医疗纠纷有关的病历资料等在医疗机构保管之下，患者依法向法院申请其提交的，医疗机构除外不可抗力等客观原因而未在指定期限内提交的，法院可以依照《侵权责任法》第58条第2项规定来推定医疗机构有过错。这主要是考虑病历资料对于医疗纠纷处理的至关重要性，医疗机构不及时提交，会导致鉴定及诉讼的拖延，影响受害人的救济，故而以加重后果责任来推行限时提交。法院指定的合理期限以3日至5日为佳，此举意在督促医疗机构对病历资料的妥善保管和及时提交，具体情况不同，指定期限可以有所差异。

---

① 参见杜万华等编著：《最高人民法院审理医疗损害责任纠纷司法解释规则精释与案例指导》，法律出版社2018年版，第128~129页。

(五) 当事人、见证人辨认规则

死亡鉴定材料的收集过程中，不管是勘验、检查，还是搜查、查封、扣押，大多经过了见证人的见证，并且通过查封、扣押获取的物品还要开列清单并交其持有人一份。① 从保真的角度考虑，审查鉴定材料的同一性和真实性，应当将其提交相关的当事人或见证人加以辨认，进而确定用于鉴定的材料是否来源于案件的原物或原件。诉讼过程中，对鉴定材料提出异议的，可以召集当事人或见证人进行公开辨认，先问询鉴定材料的特征性信息，再令其辨认，最好是使用原物辨认，原物灭失的，可宣读笔录或出示照片、录像进行辨认。② 当事人、见证人对鉴定材料的辨认，是对证据链条的完善，是来自外部的强有力的佐证和监督，也是规范办案机关调查取证行为的有力措施。

(六) 强化检察人员监督机制

命案是直接严重侵害公民生命权的恶性犯罪，而命案的刑事侦查权和首次死亡鉴定的启动权都牢牢掌握在侦查机关手中，侦查中心主义的影响短期内无法消除。我国没有预审法官制度，也没有司法审查之机制，但我国宪法赋予人民检察院的法律监督职能，其可以发挥侦查监督检察权来监督限制侦查权的行使。《刑事诉讼法》第134条规定："人民检察院审查案件的时候，对公安机关的勘验、检查，认为需要复验、复查时，可以要求公安机关复验、复查，并且可以派检察人员参加。"有鉴于此，为及时侦破且保证办案质量，我国许多地方创建了检察机关提前介入命案侦查活动，以出席命案现场勘验、参与讯问和案件讨论等方式，对命案证据的收集、提取、固定及侦查方向、适用法律等提出意见和建议。具体到鉴定材料的收集活动，强化检察人员的参与，构建完

---

① 关于见证人的相关法律规定，多见于刑事诉讼法，比如其第133条规定："勘验、检查的情况应当写成笔录，由参加勘验、检查的人和见证人签名或者盖章。"第139条规定："在搜查的时候，应当有被搜查人或者他的家属，邻居或者其他见证人在场。"第140条规定："搜查的情况应当写成笔录，由侦查人员和被搜查人或者他的家属，邻居或者其他见证人签名或者盖章。如果被搜查人或者他的家属在逃或者拒绝签名、盖章，应当在笔录上注明。"第142条规定："对查封、扣押的财物、文件，应当会同在场见证人和被查封、扣押财物、文件持有人查点清楚，当场开列清单一式二份，由侦查人员、见证人和持有人签名或者盖章，一份交给持有人，另一份附卷备查。"

② 参见郭金霞：《鉴定结论适用中的问题与对策研究》，中国政法大学出版社2009年版，第162页。

善的程序机制，不仅有助于及时了解侦查过程中出现的各种问题，而且可以有效地监督侦查取证活动的依法进行。

四、鉴定材料辨认和鉴真的程序规制

鉴定材料的辨认是确定鉴定材料同一性的证明活动，比如抛尸案中亲属对尸体的辨认；鉴定材料的鉴真是确定鉴定材料真实性的证明活动，比如医疗事故发生后对医院病历资料的核实。关于辨认、鉴真和鉴定三者的共性与区别，有专家指出，辨认和鉴定都是确定物证、书证等展示性证据同一性的证明活动，而鉴真和鉴定都是确定物证、书证等展示性证据真实性的活动，区别在于：一是主体和性质不同，辨认和鉴真的主体是熟悉情况的外行知情人，具有证人证言的性质，而鉴定的主体是法定鉴定机构或鉴定人，具有科学证据或专家意见的性质；二是方法不同，辨认和鉴真是制作者、提取者和保管者辨别或鉴别证据来源和保管链条的证明活动，属于经验证明方法，而鉴定则要借助科学知识或技术手段，属于科学证明或技术检验方法；三是顺序不同，一般来说，辨认和鉴真程序启动在先，鉴定是补充程序。① 在此基础上，有学者强调了另外一种先后顺序，即在进行鉴定时，首先要确定鉴定材料不失真，只有确保了鉴定材料的真实性和同一性之后，鉴定的真实准确才有可能。② 因此，我们这里讨论鉴定材料辨认和鉴真的程序规制，是出于对鉴定材料保真需求的考虑，是为了后续死亡鉴定进行的更加顺利，得出的鉴定意见更加准确、可靠。

（一）完善鉴定材料的侦查辨认程序

公安部《公安机关办理刑事案件程序规定》第249条规定："为了查明案情，在必要的时候，侦查人员可以让被害人、证人或者犯罪嫌疑人对与犯罪有关的物品、文件、尸体、场所或者犯罪嫌疑人进行辨认。"第251条规定："辨认时，应当将辨认对象混杂在特征相类似的其他对象中，不得给辨认人任何暗示。……对场所、尸体等特定辨认对象进行辨认，或者辨认人能够准确描述物品独有特征的，陪衬物不受数量的限制。"对死亡鉴定影响重大的就是尸源的来源，首先要保证其来源于案发现场，所提取的病理性检材都准确无误来自命案现场；其次要准确辨认，查清死者信息，必要时施以技术手段辅助辨认。"佘祥林案"和"赵作海案"都是尸源认定发生错误，从而造成"亡者归

---

① 参见张保生等：《证据法学》，高等教育出版社2013年版，第171~172页。
② 参见邱爱民：《实物证据鉴真制度研究》，知识产权出版社2012年版，第106页。

来"的局面,其中"佘祥林案"在已有怀疑死者身份失真前提下应做 DNA 鉴定而未做,"赵作海案"是做了 DNA 鉴定而结果不明,侦查人员想当然地推定了死者身份。① 侦查辨认过程中,要注意排除污染检材、伪装检材、干扰检材等不利影响,这就要求许多工作要前置准确、可信可查。比如进入死亡现场勘验时,要准确记录尸体的方位、与周围参照物的距离、提取检材的位置、提取份数与重量等,除笔录外,一般都要求绘制现场图,拍照和录像,同时要求见证人在场,见证勘验、取证的全过程并签字。

(二) 庭前鉴定材料的开示或交换程序

美国的审前开示(Pretrial Discovery)或证据开示(Discovery)制度引进我国之后,被称为证据交换(Evidence Exchange),主要应用于民事诉讼和行政诉讼中。庭前鉴定材料的开示或交换,可以套用现有的关于证据交换的法律规定。② 首先,关于鉴定材料开示或交换的启动,可以依当事人申请,也可以由法院依职权决定。其次,关于鉴定材料开示或交换的时间,一般是答辩期满后、开庭审理前,具体时间可以由诉讼双方协商一致后经法院许可,也可以在双方不能协商一致时由法院直接指定。再次,关于鉴定材料开示或交换的过程及结果,应在审判人员主持下,准备好完整的鉴定材料交换目录,列明序号、名称、来源等,须同时将复制品、复制件(比如复制的病历资料)与原物、原件进行核对,对当事人无异议的记录在案,有异议的要记明理由。最后,关于鉴定材料开示或交换的次数,一般不超过两次,但重大、疑难和案情特别复杂的案件,法院认为有必要的可再次进行。本书认为上述鉴定材料的民事交换程序,完全可以套用于刑事诉讼庭前会议中。

(三) 鉴定材料的举证和质证程序

围绕鉴定材料的举证和质证,既可以在庭审前进行,也可以在庭审中进

---

① 参见房保国:《科学证据的失真与防范》,载《兰州大学学报(社会科学版)》2012 年第 5 期。

② 关于"证据交换"的程序性规定,主要见于最高人民法院《关于民事诉讼证据的若干规定》,其第 39 条规定:"证据交换应当在审判人员的主持下进行。在证据交换的过程中,审判人员对当事人无异议的事实、证据应当记录在卷;对有异议的证据,按照需要证明的事实分类记录在卷,并记载异议的理由。通过证据交换,确定双方当事人争议的主要问题。证据交换一般不超过两次。但重大、疑难和案情特别复杂的案件,人民法院认为确有必要再次进行证据交换的除外。当事人在证据交换过程中认可并记录在卷的证据,经审判人员在庭审中说明后,可以作为认定案件事实的依据。"

行,这取决于死亡鉴定启动的阶段。根据《司法鉴定程序通则》第 12 条的规定,鉴定机构无法把控鉴定材料的质和量,这需要委托人"向司法鉴定机构提供真实、完整、充分的鉴定材料,并对鉴定材料的真实性、合法性负责",这也同时意味着,诉讼当事人对鉴定材料有异议的,不应当向鉴定机构提出,而应当向鉴定委托人提出。因此,作为死亡鉴定的委托单位,其应当通过合法的程序(举证和质证)来确保鉴定材料不失真,排除不当怀疑。首先,是鉴定材料出示者(举证者)的主动说明。举证者应主动说明鉴定材料的名称、种类、数量、性状、保存状况等,应最大程度确保鉴定材料的同一性和真实性,并充分介绍该鉴定材料的关联性和合法性,以便对方当事人和法庭依法展开核实。鉴定材料出示的同时,应附有勘验笔录、检查笔录、搜查笔录、提取笔录、扣押清单或者照片、录像等以证明其来源正当和合法。其次,是对方质证后的被动说明。质证的过程明显分裂为异议和应对,面对对方提出的异议,举证者如果不能作出合理解释的,该提取的证据将不能作为后续进行死亡鉴定的鉴定材料。必要时,可以由鉴定材料出示者提供有关提取者、见证者或保管者出庭作证,通过辨认确定其同一性,或者通过鉴真确定其真实性。

(四)庭后(外)鉴定材料的补证和核实程序

我国三大诉讼法中,都有关于补充证据的规定,但大多是用于补充证明案件实体法事实的,有明显进步的证据规定,出现在 2010 年"两高三部"颁布的《关于办理死刑案件审查判断证据若干问题的规定》,其第 38 条明确了法庭"对证据有疑问的",可以告知诉讼参与人"补充证据或者作出说明"。这里前一个有疑问的"证据",是指已经在本次庭审中出示的证据,而后一个补充的"证据",是用来证实前一证据的另外的证据,这显示了补充证据的鉴真作用。① 很显然,这里的"作出说明"有可能当庭完成,也可能需要庭后通知其他人进行说明,而"补充证据"显然本次庭审中无法完成了,一般需要庭后或庭外完成。对于鉴定材料来说,如果法庭对其产生疑问无法合理解释的,可以告知诉讼双方补充提供材料,确有核实、鉴真必要的,可以宣布休庭,对鉴定材料进一步调查核实。庭后或庭外对鉴定材料的调查核实,是法院为主导的职权行为,必要时,可以通知诉讼双方到场。对于一方补充的或法庭庭外调查核实取得的鉴定材料,法庭可以庭外征求双方的意见,免予再次开庭之烦琐。一旦双方意见不一致,只要有一方要求人民法院开庭进行调查的,人民法院就应当开庭核实。

---

① 参见邱爱民:《实物证据鉴真制度研究》,知识产权出版社 2012 年版,第 304 页。

第四节　死亡鉴定意见审查判断的完善

根据我国法律规定，任何证据都要接受诉讼双方（控辩双方或者原被告双方）的质证和法庭的审查，任何证据都不应该有预设的证明力，包括鉴定意见在内。然而司法实践中，披着"科学外衣"的鉴定意见似乎有比其他证据更强的证明力，鉴定意见很多情况下都被法庭直接引用，甚至主导诉讼的进程。这显然是不对的，鉴定意见尤其是死亡鉴定意见具有不确定性，对其进行审查采信应当注意规范化，完善其庭审质证程序，同时要建立审查认证的相关保障机制。

一、死亡鉴定意见的相对性

证据的客观性，被诉讼法学界看作证据的"传统三性"之一，被普遍认可。由于鉴定意见的科学性，使其在专门性问题的认知上的证明力一般高于其他证据。鉴定意见的客观性使然，要求死亡鉴定所确定的关乎死亡的各种事实比如死亡原因、死亡方式、死亡时间等，能够客观真实地反映死亡当时的真实情况，这也是诉讼所要求的待证事实，并且该客观反映不会因各种主客观因素的影响而产生歪曲和差错，也不会因受到各种外力的作用而改变鉴定意见原有的性质和内容。这在实际中，显然很难做到。

（一）意识领域的主观性

鉴定人在死亡鉴定过程中，所要确定的各种死亡事实早已发生、不复存在，这种未知的待证事实有待鉴定人去发掘、去认知，这需要专门的知识储备和特殊的科学技术才能进行，这显然已经不是对当初死亡事实的再现，而是经过人脑加工后出具的一种个人意见。死亡鉴定相比较其他鉴定而言，更依仗经验的判断，这种特殊的鉴定意见在客观性的基础上，更多呈现出其主观性的一面，这就使得死亡鉴定意见具有一定的相对性。司法实践中，死亡鉴定意见的相对性，也许会导致在同一案件中，不同鉴定主体出具不同的鉴定意见，进而导致不同的诉讼进程和判决结果。死亡鉴定意见这种在揭示真相之功效"相对性"的存在，使得诉讼过程中更要注重对其进行全面、仔细的审查判断。

这种意见作出的主观性，还充分体现在外部因素对以鉴定人为主体活动的鉴定工作的各种制约上。鉴定人的认识能力、认识水平、知识、经验和技能等都是能够左右鉴定工作质量的关键因素，而这些主观方面的因素往往与鉴定人的教育背景、工作年限、职业履历、团队协作等外部因素密切相关。并且，在鉴定实施过程中，鉴定人的工作质量还要受到仪器设备、鉴定材料、场地环境等许多外部因素的限制。鉴定活动不是科学研究活动，其目的是在有限时间内解决诉讼案件中的专门性问题，鉴定活动不但要受到科学规律的制约，还要受到法律程序的制约。科学活动可以通过试验活动对事件进行反复的试验，而鉴定活动则是对已经发生的事实进行检测检查分析得出判断，时间有限，检材也有限。死亡事实发生过后也许不会再现，只是希望通过死亡鉴定活动尽可能地还原案发当时的事实真相，哪怕仅仅还原出主体事实部分。

死亡鉴定意见贴近事实真相的程度，有时与鉴定主体对待案件认真负责的态度有关，有时确实和鉴定能力密切关联，但更多的往往是与事先被挖掘的案件信息多寡有关。比如某地交警委托的一起交通肇事逃逸案件，要求对死者的死亡原因进行鉴定，某鉴定机构作出了"死者系撞击造成双小腿开放性骨折导致失血性休克死亡"的鉴定意见。然而随着案件进一步调查发现，肇事司机声称当时假意送伤者去往医院抢救，却发现伤者已经当场被撞身亡，因为害怕被追究而抛尸深山老林。案件侦查疑点重重，是不是当场被撞击身亡这一专门性问题显然对案件性质的走向至关重要，于是办案机关委托重新鉴定。重新鉴定中发现，尸体姿势呈现特有的"苦笑面容"和"反常脱衣"现象，这在法医学上是冻死的特有征象。于是调查当地山林的天气、温度等信息予以确认，同时确认死者"双小腿开放性骨折"属实，但其失血程度不会导致迅速死亡，尚且具备送医救治的时机，最终伤者系被抛弃后遭遇低温寒冷所致死亡，鉴定死亡原因为冻死。死亡鉴定意见的复核，改变了案件性质和走向，肇事司机最终被以故意杀人罪而定罪处罚。

（二）科学领域的不确定性

在20世纪的科学理论中，量子力学光环照人，其中一个重要的原理对后世影响深远，这就是德国物理学家沃纳·卡尔·海森堡于1927年通过对理想实验的分析提出来的"不确定性原理"，又称为"测不准原理"。根据这个原理，微观客体的任何一对互为共轭的物理量，如坐标和动量，都不可能同时具有确定值，即不可能对它们的测量结果同时作出准确预言。量子世界具有天生的不确定性，概率分布及其机遇规律是自然的终极规律。量子力学的"不确定性原理"从根本上否定了传统科学的"决定论"，这引起了以爱因斯坦为主的"决定论"者和以波尔为主的"非决定论"者的论战，论战最终确定了不确定性的本体地位,昭示着科学是建立在统计学原则的基础上的,其本身就包含了不确定性。①

对于传统科学认知来说,可重复性和可检验性是科学活动的一个基本准则,然而,如果要测量的量是变化的,那么并不是所有的测量都能够重复。更重要的是,不确定性的更大问题来源于远在测量工具的精确性和准确性之外的其他地方,这使得我们必须综合考虑多样数据带来的复杂性和不确定性。不确定性意味着非唯一性,所以,科学的不确定性作用到死亡鉴定工作上,最典型的表现为并不是专家们不能回答所有紧迫的问题,而是因为专家们给出不止一个答案——鉴定意见,而这些答案又彼此冲突。比如在"复旦投毒案"中,围绕死者的死亡原因,鉴定人和专家辅助人的意见存在重大分歧,但"这不是科学的无能,恰恰是科学的精确",或者说,这就是科学性本身的题中之义。②

科学的不确定性,主要体现在鉴定所依据的技术和原理是可质疑的。科学是在不断发展中的,依靠科学的发展而不断进步的鉴识科学,也是在不断变化之中,很多被应用到鉴识科学领域的技术和原理也都在不断发展中。很多鉴定过程中所依据的规律或原理有可能被证实是有缺陷的,甚至是错误的。死亡鉴定是围绕生命和尸体进行的,其数据检测样本的有限性与生命机体变化的无限性以及外部因素干扰的不可预估性,都势必会影响死亡鉴定工作的科学性。因此,单纯从科学领域考虑,死亡鉴定意见就具备着不确定性或相对性。更为关键的是,死亡鉴定的科学意涵在于,必须以科学的方法检见或重现,这在目前死亡鉴定中还存在科学盲区。在法医学实践中,尽管全面系统的尸体剖验对揭示死亡原因很有帮助,仍有一部分案例不能在尸检中找到明确死因诊断的形态学依据,这种观点近年已被许多法医病理学家所重视,有些功能性和代谢性的改变,以现有的技术水平无法检查或因尸体本身条件所限,使尸检结果成为阴性。

(三) 个体领域的差异性

生命起源、生老病死、新陈代谢……个个都彰显着生命机体的奥妙神秘,

---

① 参见徐卉等:《司法鉴定与诉讼公正:本土经验与国际视野》,中国政法大学出版社 2017 年版,第 29~30 页。

② 参见 [美] 亨利·N. 波拉克:《不确定的科学与不确定的世界》,李萍萍译,上海科技教育出版社 2005 年版,第 11 页。转引自徐卉等:《司法鉴定与诉讼公正:本土经验与国际视野》,中国政法大学出版社 2017 年版,第 30~31 页。

不可否认的是，生命个体之间是存在差异性的。这种差异性是体现在多个方面的，比如年龄、体重、性别、健康状态、营养状况、习惯性或耐受性、过敏性等，都会影响两个个体之间的差异性。每个个体都是独一无二的，世界上不可能有完全相同的两个生命机体。个体之间的差异是毋庸置疑的，有时是显而易见的，但有时候这种差异性却是隐蔽的、无法预估的，换句话说，个体领域的差异性在很多情况下是无法鉴定的。

这里有个典型案例，就是曾经轰动一时的"代义死亡案"，又称"代力以身试毒案"。2007年8月，黑龙江嫩江县38岁女子代义突然死于家中，死因不明，当时在场的只有其丈夫和女儿，警方勘验现场后提取了现场的一个氨基比林咖啡因片药瓶。随后三次鉴定结果，代家家属都不认可，从县级公安局到省公安厅，再到公安部，三级法医鉴定结果都是符合氨基比林咖啡因中毒死亡。2007年12月，死者姐姐代力在中午刻意饮酒的前提下，在县公安局会议室当众吞服一瓶氨基比林咖啡因片，随后其拒绝一切抢救措施，她中午喝酒是因为妹妹血液化验结果中有酒精成分，她也是想尽量完全还原，以身试药，证明妹妹不是死于氨基比林咖啡因中毒。代力拒绝一切治疗，在住院第三天就出院了，代家更加坚信代义并非死于药物中毒。后此案再行鉴定，北京华夏物证鉴定中心进行了第四次鉴定，其结果排除了中毒死亡，认为不排除他人扼颈并捂压口腔致死，但本案刑事侦查程序并未启动。2009年11月，本案在哈尔滨召开死因专家论证会，最终还是认可了药物中毒死亡的结论。同样的药物，妹妹吃了40片身亡，姐姐吃了将近100片却没死，当初有专家指出，这是由个体领域的差异性导致的。

综上所述，意识领域的主观性、科学领域的不确定性以及个体领域的差异性，都意味着要对死亡鉴定意见持一种审慎的态度。死亡鉴定都是事后鉴定，很多时候没有目击证人，也没有"天网工程"的视频录像，甚至很多时候还要面临各种伪造的现场和刻意的遮掩，因此，死亡鉴定更多地需要依靠鉴定人的技术能力、经验履历以及详细完备的案件信息等。正是因为各种主客观因素的影响，死亡鉴定意见的价值有时是相对的，这是来自鉴定人一方的主观判断，需要对此进行认真审查并嵌入案件进行复盘，而不能直接拿来就用、盲目定案，甚至"以鉴代侦"。因为当前公安司法机关对鉴定意见的本质属性认识得还不全面，披着"科学证据外衣"的鉴定意见往往成为垄断案件事实的罪魁祸首，忽视对鉴定意见的审查判断，继而导致许多冤假错案的发生。本书在此专章列出死亡鉴定意见的相对性，就是希望加强对死亡鉴定意见审查判断的重视程度，引起人们对科学证据的反思，鉴定意见也是法定证据的一种类型，任何证据不经查证属实，均不能作为定案的根据。

二、死亡鉴定意见审查采信规范化

对死亡鉴定意见的审查，除了审查其一般的证据属性如证据的客观性、关联性和合法性外，还需要围绕其自己独有的特性进行审查。

（一）死亡鉴定意见之科学性范畴的审查

死亡鉴定意见的科学性，关键由三个主要环节来决定，即鉴定检材的客观性、专业技术的可靠性、分析推论的准确性。

首先，鉴定检材的客观性审查。司法实践中，案发现场的原始检材往往决定着专家意见的准确性，作为鉴定对象的检材，应当与案发现场所收集的原始材料具有同一性。2016年实施的《司法鉴定程序通则》第22条规定："司法鉴定机构应当建立鉴定材料管理制度，严格监控鉴定材料的接收、保管、使用和退还。司法鉴定机构和司法鉴定人在鉴定过程中应当严格依照技术规范保管和使用鉴定材料，因严重不负责任造成鉴定材料损毁、遗失的，应当依法承担责任。"对死亡鉴定而言，最为常见也最为重要的鉴定检材，就是来自命案现场的尸体，以及周围的凶器、血衣、尸骨、血痕、呕吐物等物证。对不同的提取物证，都有不同的保存、保鲜的方法，应当保证鉴定检材不变质、不减量地进入鉴定程序。司法实践中，尤其是刑事诉讼由于公检法三机关分阶段负责，立案、侦查、起诉、审判等诉讼阶段相对独立，所以更需要确保鉴定检材保管链条的连续性，否则一旦某个环节出现造假，就极容易产生冤假错案。因此，对检材客观性审查主要从以下几方面入手：（1）检材的收集和固定是否符合法定程序和技术规程；（2）原始检材的保管链条是否完整，有无调换或污染的情形；（3）检材的质量和数量是否达到技术检验的要求。①

其次，专业技术的可靠性审查。死亡鉴定意见的作出，离不开雄厚的专业基础和丰富的经验积累，因此，鉴定意见的科学性是建立在专业技术的正确性之上的。由于当前很难对这种经验型的检查技术为主的检验给出客观、系统的评价指标，也难以出具统一的强制性的国际和国家的技术，所以，对死亡鉴定而言，应当依照一定的顺序遵守或采取该专业领域的技术标准和技术规范。一是国家标准和技术规范；二是司法鉴定主管部门、行业组织或者其他行业主管部门制定的行业标准和技术规范，三是该专业领域多数专家认可的技术标准和

---

① 参见朱晋峰等：《鉴定意见证据评价实践考察》，法律出版社2017年版，第134～135页。

技术规范，以上都没有的，可以采用所在鉴定机构自行制定的技术规范。专业技术的广泛性与专业性增加了审查的难度，对于审查专业技术的可靠性，受美国 1993 年"道伯特案"的影响，目前学界已经达成几点共识：（1）该专业技术能否被检验或已经被检验；（2）该理论或技术是否已经受同行审查与发表；（3）该技术是否具有已知或潜在的可错率，该可错率是否在可接受范围内；（4）该专业技术是否具有普遍接受性。①

最后，分析推论的准确性审查。以原始检材和专业技术为基础，还需要将二者紧密结合形成科学合理的分析论证，进而得出可靠可信的鉴定意见。死亡鉴定就是根据来源于命案现场的检材的客观反映，运用科学的专业技术和缜密的逻辑，分析和推论死亡发生当时被害人一系列反应和后果的相关联系，结合案发现场及外围反馈的其他信息，再现或重建死亡当时的现场。同样的专业技术背景，同样的案件原始信息，也许会基于专家之间不同的分析推论，进而得出不同的鉴定意见。司法实践中，对分析推论的准确性进行审查，需要关注以下几个问题：（1）分析推论的前提基础是否准确可靠，是不是鉴定人亲自全程实施，是否经过相关试验检验为真；（2）鉴定意见所依赖的事实推论中的假设是否合理、全面，其相关理论是否已经成熟；（3）专家分析推理是否具有逻辑性，逻辑推理是否严密，能否推导出意见的唯一性，是否存在跳跃环节。

（二）死亡鉴定意见之意见性范畴的审查

死亡鉴定意见也是专家意见的一种，其准确性与可接受性主要取决于鉴定人的适格性、中立性和鉴定意见的规范性。

首先，鉴定人的适格性审查。从事死亡鉴定有着特殊的资质要求，一般要求鉴定人具备法医病理学鉴定资格，如果没有相关的专业背景和系统学习，是无法胜任死亡鉴定工作的。我国对鉴定人的准入基本采用了"授权+造册"的模式，这也是司法鉴定兼具科学性和法律性的根本，鉴定人从事鉴定业务必须经司法行政机关核准并登记，且要编入相应的名册进行公告。我国目前主要实行"庭前控制"为主、"法庭控制"为辅的对鉴定人资质的控制模式，这就更加凸显对鉴定人适格性审查的重要性。②对于死亡鉴定而言，仅仅具备相应鉴定权限是远远不够的，其资质能力、从业经验、检案履历等都尤显重要。司

---

① 参见樊崇义、吴光升：《鉴定意见的审查与运用规则》，载《中国刑事法杂志》2012 年第 1 期。

② 参见杨开湘、胡晓：《论司法鉴定人资格》，载《中国司法鉴定》2007 年第 1 期。

法实践中，对鉴定人的适格性进行审查，同样需要关注以下几个问题：（1）鉴定人是否具有相应的死亡鉴定资格；（2）鉴定人从事死亡鉴定的资质和能力是否足够；（3）鉴定人从事死亡鉴定的经验和履历。

其次，鉴定人的中立性审查。在我国，鉴定人既不是法官的"科学辅助人"，也不是当事人任何一方的"技术顾问、专家证人"，而是帮助司法机关解决诉讼案件中涉及的专门性问题的诉讼参与人。[①] 鉴定人独立参与诉讼，如实提供鉴定意见，对自己出具的鉴定意见负责，其法律地位是中立的，不应当受当事人、办案单位、行政机关等的干扰。对死亡鉴定这种特殊案件，我们既要防止英美法系那种"各为其主""金钱至上"的私人顾问倾向，也要规避大陆法系那种"大权独揽""严格把控"的职权主义特色，实行严格的中立鉴定原则。一方面要审查鉴定人是否与办案机关之间有牵连或隶属关系，另一方面也要注意审查当事人与社会鉴定机构之间是否存在金钱利益输出。司法实践中，死亡鉴定的实施主体一般都遵循着机关回避、地域回避、摇号选择等众多避嫌规则，鉴定人的中立性更多体现在鉴定机构的隶属关系和资质口碑上，越来越多的实力雄厚的、中立的高校鉴定机构被作为死亡鉴定的首选。可喜的是，在 2009 年至 2010 年进行完"国家级鉴定机构"遴选之后，2018 年至 2019 年我国又进行了"公民非正常死亡法医鉴定机构"遴选，这都是推荐优先承办死亡鉴定的机构。

最后，鉴定意见书的规范性审查。我国对死亡鉴定意见书的出具，不但有合法性的要求，比如执业类别、鉴定方法、检材流转等，还有预制范式的要求，从格式、体例到内容、结果，甚至到签名、盖章，都有一定的严格规范。这种证据规范性的审查，甚至被以法律的形式予以规定下来，例如"两高三部"2010 年印发的《关于办理死刑案件审查判断证据若干问题的规定》，在其第 23 条和第 24 条有专门关于鉴定意见的审查内容和不得作为定案根据的情形审查。而本书从学术性角度讨论规范性审查，主要是指意见书作为一种可视化载体，更应该全面反映出鉴定人产出意见的整个过程，而不仅仅是外在格式和规范方面的审查。意见书的主体部分，应当是依据专业知识和经验，结合案情进行的综合评断和严谨分析，需要梳理其对死亡因果关系、可能性与必然性的分析论证是否全面，所得出的鉴定结果是否肯定、唯一，同时注意肯定性意见和倾向性意见的表述和区分。审查时应当格外注意审查分析的合理性、推理的逻辑性、因果关系的排他性、技术标准的适格性等。

---

① 参见杜志淳、罗良忠、孙大明：《司法鉴定质量监控研究》，法律出版社 2013 年版，第 38 页。

（三）死亡鉴定意见之证明力范畴的审查

符合法定资格的死亡鉴定意见进入法庭之后，法官需要对其进行审查，以决定其有无证明力，以及证明力的大小。

首先，证明力有无的审查。是否具备证明力，需要审查鉴定意见存在与否与案件事实的认定有无关联。尽管依据证据法学界的统一观点，没有关联性，也就不具备证据能力，但以我国目前庭审"敞开举证"之设置，很多证据都可以进入法庭视线以形成干扰。甚至很多证据尤其是鉴定意见，凭借其"科学家族"的高贵身份堂而皇之地进入法庭，其外在形式上完全符合法律之规定，亦初步通过了司法人员的审查判断，但到了庭审质证阶段才发现其与案件待证事实无关，此时的鉴定意见就不具备证明力。笔者曾出庭过一个故意杀人案的庭审，其中一个杀人凶器是菜刀，没有争议，而围绕现场发现的另外一把沾有血迹的匕首，双方发生了激烈质证与辩论，因为这把匕首上只有被害人的血迹及其家属的 DNA 物质，没有任何被告人触碰的痕迹，即便是进行了单细胞 DNA 检验鉴定，也没有发现被告人在其上有任何物质遗留。最终，这把匕首被高度怀疑为家属故意抛扔在现场血泊中，而并未被列为杀人凶器，围绕凶器出具的物证鉴定书和 DNA 鉴定书被认为无证明力而排除在案外。

其次，证明力大小的审查。死亡鉴定意见证明力的审查，不能孤立地进行，而是要与其他证据以及案件事实综合进行比较分析，审查它们之间能否相互印证，互为补证。死亡案件往往还存在着多份死亡鉴定，因此证明力大小的审查，既包含对多份鉴定意见证明力之间的比较，也包含死亡鉴定意见与其他证据种类之间证明力的比较。就死亡案件而言，依赖于法庭科学技术的高速发展，使得毒物分析、DNA 检验、血型比对等领域的鉴定意见更为客观，可信度较高，这需要重点审查鉴定所用仪器设备情况、鉴定人员的技术能力、鉴定检材的质与量等；而对于死因分析、伤病关系判定、医疗责任参与度评定等，则更主要依靠审查其鉴定主体的资历、分析说理的透彻与否以及其他证据的同向证明力。死亡鉴定意见生成所依据的鉴定材料基础一般涉及案件中的实物证据，这些实物证据会与产出的鉴定意见一起对案件事实产生证明效力，而这种同向的证明力是互相增强的。[①]

[①] 参见朱晋峰等：《鉴定意见证据评价实践考察》，法律出版社 2017 年版，第 140 页。

三、死亡鉴定意见庭审质证程序的完善

质证,以一种"对质求证"的形态存在于庭审之中,以法定程序化的保障来确保某一证据的可采性。鉴定意见又属于一类特殊的证据类型,专业性和科学性是其本质属性,其对事实认定往往起到关键作用。但是,归根结底,鉴定意见也属于鉴定人的一种判断,也会受到主客观条件的制约,鉴定意见也必须受到法庭质证才有机会作为定案的根据。

(一) 健全鉴定意见庭前会议开示制度

早期的诉讼庭审对抗,"证据突袭"往往成为律师的"杀手锏",最初证据开示的出现,只是民事诉讼开庭前的准备工作,没想到后续产生了"链式反应"。1938年《美国联邦民事诉讼规则》将证据开示正式确定为一项法定程序,而美国刑事证据开示则始于1946年《美国联邦刑事诉讼规则》第16条的颁行,此后,证据开示制度逐渐广为接受,成为世界许多国家诉讼法中的一项法定诉讼制度。[①] 鉴定意见的开示,是指案件在法庭正式开庭审理前,诉讼双方将用作证据的鉴定意见向对方披露的一种诉讼程序。涉及命案诉讼的,死亡鉴定意见的庭前开示,有助于保障庭审顺利进行,防止多次重复的延期审理,提高诉讼效率,同时有利于保障阅卷权落实,增加庭审对抗的实质性。我国的法律对此也有相应规定:刑事诉讼法明确规定了侦查机关的"告知义务",即应当将用作证据的鉴定意见告知犯罪嫌疑人、被害人;最高人民法院《关于民事诉讼证据的若干规定》规定了审前交换证据的程序;《人民法院办理刑事案件庭前会议规程(试行)》明确了对证据有关问题以庭前会议形式开展必要的庭审准备。这些法律规定都为鉴定意见的庭前会议开示制度的构建奠定了基础,本书依据2008年最高人民法院开展统一证据规范试点工作的依据——《人民法院统一证据规定(司法解释建议稿)》,吸收借鉴其中关于"证据开示"的相关规定,大胆提出构建我国鉴定意见庭前会议开示制度的设想。

1. 鉴定意见开示的主持

依据《人民法院统一证据规定(司法解释建议稿)》的设计,证据开示由人民法院主持,鉴定意见当然也不例外。关键问题在于,如何避免审判法官"先入为主"地庭前接触证据而形成预断,否则证据开示程序的设立将得不偿

---

① 参见张保生等:《证据法学》,高等教育出版社2013年版,第109页。

失。有学者担心审判法官主持证据开示相当于提前开庭，会使得庭审质证程序失去应有的意义，因此建议开示主持法官与审判法官进行分离，考虑由立案庭法官担任证据开示的主持人。①

2. 鉴定意见开示的时间

证据开示的时间应当由诉讼各方协商一致，或者由人民法院指定并及时通知诉讼各方。刑事诉讼中，证据开示时间应在检察院起诉之后，法院开庭审判之前；民事诉讼和行政诉讼中，证据开示时间应当在答辩期届满后，开庭审判之前。

3. 鉴定意见的出示

人民法院组织诉讼各方出示鉴定意见，该鉴定意见将要提交法庭作为证据使用，并由诉讼其他方来表达其对该鉴定意见是否持有异议。另外，鉴定意见出示的同时，应当考虑将鉴定人的资质履历、鉴定过程中的争执焦点、鉴定依据的相关信息及不同专家的观点等，同步给予出示，而不仅仅局限于出示鉴定意见本身，这样更有利于鉴定意见的释明及异议方的准确表达。对于诉讼各方都没有异议的鉴定意见，制作《无争议证据清单》并列入其中，由参加证据开示的诉讼各方签字确认。对无争议的鉴定意见，可以不通知鉴定人出庭作证，庭审时经简要说明后，可不经过举证和质证程序，直接采纳作为定案的证据。对于有异议的鉴定意见，根据异议的理由和鉴定意见的情况，可以通过补充鉴定或重新鉴定的方式解决，也可以通过鉴定人出庭作证、鉴定人出具书面解读、咨询其他专家、委托文证审查等方式解决。

4. 鉴定意见开示的权责和次数

庭前的鉴定意见展示一般应由当事人申请，经人民法院批准后，由人民法院组织诉讼各方进行证据的开示。开示的次数根据案件的具体情况而定，一般不超过两次，但重大、疑难、复杂案件且人民法院认为确有必要再次进行证据开示的除外。死亡鉴定意见涉及的案件大多为此类，所以一般不在限制次数之内。一般情况下，逾期提交、未经开示的鉴定意见，不得在法庭上出示，人民法院审理时也不得组织质证，但对方当事人同意质证的或者属于新的证据的除外。

（二）完善鉴定意见庭审交叉询问程序

根据我国现行法律及实践情况，目前我国对鉴定意见的法庭质证适用的是有限的交叉询问规则，一方面体现了我国诉讼程序对英美询问规则的借鉴，另

---

① 参见朱晋峰等：《鉴定意见证据评价实践考察》，法律出版社 2017 年版，第143 页。

一方面询问须经审判长许可又体现了职权主义的保留。有鉴于此，有学者建议，在参照大陆法系职权主义的基础上，借鉴英美法系当事人主义的积极因素，确立二者相融合的质证模式，从而重构我国鉴定意见的交叉询问程序。①

1. 主询问

主询问，又称为直接询问，是指由出示有利鉴定意见的诉讼一方，对作出该意见的鉴定人进行的询问。主询问应当遵循一定的顺序，一般是先询问鉴定人资质履历，然后询问鉴定方法、步骤和过程，最后才是鉴定意见本身，这样的询问顺序能够使得由浅入深、由表及里、由外围向中心展开鉴定实施过程，呈现鉴定意见作出过程的专业性。通过这些询问以及鉴定人的说明、解释和论证，可以强化鉴定意见的可靠性、法律性和权威性，明确其鉴定专家的地位和在学术上、社会上的威望，从而增加鉴定意见的可采性。由于主询问意在获取对己方有利的意见表达，故而主询问要受到两条规则的制约：一是不能在关键问题上进行诱导性提问，而在一些外围性、预备性、过渡性问题上则可以；二是在鉴定人作出的解读与先前的意见表达不一致，或者说于己不利时，不得以在先的意见或证词进行反驳，更不得对鉴定人的品格进行攻击。

2. 交叉询问

交叉询问，又称为反询问，是指主询问之后，由诉讼另一方当事人或辩护人、代理人对鉴定人进行盘诘式询问，主要是针对主询问的内容以及鉴定人和鉴定意见的相关问题提出质疑。鉴定意见的交叉询问，是带有挑剔性和挑衅性的对立攻击，是对抗式庭审方式的精髓所在。交叉询问的内容，主要是针对鉴定主体的资质适格性、鉴定材料的可靠性、鉴定程序的合法性、鉴定意见的规范性、鉴定方法的科学性等，其目的是削弱鉴定意见的真实性和可信性。与主询问不同的是，交叉询问可以进行诱导式询问，对于主询问中不明确、有意回避、有矛盾、有疑点的问题可以进行"逼迫式揭露"，并可针对鉴定人在过往鉴定中的失误以及品行等提出质疑。

3. 再主询问和再交叉询问

再主询问，交叉询问完毕后可以再次重启主询问，但是未经法官允许，再主询问不得引入新的内容，其范围应限制在交叉询问出现的事项上。再主询问只是对交叉询问提出事项和内容的补充或解释，修补或重塑被交叉询问破坏或减损的鉴定意见的可靠性。再交叉询问，是指对鉴定意见再主询问之后进行的再次的交叉询问，交叉询问人只能针对再主询问的内容进行，不得重复对方询

---

① 参见郭金霞：《鉴定结论适用中的问题与对策研究》，中国政法大学出版社 2009 年版，第 244 页。

问的问题,对于重复或无关紧要的枝节问题,法官有权制止该询问。①

四、死亡鉴定意见审查认证的保障措施

对死亡鉴定意见的审查认证,需要从多个方面予以保障,这需要抛弃过去那种形式上的、书面上的审查和质证,人命关天,要慎重对待死亡鉴定,不但要突出对其质证的实质性,更要突出庭审质证的对抗性,这就需要完善法庭审查认证死亡鉴定意见的相关保障措施。

(一) 健全补充鉴定和重新鉴定制度

死亡案件中"多头鉴定""反复鉴定"现象的存在有其一定的合理性,这是从鉴定科学可重复性的内在规律出发,是对死亡鉴定案件的负责,也是认识论角度检验佐证认知的选择。我国的诉讼法中规定了补充鉴定和重新鉴定制度,但并不代表可以无节制的浪费司法资源,"鉴定大战""久鉴不决"等在一定程度上超出了诉讼程序所能承担的限度。因此,我们需要从健全补充鉴定和重新鉴定制度出发,对没有必要的"多头鉴定"和"反复鉴定"加以限制。

首先,需要明确补充鉴定和重新鉴定的启动条件。我国赋予了当事人对初次鉴定不服的可以提出补充鉴定或重新鉴定的申请权,而对于这些申请的决定却往往取决于办案人员的自由裁量,这就使得补充鉴定和重新鉴定的启动带有较大的随意性,也使得鉴定意见处于不安定的状态之中。因此,要想降低过多的无必要的反复鉴定次数,就必须对补充鉴定或重新鉴定的启动附加一定的条件,启动条件可以这样考虑。针对补充鉴定,具有下列情形之一的,可以要求鉴定人进行补充说明,或者进行补充鉴定:(1) 当事人对获知的鉴定意见的一部分不明确或持有异议的;(2) 鉴定人未按鉴定委托时的全部要求进行鉴定,或者就同一问题又提出新的鉴定要求的;(3) 出现了新的鉴定材料并可能影响原鉴定意见,要求进一步鉴定的;(4) 原鉴定书文词有误或表达不确切,需要修正或补充的。针对重新鉴定,具有下列情形之一的,应当委托重新鉴定:(1) 鉴定意见没有根据或者明显有疑问的;(2) 鉴定意见与其他证据有矛盾不能排除的;(3) 鉴定程序违反法律规定的;(4) 鉴定人徇私枉法的;(5) 鉴定人应当回避的;(6) 其他需要重新鉴定的情形。②

---

① 参见朱晋峰等:《鉴定意见证据评价实践考察》,法律出版社 2017 年版,第 147 页。
② 参见郭金霞:《鉴定结论适用中的问题与对策研究》,中国政法大学出版社 2009 年版,第 260~261 页。

其次，需要限制重新鉴定的次数。对于"连丽丽猝死案""黄静裸死案"等动辄五六次的死亡鉴定次数，不但没有查明事实，反而让案发现场真相更加扑朔迷离。对于死亡鉴定，我们在前文严格把控了死亡鉴定机构的中立性及其鉴定能力之后，国家近些年也开始在全国范围内遴选国家级鉴定机构、非正常死亡鉴定机构并予以推荐，这在未来会使得鉴定资源、力量更加集中。就目前情况而言，可以说，两次鉴定就已经基本到了国家级权威鉴定机构的手里。关于死亡鉴定的次数，原则上不应当超过三次，之所以如此限定，首先是至少保证被追诉方与被害人方双方各有一次鉴定的权利；其次是在三个鉴定结果相互矛盾的情况下，一般会有两个趋向一致，若三个鉴定意见都一致，则基本上没有必要再重新鉴定；在特定的情况下，可以超过三次，主要是为了平等地保障当事人鉴定权的实现。①

最后，辅以当事人共同委托鉴定人制度。前文在死亡鉴定启动程序的规制中，提出了诉中鉴定的司法官启动制，并且强调了这是以法官决定为主、当事人申请为辅的共同启动模式。在此基础上，构建重启鉴定的当事人共同委托鉴定人制度，这是解决鉴定分歧的有效途径。现实中很多重新鉴定的启动，并非当事人对鉴定意见有多大误解，更多的是对程序上的一种不安和质疑，因此，这也突出了"过程导向信任"的鉴定争议解决机制的重要性，我们应当更加注重程序的正当性、公开性和参与性。为此，我们可以构建如下三步：第一步，由法院居中协调，诉讼双方是否可以共同选定一家鉴定机构进行死亡鉴定；第一步达不成一致意见的，启动第二步，由法院来指定一家鉴定机构，看诉讼双方是否同意；第二步仍旧达不成一致的话，启动第三步，由诉讼双方分别委托鉴定人，最后由两组鉴定人共同进行鉴定，得出最终的鉴定结果。在重启鉴定程序中，辅以当事人共同委托鉴定人制度，既可以增加对最终鉴定意见的信任度，且因为双方各自信任的鉴定人都有参与其中，从而减少对鉴定结果的无休止争吵，还可以防止鉴定腐败、不负责以及懒鉴、怠鉴、逃鉴等现象，委托之人亲自参与其中更能起到直接监督作用，进而提高鉴定的透明度，增加公信力。

（二）完善鉴定人出庭制度

所有证据都应在法庭举证、质证、认证，鉴定意见并不具备额外的证明力而有特殊性，它也是属于鉴定专家的证词，也会有主客观因素的影响，鉴定人

---

① 参见陈光中、陈学权：《刑事司法鉴定制度的进一步改革与完善》，载《法学家》2005年第4期。

理应出庭接受质询。尽管我国法律对鉴定人出庭作证进行了保障性的规定，但司法实践中，鉴定人出庭作证的比例还是很低，法庭仅仅通过宣读意见书的形式对鉴定意见进行法庭调查。如此"草率"的审查方式，势必会让当事人对鉴定意见的公信力产生质疑，甚至会对审判的公正性产生极大不满，这会导致很多负面的影响。鉴定人不出庭，鉴定意见就无法得到实质化的质证，其科学性和可靠性也只会成为"海市蜃楼"，相比较很多鉴定争议的发生，诉讼各方其实更希望一种"看得见的正义"以程序化解实体之争。2016年10月，最高人民法院和司法部联合颁发《关于建立司法鉴定管理与使用衔接机制的意见》，明确提出"加强保障监督，确保鉴定人履行出庭作证义务"。结合该指导意见，笔者认为，完善鉴定人出庭制度，应考虑从以下几个方面进行保障和监督。

1. 加强鉴定人出庭能力的培养

鉴定人都会具备某一专业领域的知识背景，却缺乏法律知识及法律实务的学习和熏陶，"法律门外汉"出庭接受诉讼各方的提问、质询，往往会压力很大。相当大比例的鉴定人没有出过庭或很少出庭，即便出庭了，很多鉴定人也不了解诉讼流程，欠缺出庭作证的技巧，以至于不明白哪些该回答、哪些没有必要回答、哪些可以拒绝回答。另外，鉴定人出庭应当争取用通俗易懂的语言，让庭审各方都能够听明白，能够理解，而不是使用本专业晦涩难懂的术语搅浑法庭，专业术语转化为法庭叙事，这是有一定难度的。因此，鉴定人应该享有接受出庭培训的权利，鉴定人这样的权利与要求其出庭作证的义务是相互对应的，这也是提高其出庭效果，建立鉴定管理和使用衔接机制良好互动的需求。如此来看，鉴定管理部门（司法行政机关）、鉴定使用部门（人民法院）以及鉴定机构本身应当联合建立定期、常态化的鉴定人出庭培训教育机制，通过远程学习、研讨交流、集中轮训、庭审模拟等多种方式方法来加强对鉴定人出庭作证综合素质的锻炼和养成。注重对鉴定人出庭作证能力的培养，一方面可以提高鉴定人庭审应变能力、语言表达能力和法庭质证技巧等，协助法官更好地理解案件涉及的专业问题，促进法庭对鉴定意见的正确采信；另一方面也可以敦促鉴定人加强对其本身专业领域和司法鉴定领域的理解和学习，提高鉴定执业素质，对以后的鉴定工作更加精益求精。

2. 完善鉴定人出庭作证权益的保障

鉴定人出庭是其司法鉴定工作的延伸，是其应尽之分，但鉴定人出庭势必会对其工作、生活等造成一定损失，甚至出庭还会带来一些人身安全问题，因此，需要加强对鉴定人出庭作证权益的保障。首先，关于出庭费用问题。鉴定人出庭会造成一定花费，对鉴定人出庭作证给予一定经济补偿是必要的。随着鉴定市场化的趋势，鉴定机构在受理案件之时可以对未来可能的鉴定人出庭费用进行事先约定，没有约定的，则应当以申请出庭的当事人一方预先支付、由败诉方最终承担为原则。根据法律规定，鉴定人因履行出庭作证义务而支出的交通、住宿、就餐等必要费用，按照机关事业单位工作人员差旅费用和补贴标准计算；误工损失，按照国家上一年度职工日平均工资标准计算。其实，这只是将鉴定人出庭补偿标准简单参照证人出庭进行的规定，但必须认识到，鉴定专家的出庭成本一般要高于普通证人，比如死亡鉴定中出庭的一般都是行业专家、教授，多年知识的积累在法庭上如果得不到应有的尊重，势必会挫伤鉴定人出庭的积极性，应当通过专门规定对鉴定人出庭给予额外补偿，以体现法庭对专家的尊重。① 诉讼一方申请鉴定人出庭的，人民法院准许后，应当通知申请人预缴鉴定人出庭作证的费用，当事人拒不预缴的，人民法院可以不予传唤鉴定人。其次，关于鉴定人的人身保护问题。涉及死亡的案件大多是重大刑事案件，一旦鉴定人有人身危险之虞，应当依申请或依职权及时采取保护措施，人民法院应当切实负起保护职责，必要时邀公安机关给予协助。不但要考虑保护鉴定人出庭之周全，还要顾虑鉴定人后续安全事宜，应当对鉴定人住址、通讯、亲属等信息给予严格保密。但出于质证需要，我们可以借鉴国外刑事诉讼中鉴定人保护的有益经验，通过对鉴定人有关信息进行化名等手段进行保密，并在开庭前由法官进行信息核对，允许律师在签订保密协议的前提下了解鉴定人及鉴定机构的相关信息。② 另外，还可以考虑为出庭的鉴定人购买人身意外保险，以确保其受到伤害后能够及时得到补偿，同时也减轻了国家机关的赔偿压力。③ 并且，随着现代科技的发展，我们可以考虑采用其他降低成本的出庭质证措施，比如利用远程视频连线、实时视听传输、人像或语音保护处理等技术手段，从根本上消除鉴定人出庭之顾虑，对庭审鉴定意见质证真正起到实效。

3. 明确鉴定人不出庭的后果惩罚

鉴定人无正当理由拒不履行出庭作证义务的，不仅违反程序法定原则、直接审理原则的要求，还有碍相对方法定辩论权的行使、法官内心确信的形成

---

① 参见宋方明、褚宁：《关于证人、鉴定人出庭规定的不足与完善》，载《理论探索》2013年第2期。

② 参见陈邦达：《鉴定人人身安全保护：实践、问题与进路》，载《中国司法》2016年第10期。

③ 参见杨英仓：《司法鉴定人出庭作证制度构建》，载《人民检察》2014年第12期。

等,甚至将影响审判的公正。对此,应当明确鉴定人不出庭的后果惩罚,给以教训,反向督促鉴定人积极履行出庭作证之义务。首先,排除鉴定意见的证据效力。2012年刑事诉讼法的修改,第一次对程序性问题进行了后果规定,以"鉴定意见不得作为定案根据"来确保鉴定人出庭参与质证,进而从程序上提高鉴定意见的可信度和说服力。① 其次,给予相应的制裁。根据2016年最高人民法院和司法部《关于建立司法鉴定管理与使用衔接机制的意见》的规定,经人民法院通知无正当理由拒不出庭作证的,可暂停委托其从事人民法院司法鉴定业务,并告知司法行政机关或发出司法建议书。同时,可考虑赋予不出庭鉴定人以禁业性惩罚,由省级人民政府司法行政部门给予停止从事司法鉴定业务三个月至一年的处罚;情节严重的,撤销登记;并要求主管部门及时将处理结果反馈人民法院。② 再次,视情况重新鉴定,或直接加重原委托方责任。鉴定涉及的专门性问题在诉讼中为必须鉴定事项的,应当出庭的鉴定人经通知拒不出庭的,法官可以作出重新鉴定的决定;并非必须鉴定事项的,并且双方争议使得鉴定所呈现的事实不明,而鉴定人又拒不出庭作证说明情况,法官排除鉴定意见证据效力后,直接以原委托方举证不利、未达证明标准为由结束调查。最后,鉴定机构民事补偿。鉴定人不出庭对委托方造成损失的,应当由鉴定机构承担民事责任。鉴定人不出庭应当退还鉴定费用,并承担当事人因此而造成的直接损失和间接损失。

(三)强化诉讼中专家辅助的制度

诉讼司法实践中,鉴定意见的地位凸显,已经有逐渐取代口供成为"证据之王"的趋势,也有被人为赋予超高证明力进行"科学审判"之险。庭审允许专家介入法庭进行辅助,已经不单单是诉讼双方的需求,更是成为居中裁判的法官的迫切希望。强化诉讼中专家辅助的制度,可以考虑从以下几个方面着手:

1. 进一步完善专家辅助人出庭制度

我国刑事诉讼法和民事诉讼法在2012年修改时,均加入了"有专门知识的人"出庭制度,其可以就鉴定人作出的鉴定意见或者就专业问题提出意见,这就是业界通称的"专家辅助人制度"。专家辅助人出庭制度与鉴定

---

① 参见宋方明、褚宁:《关于证人、鉴定人出庭规定的不足与完善》,载《理论探索》2013年第2期。

② 参见张勇、钱岩:《鉴定人、有专门知识的人出庭制度构建——以天津市法院系统实践探索为基础》,载《法律适用》2018年第19期。

人出庭制度，相互配合，相得益彰。一方面，即便鉴定人出庭，若无专业人士协助，恐怕针对鉴定意见的质证也难有实质性，各种晦涩难懂的专业术语、高深莫测的专业背景势必会让鉴定人拥有"一边倒"的优势；另一方面，在专家辅助人出庭支持下对鉴定意见展开猛烈攻势的同时，另一方出于胜诉的考虑，也得积极解决鉴定人出庭的问题。专家辅助人制度的设立，不仅保障了当事人质疑鉴定意见的能力，也有助于澄清当事人在鉴定意见上的异议，同时，还能够帮助法官发现鉴定意见存在的问题，为其正确选择鉴定意见提供了理性平台。专家辅助人出庭的目的在于帮助对鉴定意见进行有效质证，故而专家一般不提出另外的、独立的鉴定意见，尽管专家辅助人可以提出新的主张，但该主张仍旧围绕法庭质证之目的，于是法官一般将其质证意见作为采纳鉴定意见与否的依据，而非直接作为定案之根据，例外情形是专家辅助人提出的新主张足以推翻已有的鉴定意见，那么可据此启动重新鉴定来进一步确认。①

尽管专家辅助人制度的设置是作为鉴定制度的补充，但作为一项制度，在专家辅助人的资格界定、适用范围、诉讼地位等实体要件以及相关程序要件上还需要进一步明确和细化。② 有学者研究指出，在资格界定方面，专家辅助人并不需要必须具备鉴定资格，而是以具备相应的专门性知识为前提，但其也坦承，在目前司法情景下鉴定人似乎必经成为"有专门知识的人"的主力军；在诉讼地位方面，专家辅助人以其专门性知识发挥庭审辅助作用，独立地行使诉讼权利，承担相应的诉讼义务，并不依附于当事人而存在，但其也坦承，专家辅助人一般是从有利于委托方当事人的利益角度出发的帮助行为。③ 关于适用范围，一般不应做硬性要求，但是很显然，存在死亡鉴定的诉讼案件相比其他类型的案件而言，更需要专家辅助人的参与，我们应当在涉及命案的诉讼中大力提倡落实专家辅助人出庭制度。

2. 构建专家咨询机制

不能回避的是，当事人一方出资聘请的专家辅助人，将会带有"有色眼镜"来看待鉴定意见，势必会带有一定的倾向来提供意见。因此，在对死亡鉴定意见的审查认证上，可以从中立的法院角度出发，直接搭建法官与专家之

---

① 参见刘静坤：《刑事证据制度改革的未决问题与建议》，载《证据科学》2018 年第 5 期。
② 参见郭华：《专家辅助人制度的中国模式》，经济科学出版社 2014 年版，第 3 页。
③ 参见朱晋峰：《刑事诉讼中鉴定意见证据能力的程序性保障及审查》，法律出版社 2019 年版，第 96~103 页。

间的"桥梁",充分利用专家咨询意见来帮助法官进行认定。其一,可以利用专家咨询意见帮助法院确定需要提交鉴定的事项,鉴定事项可由法官自由心证来判断,但若辅以专业性之依据,更易令当事人信服;其二,可以利用专家咨询意见帮助法院检验已经完成的鉴定意见,中立性的专家意见对于当事人恢复诉讼理性更有帮助;其三,专家咨询意见应当当庭发表,并接受法官和当事人询问,而不应秘而不宣地束之高阁,避免引起更大质疑;其四,创建法院的咨询专家库,可考虑相关离退休专家组成半公益性质的专家库,其理由一是资历深厚、专业扎实,二是避免其他繁重工作打扰。[①] 对于死亡鉴定而言,在面临特定的、专门的重大问题时,诉讼各方以及鉴定人、专家的意见或看法往往存在重大分歧,法官恐怕一时难以作出抉择,这时就可以发挥专家咨询机制的功效,从事先确定的专家库中遴选出中立专家提供咨询意见,帮助法庭审查判断鉴定意见。

3. 创设专家陪审员制度

当前,我国实施的专家辅助人制度,仅仅是具有辅助当事人有效完成诉讼活动的功能,并不具有在事实认定过程中辅助裁判者对专门性问题作出决定的功能。针对德国的技术法官、我国台湾地区的专家参审等实践,有学者主张在我国人民陪审员制度框架之下,对专家陪审员作出特别规定,构建适合我国司法体制的专家陪审制度。[②] 其根据是 2010 年《关于人民陪审员参加审判活动若干问题的规定》中第 5 条的规定:"特殊案件需要具有特定专业知识的人民陪审员参加审判的,人民法院可以在具有相应专业知识的人民陪审员范围内随机抽取。"目前,我国在诸如知识产权、金融、证券、计算机等专业性较强的案件中,已先行适用过吸收专家参与案件审判的实践试水。专家陪审对于争议鉴定意见质证的有效控制、协助合议庭理解意见和争议、帮助合议庭应否作出重新鉴定或补充鉴定的决定等方面,均具有积极的意义。但是,也有学者对组建科学法庭来解决专家争斗和科学研究内在不确定性提出了不同看法,认为只要裁判者能够充分利用常识和经验正确对待科学证据,就能够对其有效性作出准确判断,更何况有研究表明不同知识背景的法官和陪审员对案件科学证据作出的判断基本是相似的。[③] 2018 年,我国第一部《人民陪审员法》

---

① 参见朱晋峰等:《鉴定意见证据评价实践考察》,法律出版社 2017 年版,第 162~164 页。

② 参见郭华:《鉴定意见争议解决机制研究》,经济科学出版社 2013 年版,第 263 页。

③ 参见张中、石美森:《论科学证据的证明力》,载《证据科学》2012 年第 1 期。

通过，这为人民群众参与司法提供了有力支撑。随着诉讼中的专业性问题越来越多，尤其是在"人命关天"的诉讼之中，围绕鉴定争议争执不下的，不妨考虑设立常态化、机动性的专家陪审员参与庭审裁判制度，甚至可考虑召集相关领域的专家，协助解决法庭对鉴定意见以及专业问题的决断和证据采信问题。

参考文献

一、中文文献

1. 曹晓宝：《侦查取证规范化研究》，中国人民公安大学出版社 2018 年版。
2. 常林：《司法鉴定专家辅助人制度研究》，中国政法大学出版社 2012 年版。
3. 常林主编：《法医法学》（第三版），人民卫生出版社 2016 年版。
4. 陈邦达：《司法鉴定基本问题研究：以刑诉法司法鉴定条款实施情况为侧重点》，法律出版社 2016 年版。
5. 陈邦达：《刑事司法鉴定程序的正当性》，北京大学出版社 2015 年版。
6. 陈卫东主编：《刑事证据问题研究》，中国人民大学出版社 2016 年版。
7. 成建定、刘超主编：《猝死法医病理学》，中山大学出版社 2015 年版。
8. 丛斌主编：《法医病理学》（第五版），人民卫生出版社 2016 年版。
9. 丁梅主编：《法医学概论》（第四版），人民卫生出版社 2009 年版。
10. 杜万华等编著：《最高人民法院审理医疗损害责任纠纷司法解释规则精释与案例指导》，法律出版社 2018 年版。
11. 杜志淳、霍宪丹：《中国司法鉴定制度研究》，中国法制出版社 2002 年版。
12. 杜志淳、罗良忠、孙大明：《司法鉴定质量监控研究》，法律出版社 2013 年版。
13. 杜志淳、宋远升：《司法鉴定证据制度的中国模式》，法律出版社 2013 年版。
14. 杜志淳等：《司法鉴定法立法研究》，法律出版社 2011 年版。
15. 杜志淳主编：《司法鉴定概论》（第三版），法律出版社 2018 年版。
16. 郭华：《鉴定意见争议解决机制研究》，经济科学出版社 2013 年版。
17. 郭华：《专家辅助人制度的中国模式》，经济科学出版社 2014 年版。
18. 郭金霞：《鉴定结论适用中的问题与对策研究》，中国政法大学出版社 2009 年版。

19. 何家弘、张卫平主编：《简明证据法学》（第四版），中国人民大学出版社 2016 年版。

20. 何家弘：《从应然到实然——证据法学研究》，中国法制出版社 2008 年版。

21. 何家弘主编：《刑事诉讼中科学证据的审查规则与采信标准》，中国人民公安大学出版社 2014 年版。

22. 侯一平主编：《法医物证学》（第二版），人民卫生出版社 2004 年版。

23. 霍宪丹、郭华：《中国司法鉴定制度改革与发展范式研究》，法律出版社 2010 年版。

24. 霍宪丹主编：《司法鉴定管理概论》，法律出版社 2014 年版。

25. 贾治辉主编：《司法鉴定学》，法律出版社 2015 年版。

26. 李晓钟、刘德斌：《监管场所死亡案件的鉴定与审查》，中国检察出版社 2011 年版。

27. 李学军等：《意见证据制度研究》，中国人民大学出版社 2018 年版。

28. 廖林川主编：《法医毒物分析》（第四版），人民卫生出版社 2009 年版。

29. 刘静坤：《证据审查规则与分析方法：原理·规范·实例》，法律出版社 2018 年版。

30. 刘良主编：《法医毒理学》（第四版），人民卫生出版社 2009 年版。

31. 刘敏主编：《法医学》（第四版），四川大学出版社 2013 年版。

32. 刘晓丹：《论科学证据》，中国检察出版社 2010 年版。

33. 刘振红：《司法鉴定：诉讼专门性问题的展开》，中国政法大学出版社 2014 年版。

34. 马江涛：《司法鉴定职业行为规范研究》，法律出版社 2015 年版。

35. 裴兆斌：《中国司法鉴定管理制度改革研究》，法律出版社 2015 年版。

36. 邱爱民：《科学证据基础理论研究》，知识产权出版社 2013 年版。

37. 邱爱民：《实物证据鉴真制度研究》，知识产权出版社 2012 年版。

38. 司法部司法鉴定管理局编：《两大法系司法鉴定制度的观察与借鉴》，中国政法大学出版社 2008 年版。

39. 孙业群：《司法鉴定制度改革研究》，法律出版社 2002 年版。

40. 万立华主编：《法医现场学》，人民卫生出版社 2012 年版。

41. 王进喜：《美国〈联邦证据规则〉（2011 年重塑版）条解》，中国法制出版社 2012 年版。

42. 王敏远、郭华：《司法鉴定与司法公正研究》，知识产权出版社 2008

年版。

43. 王素芳：《诉讼视角下的司法鉴定制度研究》，上海大学出版社 2012 年版。

44. 翁国民：《"法庭之友"制度与司法改革》，法律出版社 2006 年版。

45. 吴洪淇：《证据法的理论面孔》，法律出版社 2018 年版。

46. 吴如巧：《协作式民事取证规则制度化研究》，中国政法大学出版社 2017 年版。

47. 徐卉等：《司法鉴定与诉讼公正：本土经验与国际视野》，中国政法大学出版社 2017 年版。

48. 阎巍：《行政诉讼证据规则：原理与规范》，法律出版社 2019 年版。

49. 张保生等：《证据法学》，高等教育出版社 2013 年版。

50. 张保生等：《证据科学论纲》，经济科学出版社 2019 年版。

51. 张纯兵：《医疗损害司法鉴定质量控制研究》，法律出版社 2016 年版。

52. 张华：《司法鉴定若干问题实务研究》，知识产权出版社 2009 年版。

53. 张军主编：《中国司法鉴定制度改革与完善研究》，中国政法大学出版社 2008 年版。

54. 张军主编：《中国司法鉴定制度改革与完善研究》，中国政法大学出版社 2008 年版。

55. 赵子琴主编：《法医病理学》（第三版），人民卫生出版社 2004 年版。

56. 周蔚：《证据推理研究——以科学证据为分析视角》，中国人民大学出版社 2016 年版。

57. 朱晋峰：《刑事诉讼中鉴定意见证据能力的程序性保障及审查》，法律出版社 2019 年版。

58. 朱晋峰等：《鉴定意见证据评价实践考察》，法律出版社 2017 年版。

59. 邹明理主编：《司法鉴定》，法律出版社 2000 年版。

60. 邹明理主编：《我国现行司法鉴定制度研究》，法律出版社 2001 年版。

61. 朱富美：《科学鉴定与刑事侦查》，中国民主法制出版社 2006 年版。

二、外文文献

1. Ann Bucholtz, *Death investigation: an introduction to forensic pathology for the nonscientist*, Amsterdam: Elsevier (2014).

2. Ann L Bucholtz, *Death Investigation: An Introduction to Forensic Pathology for the Nonscientist*, Anderson 2014.

3. Daid Dolinak, Evan W. Matshes and Emma O. Lew, *Forensic pathology:*

principles and practice,Amsterdam;Boston:Elsevier/Academic Press,c2005.

4. Hanzlick Randy,*Death Investigation*,CRC Press Inc 2006.

5. Jeffrey M. Jentzen,*Death investigation in America:coroners,medical examiners,and the pursuit of medical certainty*,Cambridge,Mass:Harvard University Press(2009).

6. Jentzen,Jeffrey M,*Death Investigation in America*,Harvard University Press 2009 – 10.

7. Louis N. Eliopulos,*Death investigator's handbook*,Boulder,Colo:Paladin Press,c2003.

8. Michael S. Maloney,*Death scenes investigation:procedural guide*,Boca Raton,FL:CRC Press(2012).

9. Scott A. Wagner,*Death scene investigation:a field guide*,Boca Raton:CRC Press/Taylor & Francis,c2009.

10. Vincent J. DiMaio and Dominick DiMaio,*Forensic pathology(Second Edition)*,Boca Raton:CRC Press(2001).

11. Vincent J. M. DiMaio and Suzanna E. Dana,*Handbook of forensic pathology(Second Edition)*,Boca Raton:CRC/ Taylor & Francis(2007).

三、译著类

1. [德]克劳斯·罗克辛:《刑事诉讼法》,吴丽琪译,法律出版社 2003 年版。

2. [法]布洛克:《法国刑事诉讼法》,罗结珍译,中国政法大学出版社 2009 年版。

3. [美]盎格洛·N. 昂舍塔:《科学证据与法律的平等保护》,王进喜等译,中国法制出版社 2016 年版。

4. [美]美国国家科学院国家研究委员会:《美国法庭科学的加强之路》,王进喜等译,中国人民大学出版社 2012 年版。

5. [日]上野正彦:《死亡入门》,朴惠译,北京大学出版社 2015 年版。

6. 《德国刑事诉讼法典》,宗玉琨译注,知识产权出版社 2013 年版。

7. 《俄罗斯联邦刑事诉讼法典》(新版),黄道秀译,中国人民公安大学出版社 2006 年版。

8. 《法国刑事诉讼法典》,罗结珍译,中国法制出版社 2006 年版。

后　记

本书终于完稿了！"死亡鉴定"的写作缘起检察实务工作，然结束之时，我却已经褪去检察服，执起教鞭，走进大学讲堂。往事如烟，感慨万千，遥想当年下定决心、排除万难赴法大攻读博士学位，纯粹得益于检察实务中多起真实死亡案例所带来的困惑和不安。

20世纪90年代，刑法和刑事诉讼法的相继修订，更加突出检察机关的监督地位，强化其侦办职务犯罪的职能而弱化其他职能，导致检察机关鉴定业务案源急剧下滑。业务萎缩导致队伍锻炼乏力，无为则无位，更是带来人员流失、设备老化、场地限缩等众多问题。然，就在此时，当年法医学硕士刚刚毕业、正值血气方刚的我经公务员招考一步迈入检察院的大门，那是在2007年的秋天。面对"一穷二白"的省级检察鉴定中心，面对复杂的鉴定工作，无助的我只记得当初怀揣"铁人"王进喜的一句名言"没有条件，创造条件也要上"。是的，没有人员、没有设备、没有经验，只能创设良好的工作机制，引社会中立的鉴定力量为我所用。这一当时的无奈之举，反而避开了被广为诟病的"自侦自鉴""自诉自鉴"的弊端，迫于无奈创设的"内部检视＋外部鉴定"的工作机制，反而更能保证鉴定主体的中立性和鉴定结果的可信性。

"死亡鉴定"的字眼更多见于监管场所的管理规定，看守所、监狱等这些特殊场所的检验鉴定工作都由检察机关具体负责，还好，我对手中权力一直持有敬畏之心，对检察鉴定工作也一直尽力维持。殊不知，很快，2009年，云南就爆发了令全国人民哗然的"躲猫猫死"事件，这一事件把处置监管场所死亡的责任主体——检察机关推向了聚光灯下。此后数年，羁押中的死亡事件不断被曝光，各种争议性的死亡频发，调查和处置不力造成各种传闻不断，这都给当时的我带来了极大的压力和困惑。当时，我只能在仅有的条件下，做好各种风险的评估和防范，果不其然，山西省也接连发生了数起执法中死亡和羁押中死亡的事件，在注重"程序化规制"和"以程序化解争议"的理念之下，小心从事、妥为安排，所幸这些案件大都得到了圆满解决。但是，来源于实务工作的困惑更强了，应该如何完善死亡调查以及死亡鉴定工作，一直占据着我紧绷的神经。问题无法解决，我需要继续求学，带着实践工作中的困惑，我如愿考上了中国政法大学证据法学专业的博士，师从我国著名法医学和法学双料专家刘良教授。刘良教授是当年"黄静裸死案"最后一次鉴定的会审专家，是国内第一个获邀出庭的专家辅助人，也是我省"太原12·13事件"（又被称为"讨薪女工死亡案"）鉴定团队负责人，迄今为止，刘良老师仍一直活跃在重特大死亡案件的鉴定工作一线。

在法大校园，我如饥似渴地汲取知识的养分，并很快就确立了来自实务困惑的研究主题"死亡调查"，而这项工作的重中之重就是"死亡鉴定"。在法大读博期间，我较好地完成了关于"死亡调查"方面的毕业论文，如释重负的同时，隐约觉得还应就"死亡鉴定"展开一定的研究。博士毕业之后，随着工作的调动，转为专职的教学科研人员之后，让我这种研究之心更加迫不及待，于是终于有了本书的诞生。本书也是博采众家之长，多谢诸位先贤的文献支撑，本书但凡有一点可取之处，也全因站在巨人的肩上，对于这些需要感激的文献，我在脚注和书尾加以了注释。感谢我的博士生导师刘良教授，感谢我的硕士生导师王英元教授，正是两位导师的循循善诱让我踏上学术研究之路，开启了人生的多样精彩。

感谢我的家人，对我毫无保留的支持和谅解，让我能在各种角色的转换中笑对困难、坚强面对。感谢不同阶段的领导、同事、同行、同学，你们的包容和鼓励，是我不断前行的动力。感谢山西财经大学法学院的院领导郗伟明教授，正是郗老师的不断鞭策和激励，才迫使我下定决心赶出这本书。感谢我的学生任亚晓硕士，她在部分章节的文献收集和整理上提供了一定的帮助。感谢中国检察出版社编辑的辛勤工作，才能让此书顺利出版。

太多的感谢不必一一赘述，感谢所有帮助过我的人，祝你们一生平安快乐！

宋方明
2019年7月于山西太原